TOPIKレベル対応

STEP★UP 韓国語

비상 한국어

キム・ミスク 著
佐々木 正徳
朴 永奎 監修

音声ダウンロード付

初級 1

Jリサーチ出版
visang

はじめに

昨今の書店を見てみると、韓国語学習者のニーズが多様化していることを感じます。言語の仕組みをしっかり理解し総合的な実力をつけたいと考える方は教科書タイプの本を求めるでしょうし、とりあえず韓国人の友だちと話したいという方は持ち運びのしやすい会話練習本を、文化や社会について原文で知りたいという方は講読テキストを求めることでしょう。

本書「STEP☆UP 韓国語」シリーズは、そうした既存のテキストのいいとこ取りを目指したものです。教科書のように体系的に学習を進めることができ、さまざまなパターンの練習問題を解くことで会話力や読解力といった語学力に関する力を満遍なく身につけることができます。しかも自習が可能です。もちろん、授業で教材として使用しても大きな効果を発揮するでしょう。

本書の出版元である「ビサン・エデュケーション（비상교육）」は韓国の教育出版社の一つで、小・中・高校向けの教科書制作や、学習塾を通じたオンライン教育を行っている企業です。教科書作成の経験は「STEP☆UP 韓国語」シリーズでも随所に生かされており、初学者から上級者に至るまで各層のニーズに応えるものになっています。また、オンライン教材もあわせて活用することで、特に海外の韓国語学習者に有用な作りになっています。「初級１」「初級２」「中級１」「中級２」「上級」と順に学習していくことで、着実に実力がついていくことを実感することができるでしょう。

「初級１」の段階では、とにかく学習のパターンを確立することが重要です。以下に述べる特長を読んで、学習のイメージをつかんでください。

本書の特長

１．TOPIKとの対応

各テキストはTOPIKのレベルと対応しています。つまり、「初級１」が１級、「初級２」が２級、「中級１」が３級、「中級２」が４級、「上級」が５級以上です。独学の場合、自身のレベル把握が困難なことが課題の一つですが、本書で韓国語に習熟していくことで、TOPIK受験前から自身の大まかな実力が把握可能です。「初級１」を終えた後は、TOPIK Ⅰの１級に合格できるようになっているはずです。機会があれば、ぜひチャレンジしてください。

２．体系的な課構成

各課では何らかのテーマに基づいて各技能の向上を図ります。状況別の学習を行うことで、特定の場面で使う単語や表現を集中的に学ぶことができ、同じ状況に置かれた際にすぐに応用可能な語学力が身に付きます。学習を進めていくと、初級の段階でも意外と意思疎通ができることに気付くはずです。どこでどう使うか、常にイメージしながら学習していきましょう。

また、各課は「語彙」「文法」「スピーキング練習」「やってみよう（アクティビティ、発展学習）」「理解度チェック（学習成果の確認）」の順に構成されているため、特定の能力の学習を重点的に行うことも可能ですし、特定分野の復習も容易です。課の最後には、自身の学習成果を確認するセクションがあります。そこで十分に理解していないことが分かれば、先を急がずページを戻り、再度学習するようにしましょう。「急がば回れ」です。

3．言語情報だけに頼らない説明

人間の記憶は五感と密接な関わりがあります。文字や音だけでは頭に入ってこない単語も、絵や音と組み合わせると覚えやすいといった経験は誰しもあることでしょう。特に初学者にとっては、単語をイラストや写真を使って覚えることは有効な学習方法です。本テキストはイラストや写真、図、音声をふんだんに用いることで、知識の定着をアシストしています。また、イラストや写真を「見るだけ」ではなく、必ず声に出して実際に「発音」しながら、単語を覚えていきましょう。発音変化の規則が自然と身に付いていくことになります。

4．オンライン教材の活用

本書はオンラインを活用していることも大きな特長です。各課のコミュニケーション練習では実際の会話の雰囲気を感じ取ることができるように、動画コンテンツが用意されています。役になりきってシャドーイング（聞こえたとおりに続けて発音する練習方法）することで、抑揚や間といった細かな部分まで学習することが可能でしょう。

また、AI音声認識機能で自身の発音をチェックすることができます。AIなので自身のペースでいくらでも練習を積み重ねることができます。口の形や音の強弱に気をつけて、納得のいくまで練習してみてください。

これらは従来、独学では身につけることが困難なものでした。韓国で語学留学をしなくてはかなわなかった学習が、いまは日本にいながらできるようになったのです。ぜひ活用し、目標を達成してください。

佐々木正徳　朴永奎

この本の使い方

1 この本の語彙と文法は、韓国語能力試験（TOPIK）の初級語彙目録と文法項目および、国立国語院（韓国）が提示している文法項目を基準にして構成しています。

2 「国際通用韓国語標準教育課程」に従い、日常生活において基本的なコミュニケーションができるよう内容を構成しました。語彙と文法をスパイラル式に繰り返し提示することで、学習者が効果的に学習内容を習得できるようにしました。

3 この本では、ヒアリングやリーディングの例を最初に提示し、その後にスピーキングの学習をするよう構成しています。初級では会話や文章をまねして話してみることも言語習得に役立つからです。

4 学習者のスピーキング能力を向上させるために、さまざまな状況の会話を用意しています。各課において、似通ったトピックを繰り返し提示するのではなく、習得すべき語彙と文法を活用した幅広い状況の会話を学習できるよう努めました。

ハングル 子音・母音

- 各課の学習に入る前に、まず、ハングルの基本的な子音と母音を覚え、文字を読み、話してみましょう。

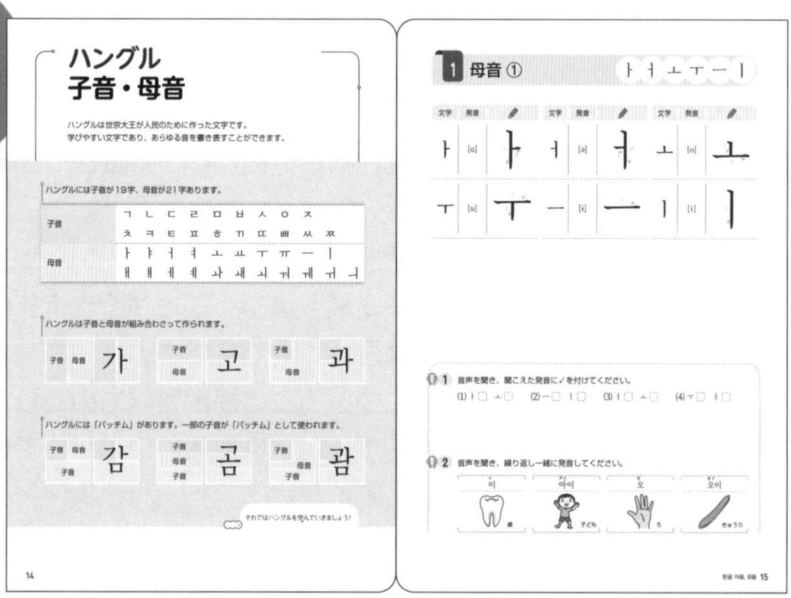

ハングル
子音・母音

ハングルは世宗大王が人民のために作った文字です。
学びやすい文字であり、あらゆる音を書き表すことができます。

ハングルには子音が19字、母音が21字あります。

子音	ㄱ ㄴ ㄷ ㄹ ㅁ ㅂ ㅅ ㅇ ㅈ ㅊ ㅋ ㅌ ㅍ ㅎ ㄲ ㄸ ㅃ ㅆ ㅉ
母音	ㅏ ㅑ ㅓ ㅕ ㅗ ㅛ ㅜ ㅠ ㅡ ㅣ ㅐ ㅒ ㅔ ㅖ ㅘ ㅙ ㅚ ㅝ ㅞ ㅟ ㅢ

ハングルは子音と母音が組み合わさって作られます。

子音 母音 가　子音 母音 고　子音 母音 과

ハングルには「パッチム」があります。一部の子音が「パッチム」として使われます。

子音 母音 子音 감　子音 母音 子音 곰　子音 母音 子音 괌

それではハングルを学んでいきましょう！

14

1 母音① ㅏ ㅓ ㅗ ㅜ ㅡ ㅣ

文字	発音	文字	発音	文字	発音
ㅏ	[a]	ㅓ	[ə]	ㅗ	[o]
ㅜ	[u]	ㅡ	[ɨ]	ㅣ	[i]

1 音声を聞き、聞こえた発音に✓を付けてください。
(1) ㅏ□ ㅗ□　(2) ㅡ□ ㅣ□　(3) ㅓ□ ㅗ□　(4) ㅜ□ ㅓ□

2 音声を聞き、繰り返し一緒に発音してください。
이 歯　아이 子ども　오 5　오이 きゅうり

한글 자음, 모음 15

語彙

楽しいイラストとともに学ぶべき語彙を覚えましょう。

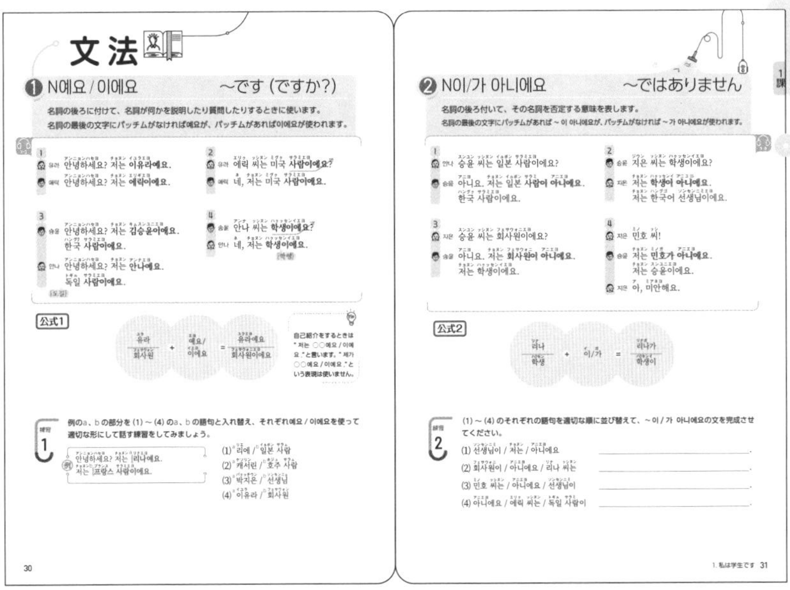

文法

各課の重要文法を多様な会話を通して学びましょう。

この本の使い方

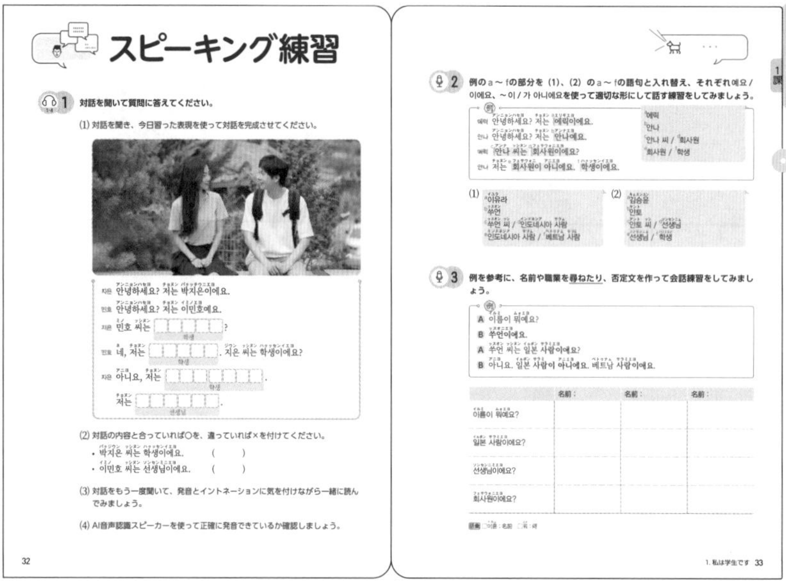
スピーキング練習

1 対話を聞いて質問に答えてください。

(1) 対話を聞き、今日習った表現を使って対話を完成させてください。

지은 안녕하세요? 저는 박지은이에요.

민호 안녕하세요? 저는 이민호예요.

지은 민호 씨는 ?

민호 네, 저는 . 지은 씨는 학생이에요?

지은 아니요, 저는 .

저는 .

(2) 対話の内容と合っていれば○を、違っていれば×を付けてください。

- 박지은 씨는 학생이에요. ( )
- 이민호 씨는 선생님이에요. ( )

(3) 対話をもう一度聞いて、発音とイントネーションに気を付けながら一緒に読んでみましょう。

(4) AI音声認識スピーカーを使って正確に発音できているか確認しましょう。

32

2 例のa～fの部分を(1)、(2)のa～fの語句と入れ替え、それぞれ예요/이에요、～이/가 아니에요を使って適切な形にして話す練習をしてみましょう。

3 例を参考に、名前や職業を尋ねたり、否定文を作って会話練習をしてみましょう。

	名前：	名前：	名前：
이름이 뭐예요?			
일본 사람이에요?			
선생님이에요?			
회사원이에요?			

1. 私は学生です 33

スピーキング練習

会話の音声を聞いて、その会話に基づいて想定された多様な状況で、話す練習をしましょう。

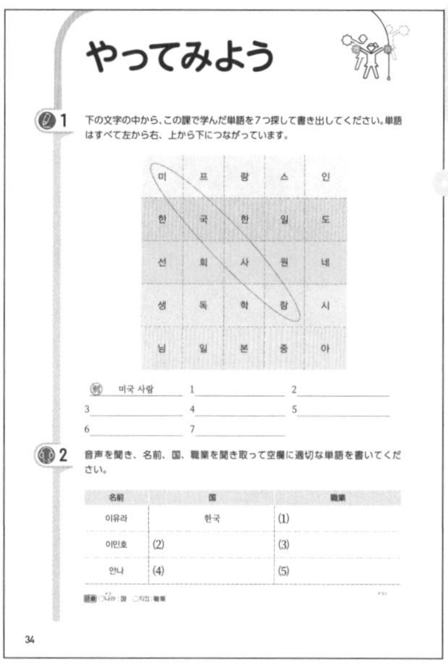
やってみよう

1 下の文字の中から、この課で学んだ単語を7つ探して書き出してください。単語はすべて左から右、上から下につながっています。

미	프	랑	스	인
한	국	한	일	도
선	회	사	원	네
생	독	학	랑	시
님	일	본	중	아

例 미국 사람 1 2 3 4 5 6 7

2 音声を聞き、名前、国、職業を聞き取って空欄に適切な単語を書いてください。

名前	国	職業
이유라	한국	(1)
이민호	(2)	(3)
안나	(4)	(5)

34

やってみよう

その課で学習した語彙と文法を活用して韓国語を読み、書き、聞き、話してみましょう。

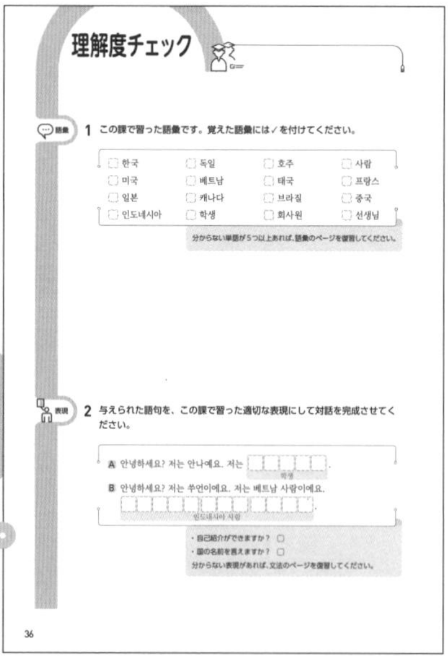
理解度チェック

1 この課で習った語彙です。覚えた語彙には✓を付けてください。

한국 독일 호주 사람 미국 베트남 태국 프랑스 일본 캐나다 브라질 중국 인도네시아 학생 회사원 선생님

分からない単語が5つ以上あれば、語彙のページを復習してください。

2 与えられた語句を、この課で習った適切な表現にして対話を完成させてください。

A 안녕하세요? 저는 안나예요. 저는 .

B 안녕하세요? 저는 후언이에요. 저는 베트남 사람이에요.

・自己紹介ができますか？
・国の名前を言えますか？
分からない表現があれば、文法のページを復習してください。

36

理解度チェック

その課で学習した内容を正確に理解しているか、確認しましょう。

復習1, 復習2

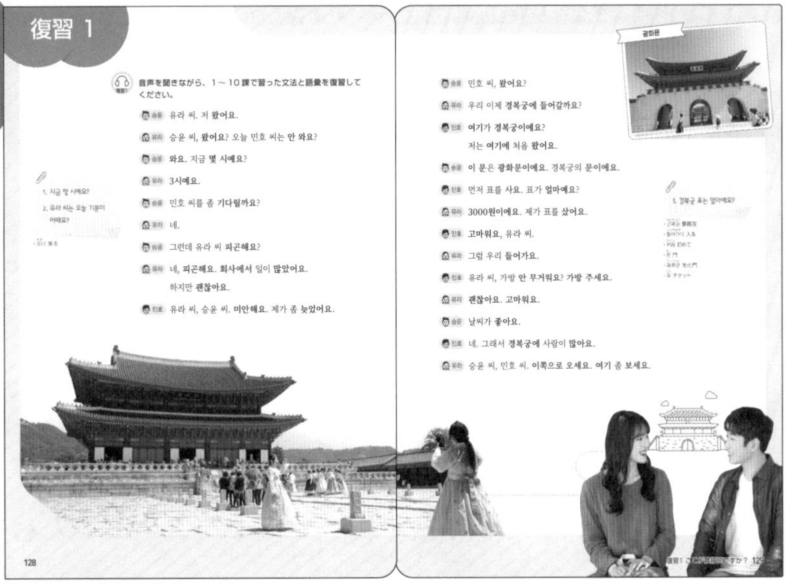

復習 1

音声を聞きながら、1～10課で習った文法と語彙を復習してください。

승윤 유라 씨. 저 왔어요.
유라 승윤 씨, 왔어요? 오늘 민호 씨는 안 와요?
승윤 와요. 지금 몇 시예요?
유라 3시예요.
승윤 민호 씨를 좀 기다릴까요?
유라 네.
승윤 그런데 유라 씨 피곤해요?
유라 네, 피곤해요. 회사에서 일이 많았어요.
하지만 괜찮아요.
민호 유라 씨, 승윤 씨. 미안해요. 제가 좀 늦었어요.

1. 지금 몇 시예요?
2. 유라 씨는 오늘 기분이 어때요?

승윤 민호 씨, 왔어요?
유라 우리 이제 경복궁에 들어갈까요?
민호 여기가 경복궁이에요?
저는 여기에 처음 왔어요.
승윤 이 문은 광화문이에요. 경복궁의 문이에요.
민호 먼저 표를 사요. 표가 얼마예요?
유라 3000원이에요. 제가 표를 샀어요.
민호 고마워요, 유라 씨.
유라 그럼 우리 들어가요.
민호 유라 씨, 가방 안 무거워요? 가방 주세요.
유라 괜찮아요. 고마워요.
승윤 날씨가 좋아요.
민호 네. 그래서 경복궁에 사람이 많아요.
유라 승윤 씨, 민호 씨. 이쪽으로 오세요. 여기 좀 보세요.

광화문

3. 경복궁 표는 얼마예요?

128

◎ 会話の音声を聞いて、1～10課、11～20課で学習した語彙と文法を確認しましょう。

◉巻末には、日本人の韓国語初学者向けに学習の参考になる
資料を掲載していますので、ご活用ください。

音声ダウンロードのご案内

STEP 1 商品ページにアクセス！ 方法は次の３通り！

- QRコードを読み取ってアクセス。
- https://www.jresearch.co.jp/book/b633579.html を入力してアクセス。
- Ｊリサーチ出版のホームページ（https://www.jresearch.co. jp/）にアクセスして、「キーワード」に書籍名を入れて検索。

STEP 2 ページ内にある「音声ダウンロード」ボタンをクリック！

音声ダウンロード付 無料音声はこちら

STEP 3 ユーザー名「1001」、パスワード「26028」を入力！

STEP 4 音声の利用方法は2通り！ 学習スタイルに合わせた方法でお聴きください！

- 「音声ファイル一括ダウンロード」より、ファイルをダウンロードして聴く。
- 「▶」ボタンを押して、その場で再生して聴く。

※ダウンロードした音声ファイルは、パソコン・スマートフォンなどでお聴きいただくことができます。一括ダウンロードの音声ファイルは.zip形式で圧縮してあります。解凍してご利用ください。ファイルの解凍が上手く出来ない場合は、直接の音声再生も可能です。

音声ダウンロードについてのお問い合わせ先：
toiawase@jresearch.co.jp
（受付時間：平日9時～18時）

無料 オンライン学習サポートを活用しよう

本書では、テキスト学習を発展させ、より楽しくアクティブに、また学習効果を一層高めるために、以下の二つのオンライン学習サポートを用意しています。

①会話モデルの映像が見られる

各課冒頭の会話の場面が、映像をともなって再現されます。どのような表情、口の動きで発話されているのか、言葉のニュアンスとともに確認しながら学習することができます。シャドーイングの練習に使うのも効果的です。

各課の「スピーキング練習」でトライ！

②AI音声認識機能を使って発音チェックができる

AI音声認識機能を利用した「AI SPEAK」で韓国語の発音チェックができます。自分の韓国語発音はどれくらい通じるのか、客観的な数値による判定を通して確認することができます。何度かトライしながら、「通じる音」にブラッシュアップしていきましょう。

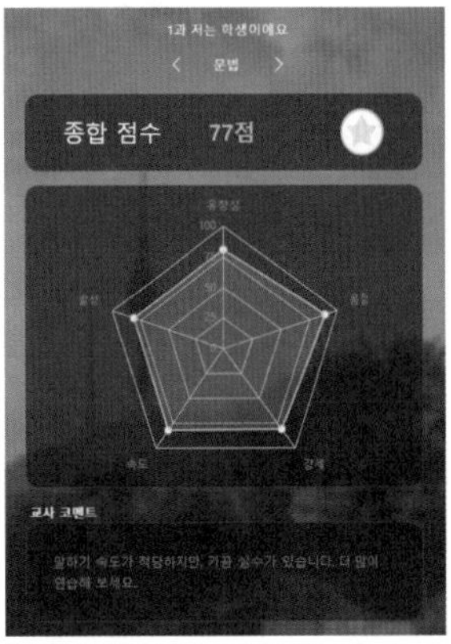

判定結果は図でひとめでわかる

★これらオンライン学習サポートは、『STEP☆UP韓国語初級１』の特典サービス専用サイトから利用することができます。専用サイトへは、右のQRコードからアクセスしてください。

オンライン学習サポートについての問い合わせ先
toiawase@jresearch.co.jp（受付時間：平日9時～18時）

初級1 目次・学習内容

語彙	文法	学習目標
ハングルの子音・母音	ハングルの子音・母音の形と発音	ハングルの子音・母音の読み書きができる
・国 ・職業	❶ ～です（ですか?） ❷ ～ではありません	・自己紹介ができる ・国名を言える
・家族 ・物品	❶ この～、その～、あの～ ❷ ここ、そこ、あそこ	・家族を紹介できる ・物品や場所を指し示す語を話せる
・物 ・曜日 ・状態、気持ち	❶ ～です（ですか?） ❷ ～も	・状態や気持ちを話せる ・曜日を言える
一日の日課	❶ ～ます（ますか?） ❷ ～に①	・今何をしているのか話せる ・ある行動をする時間について話せる
場所	❶ ～に② ❷ ㅂ変則	・場所を言える ・ㅂ変則を正しく使える
数字	❶ ～しましょうか? ❷ ～数字①（漢数詞）	・ある事柄を一緒にしようと言える ・漢数詞を正しく読める
動詞	❶ ～でした（でしたか?）、～かったです（かったですか?）、～ました（ましたか?） ❷ ～で	・過去にしたことを話せる ・場所と、その場所で行うことを話せる
病院	❶ ～してください、～しないでください ❷ ～ではありません、～しません	・ある事柄を丁寧に命令したり依頼したりできる ・否定の表現を話せる
・場所 ・位置	❶ ～しに ❷ ～へ	・行ったり来たりする動作の目的を話せる ・動作の方向を話せる
・品物 ・数字	❶ 下さい ❷ ～数字②（固有数詞）	・ある対象となるものを「下さい」と言える ・固有数詞を正しく数えられる
1～10課の語彙	1～10課の文法	1～10課の学習内容を復習し、聞き取って話すことができる

初級1

目次・学習内容

語彙	文法	学習目標
・交通手段 ・場所	❶ ～と ❷ ～する予定です、～するつもりです	・ある事柄を一緒に行う対象について話せる ・これから行うことについて話せる
・外見 ・性格	❶ ～で、～くて、～して ❷ ～から～まで	・事柄を羅列して説明できる ・物事の始まりと終わりについて話せる
旅行	❶ ～したい ❷ ～なら、～れば、～たら	・何をしたいか話せる ・ある事柄を仮定して話せる
・運動 ・楽器	❶ ～できない ❷ ～しなければならない	・できない事柄を話せる ・ある事柄ついて、必要なこととしなければならないことを話せる
天候	❶ ～ですね、～ますね ❷ ～と	・新たに知った事実に対して感嘆する気持ちを話せる ・ある行動を誰かと一緒にすることについて話せる
引っ越し	❶ ～から、～ので ❷ ～します、～しますよ、～しますね	・理由や原因を話せる ・自分の意志を話せる
授業	❶ ～けど、～するが ❷ ～してください	・前の言葉と反対の内容を話せる ・ある行動を依頼する表現ができる
約束	❶ ～して（から） ❷ ～のとき、～するとき	・ある事柄の順序を話せる ・ある事柄が起こる期間やその時間を話せる
交通手段	❶ ㄷ変則、ㄹ脱落（ㄹ語幹） ❷ ～ですよね?、～ますよね?、～でしょう?	・ㄷ変則とㄹ脱落（ㄹ語幹）を理解できる ・すでに知っている事実を確認して尋ねられる
・学校 ・留学 ・就職の準備	❶ ～しようと思います ❷ ～間、～の間	・自分の意図や計画を話せる ・ある事柄が行われる時間や期間を言える
11～20課の語彙	11～20課の文法	11～20課の学習内容を復習し、聞き取って話すことができる

ハングル
子音・母音

ハングルは世宗大王が人民のために作った文字です。
学びやすい文字であり、あらゆる音を書き表すことができます。

ハングルには子音が19字、母音が21字あります。

子音	ㄱ	ㄴ	ㄷ	ㄹ	ㅁ	ㅂ	ㅅ	ㅇ	ㅈ		
	ㅊ	ㅋ	ㅌ	ㅍ	ㅎ	ㄲ	ㄸ	ㅃ	ㅆ	ㅉ	
母音	ㅏ	ㅑ	ㅓ	ㅕ	ㅗ	ㅛ	ㅜ	ㅠ	ㅡ	ㅣ	
	ㅐ	ㅒ	ㅔ	ㅖ	ㅘ	ㅙ	ㅚ	ㅝ	ㅞ	ㅟ	ㅢ

ハングルは子音と母音が組み合わさって作られます。

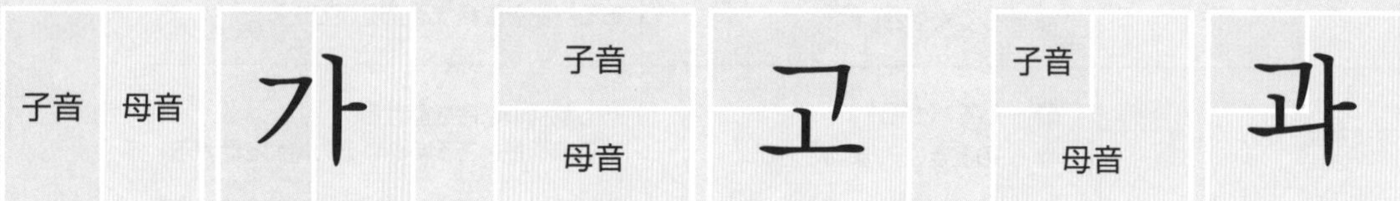

ハングルには「パッチム」があります。一部の子音が「パッチム」として使われます。

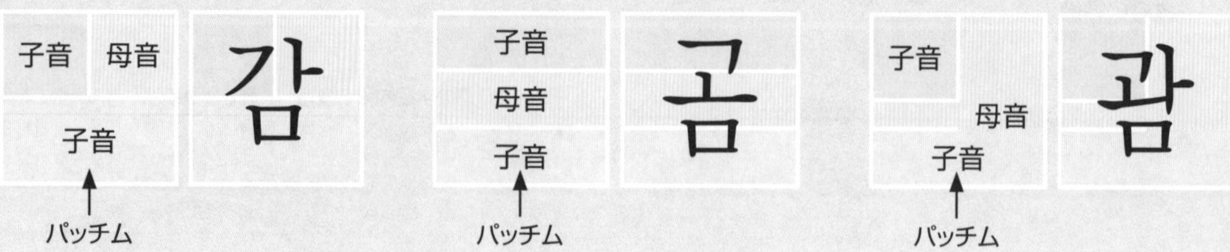

それではハングルを学んでいきましょう！

1 母音 ①

ㅏ ㅓ ㅗ ㅜ ㅡ ㅣ

文字	発音		文字	発音		文字	発音	
ㅏ	[ɑ] ア	ㅏ	ㅓ	[ə] オ	ㅓ	ㅗ	[o] オ	ㅗ
ㅜ	[u] ウ	ㅜ	ㅡ	[ɨ] ウ	ㅡ	ㅣ	[i] イ	ㅣ

0-1 **1** 音声を聞き、聞こえた発音に✓を付けてください。

(1) ㅏ□ ㅗ□　(2) ㅡ□ ㅣ□　(3) ㅓ□ ㅗ□　(4) ㅜ□ ㅓ□

0-2 **2** 音声を聞き、繰り返し一緒に発音してください。

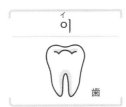

이（イ）
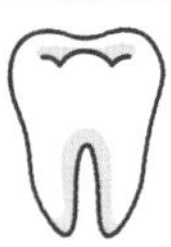
歯

아이（アイ）

子ども

오（オ）

5

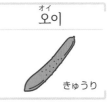

오이（オイ）

きゅうり

2 子音①

ㄱ ㄴ ㅁ ㅅ ㅇ

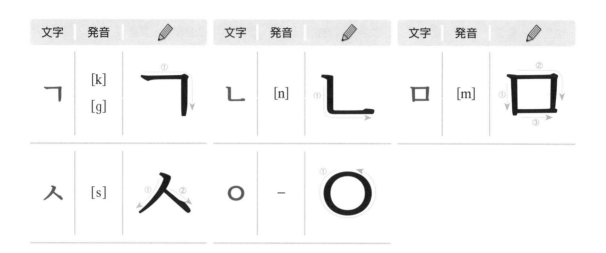

文字	発音	✎
ㄱ	[k] [g]	ㄱ
ㄴ	[n]	ㄴ
ㅁ	[m]	ㅁ
ㅅ	[s]	ㅅ
ㅇ	–	ㅇ

1 0-3 音声を聞き、聞こえた発音に✓を付けてください。

(1) 그☐ 므☐　(2) 스☐ 느☐　(3) 그☐ 느☐　(4) 므☐ 스☐

2 0-4 音声を聞き、繰り返し一緒に発音してください。

(1) 子音 母音

가	서
너	이
마	거

(2) 子音 / 母音

고	소
노	구
무	오

3 0-5 音声を聞き、繰り返し一緒に発音してください。

소（ソ）

牛

고기（コギ）

肉

나무（ナム）

木

가수（カス）

歌手

3 母音 ②

ㅑ ㅕ ㅛ ㅠ ㅘ ㅝ ㅟ

文字	発音	✎	文字	発音	✎	文字	発音	✎
ㅑ	[ya] ヤ	ㅑ	ㅕ	[yə] ヨ	ㅕ	ㅛ	[yo] ヨ	ㅛ
ㅠ	[yu] ユ	ㅠ	ㅘ	[wa] ワ	ㅘ	ㅝ	[wə] ウォ	ㅝ
ㅟ	[ü] [wi] ウィ	ㅟ						

0-6 **1** 音声を聞き、聞こえた発音に✓を付けてください。

(1) 아☐　야☐　(2) 여☐　요☐　(3) 요☐　유☐

(4) 오☐　요☐　(5) 오☐　와☐　(6) 위☐　워☐

0-7 **2** 音声を聞き、繰り返し一緒に発音してください。

(1) 子音 母音　냐　셔

(2) 子音 母音　교　뮤

(3) 子音 母音　과　쉬

0-8 **3** 音声を聞き、繰り返し一緒に発音してください。

귀（クィ）

耳

야구（ヤグ）

野球

우유（ウユ）

牛乳

가위（カウィ）

はさみ

교수（キョス）

教授

여우（ヨウ）

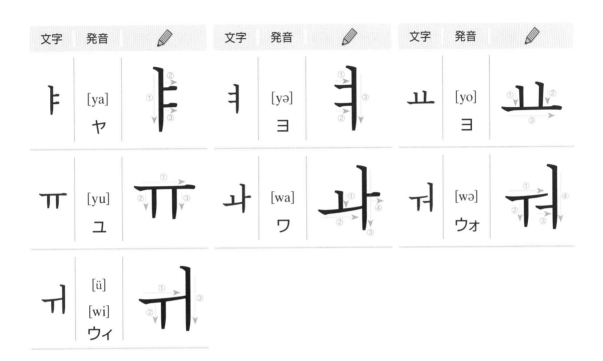

きつね

4 子音 ②

ㄷ　ㄹ　ㅂ　ㅈ　ㅎ

文字	発音	✎
ㄷ	[d] [t]	ㄷ
ㄹ	[r] [l]	ㄹ
ㅂ	[p] [b]	ㅂ
ㅈ	[tʃ]	ㅈ
ㅎ	[h]	ㅎ

1 音声を聞き、聞こえた発音に✓を付けてください。（0-9）

(1) 드□　르□　　(2) 브□　므□　　(3) 그□　드□　　(4) 즈□　스□

2 音声を聞き、繰り返し一緒に発音してください。（0-10）

(1) 子音 母音

다　저

비　뎌

(2) 子音 母音

루　효

보　류

3 音声を聞き、繰り返し一緒に発音してください。（0-11）

다리（タリ）

橋

가지（カジ）

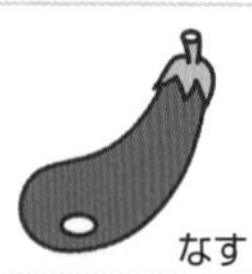

なす

바지（パジ）

ズボン

하마（ハマ）

カバ

여자（ヨジャ）

女子

과자（クァジャ）

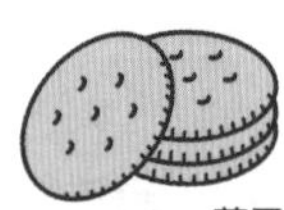

菓子

도마（トマ）

まな板

지도（チド）

地図

모자（モジャ）

帽子

유리（ユリ）

ガラス

어머니（オモニ）

母

아버지（アボジ）

父

5 母音 ③ ㅐ ㅔ ㅒ ㅖ ㅙ ㅞ ㅚ ㅢ

文字	発音		文字	発音		文字	発音	
ㅐ	[ɛ] エ	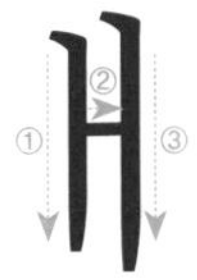	ㅔ	[e] エ	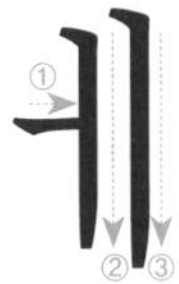	ㅒ	[yɛ] イエ	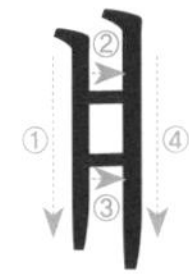
ㅖ	[ye] イエ	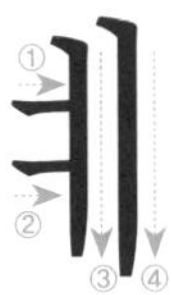	ㅙ	[wɛ] ウェ	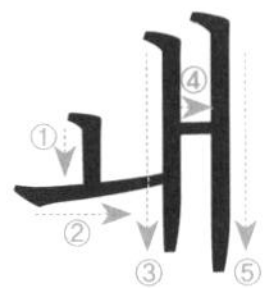	ㅞ	[we] ウェ	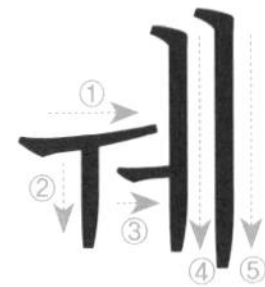
ㅚ	[ö] [we] ウェ	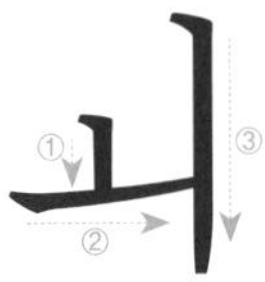	ㅢ	[iɨ] [ɯi] ウィ	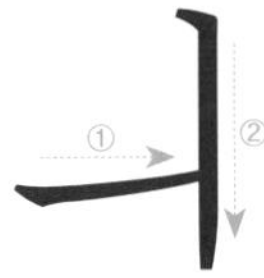			

1 音声を聞き、聞こえた発音に✓を付けてください。 0-12

(1) 애 ☐ 얘 ☐　(2) 의 ☐ 와 ☐　(3) 에 ☐ 왜 ☐　(4) 외 ☐ 의 ☐

2 音声を聞き、繰り返し一緒に発音してください。 0-13

(1)

子音 母音	개	예

(2)

子音 / 母音	죄	웨	괘	의

3 音声を聞き、繰り返し一緒に発音してください。 0-14

새 (セ)	게 (ケ)	배 (ペ)	개미 (ケミ)	의사 (ウィサ)	돼지 (トェジ)

鳥	かに	なし	アリ	医者	豚

6 子音 ③

ㅋ ㅌ ㅍ ㅊ

文字	発音	✎
ㅋ	[kʰ]	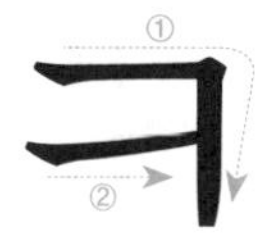
ㅍ	[pʰ]	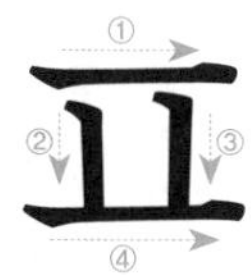

文字	発音	✎
ㅌ	[tʰ]	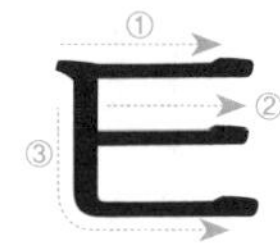
ㅊ	[tʃʰ]	

0-15 **1** 音声を聞き、聞こえた発音に✓を付けてください。

(1) 그 □ 크 □　(2) 브 □ 프 □　(3) 드 □ 트 □　(4) 즈 □ 츠 □

0-16 **2** 音声を聞き、繰り返し一緒に発音してください。

(1) 子音 母音

카　처
터　캐
파　태

(2) 子音／母音

코　추
토　쿠
푸　표

(3) 子音／母音

튀
췌

0-17 **3** 音声を聞き、繰り返し一緒に発音してください。

チマ 치마

スカート

カドゥ 카드

カード

コピ 커피

コーヒー

ポド 포도

ぶどう

コトゥ 코트

コート

タジョ 타조

ダチョウ

7 子音 ④

ㄲ ㄸ ㅃ ㅆ ㅉ

文字	発音	✎
ㄲ	[k']	ㄲ
ㄸ	[t']	ㄸ
ㅃ	[p']	ㅃ
ㅆ	[s']	ㅆ
ㅉ	[tʃ']	ㅉ

0-18 **1** 音声を聞き、聞こえた発音に✓を付けてください。

(1) 그 ☐ 끄 ☐　(2) 쁘 ☐ 프 ☐　(3) 뜨 ☐ 트 ☐　(4) 즈 ☐ 쯔 ☐

0-19 **2** 音声を聞き、繰り返し一緒に発音してください。

(1) 子音 母音

까 써
떠 짜
빠 깨

(2) 子音 / 母音

꼬 쑤
또 쭈
뽀 뚜

(3) 子音 / 母音

띠
쨰

0-20 **3** 音声を聞き、繰り返し一緒に発音してください。

뼈 (ッピョ)
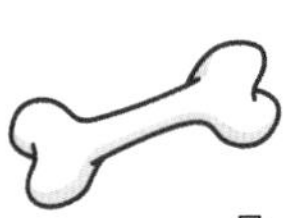

꼬리 (ッコリ)

아빠 (アッパ)

어깨 (オッケ)
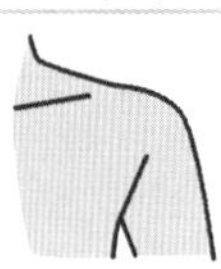

뿌리 (ップリ)

머리띠 (モリッティ)

練習

❶ 絵を見ながらそれぞれの単語を読んでください。

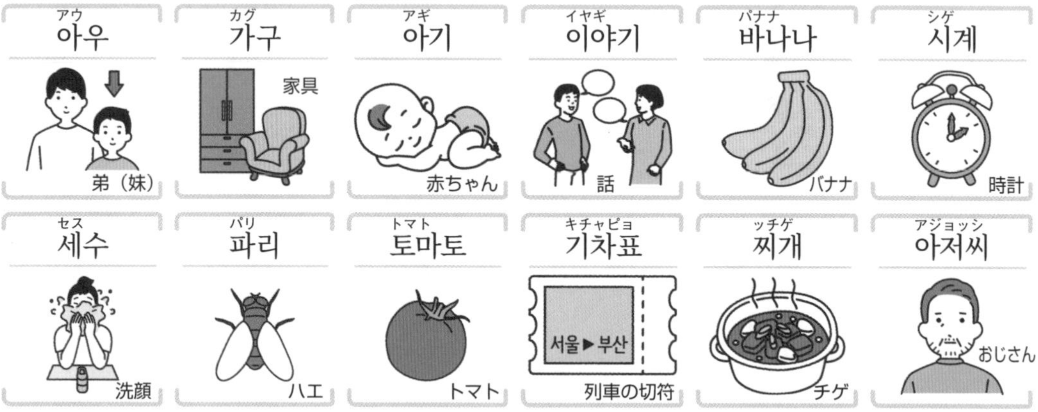

❷ 絵を見ながらそれぞれの単語を読んでください。

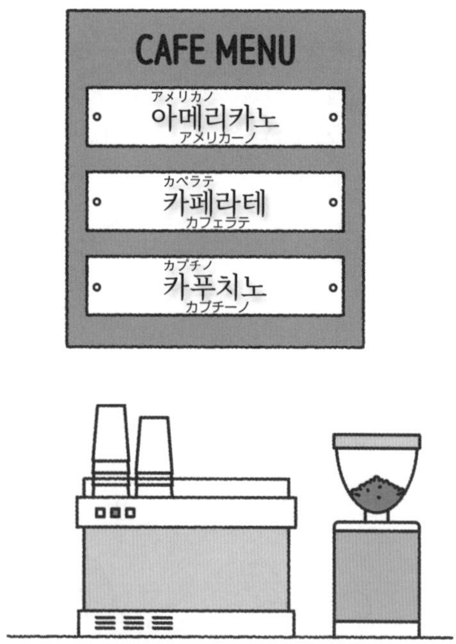

❸ 絵を見ながらそれぞれの単語を読んでください。

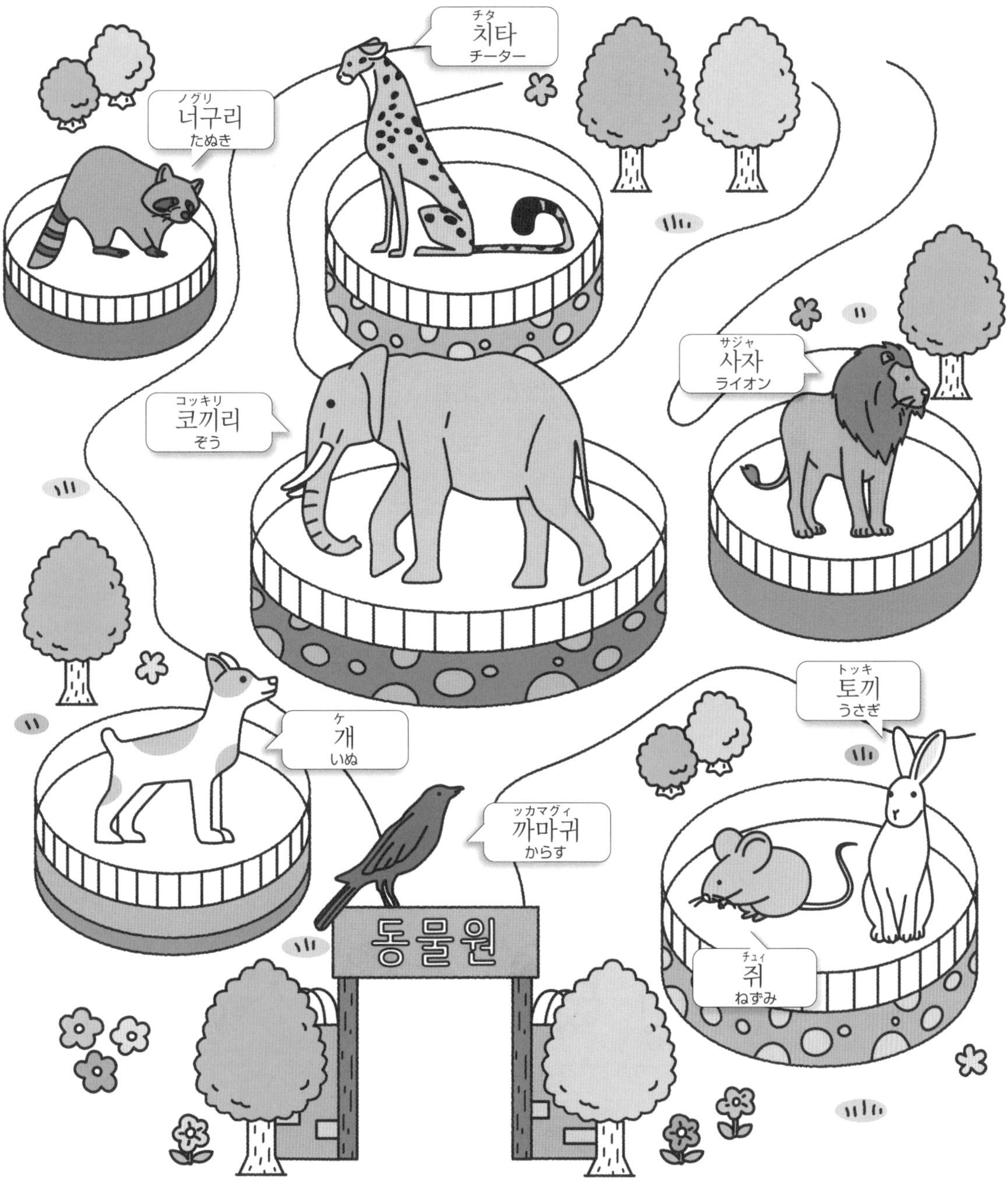

8 パッチム

ㄱ ㅋ ㄲ	ㄴ	ㄷ ㅌ ㅅ ㅆ ㅈ ㅊ ㅎ	ㄹ	ㅁ	ㅂ ㅍ	ㅇ
[k]	[n]	[t]	[l]	[m]	[p]	[ŋ]
죽(チュク) 부엌(プオク) 밖(パク)	산(サン)	곧(コッ) 밑(ミッ) 옷(オッ) 갔다(カッタ) 낮(ナッ) 빛(ピッ) 히읗(ヒウッ)	쌀(ッサル)	봄(ポム)	집(チプ) 옆(ヨプ)	강(カン)

0-21 **1** 音声を聞き、聞こえた発音に✓を付けてください。

(1) 밖☐ 발☐　(2) 밑☐ 민☐　(3) 산☐ 상☐　(4) 옷☐ 옴☐

0-22 **2** 音声を聞き、繰り返し一緒に発音してください。

(1) 子音 母音 / 子音
박　랑
난　삽
깃　밥

(2) 子音 / 母音 / 子音
곰　논
문　숲
꽃　물

(3) 子音 / 母音 / 子音
훅
권
왕

0-23 **3** 音声を聞き、繰り返し一緒に発音してください。

떡(ットク)

餅

부엌(プオク)
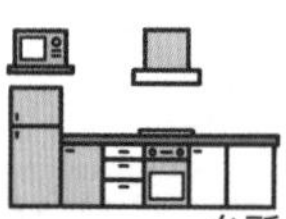
台所

과일(クァイル)

果物

강아지(カンアジ)

子犬

고양이(コヤンイ)

ねこ

선생님(ソンセンニム)

先生

이름(イルム)

名前

생선(センソン)

生魚

은행(ウネン)

銀行

신문(シンムン)

新聞

무릎(ムルプ)

ひざ

연필(ヨンピル)

鉛筆

練習

❶ 絵を見ながらそれぞれの単語を読んでください。

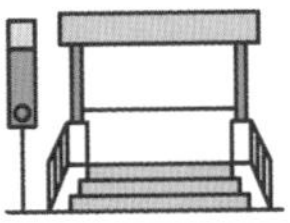

ソウルの地下鉄駅名

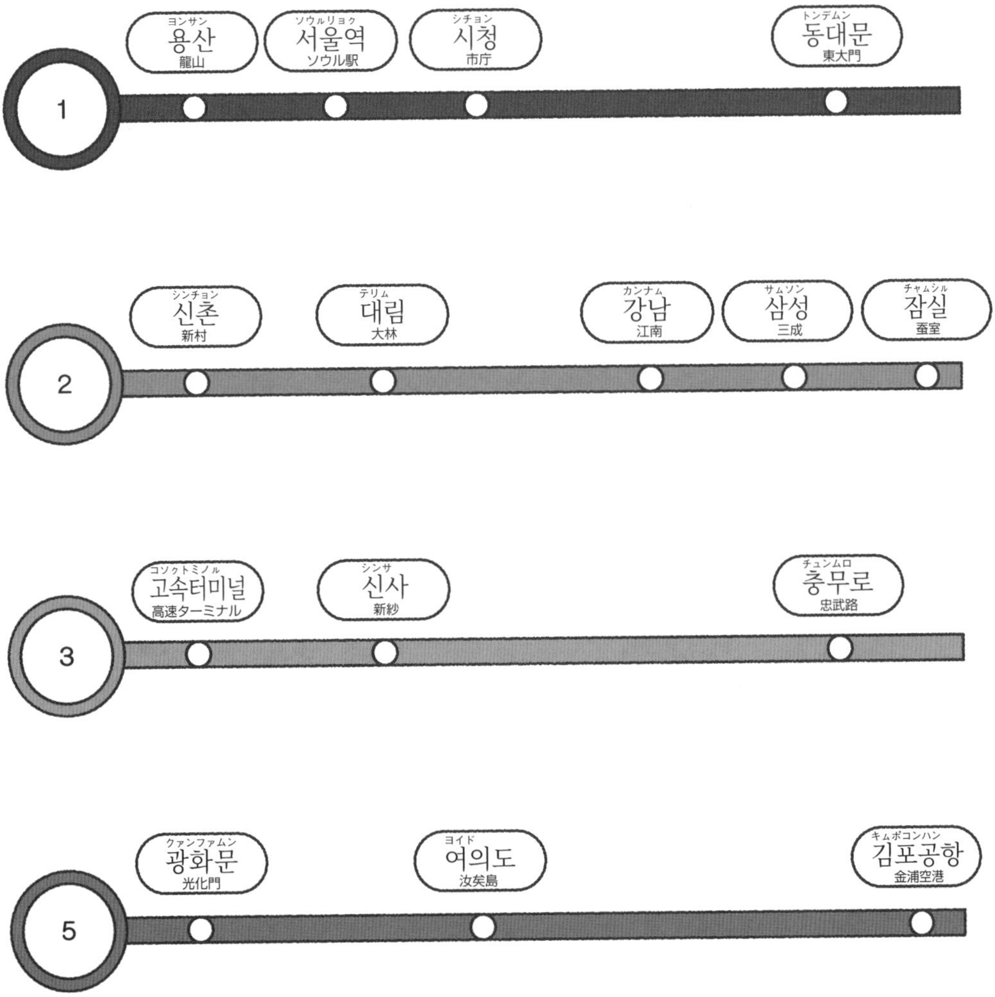

9 韓国語の文

韓国語の文は、以下のような語順になっています。

オンニガ 언니가 お姉さんが S	イェッポヨ 예뻐요. きれいです V	
トンセンウン 동생은 弟／妹は S	ソンセンニミ 선생님이 先生に C	ドェッソヨ 됐어요. なりました V
チョヌン 저는 私は S	パブル 밥을 ごはんを O	モゴヨ 먹어요. 食べます V

가 은 이 는 을

韓国語は가、은、이、는、을のように助詞が発達しています。助詞を使わないと、それぞれの単語が文中で正しい役割を果たすことができません。

韓国語のあいさつ

アンニョンハセヨ
안녕하세요?
こんにちは／おはようございます／こんばんは
アンニョンハセヨ
안녕하세요.
アンニョンヒ ガセヨ
안녕히 가세요.
アンニョンヒ ゲセヨ
안녕히 계세요.
さようなら
コマウォヨ
고마워요.
ありがとうございます
アニエヨ
아니에요.
いいえ
ミアネヨ
미안해요.
ごめんなさい
クェンチャナヨ
괜찮아요.
構いません

1

チョヌン　ハクッセンイエヨ
저는 학생이에요

私は学生です

学習目標
- 自己紹介ができる
- 国名を言える

文法
- ～です（ですか？）
- ～ではありません

語彙
- 国
- 職業

語彙

나라, 직업　国、職業

※第 1 課の答えと訳は p.244 から

1 (1) ～ (3) で示された文字をそれぞれ適切な順に並び替えて単語を書いてください。正解の単語はすべてp.28 ～ 29で学習した単語です。

(1) 생, 님, 선 → (　　　　　　)

(2) 원, 회, 사 → (　　　　　　)

(3) 프, 스, 랑 → (　　　　　　)

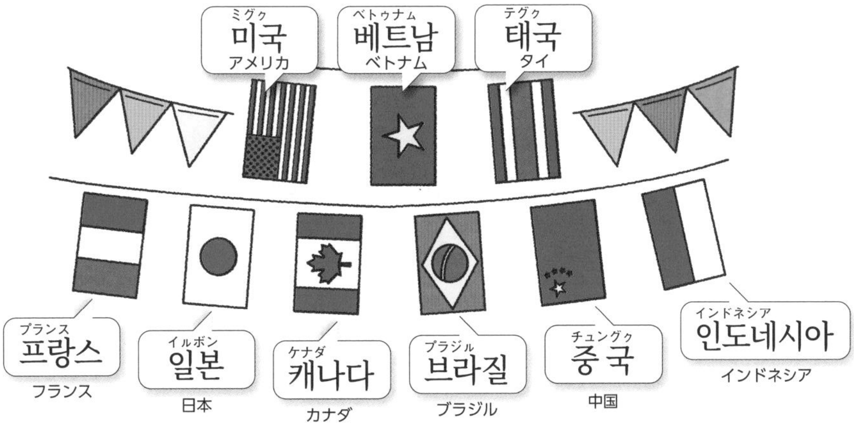

2

(1) ~ (4) の国旗の絵を見て、それぞれの国名を韓国語で書いてください。

(1)  (　　　　　　)

(2)  (　　　　　　)

(3)  (　　　　　　)

(4)  (　　　　　　)

文法

1 N예요 / 이에요　～です（ですか？）

名詞の後ろに付けて、その名詞が何かを説明したり質問したりするときに使います。
名詞の最後の文字にパッチムがなければ예요が、パッチムがあれば이에요が使われます。

1-2

1

유라　안녕하세요? 저는 **이유라예요.**（アンニョンハセヨ　チョヌン　イユラエヨ）

에릭　안녕하세요? 저는 **에릭이에요.**（アンニョンハセヨ　チョヌン　エリギエヨ）

2

유라　에릭 씨는 미국 **사람이에요?**（エリク　ッシヌン　ミグク　サラミエヨ）

에릭　네, 저는 미국 **사람이에요.**（ネ　チョヌン　ミグク　サラミエヨ）

3

승윤　안녕하세요? 저는 **김승윤이에요.**（アンニョンハセヨ　チョヌン　キムスンユニエヨ）
한국 **사람이에요.**（ハングク　サラミエヨ）

안나　안녕하세요? 저는 **안나예요.**（アンニョンハセヨ　チョヌン　アンナエヨ）
독일 **사람이에요.**（トギル　サラミエヨ）

[도길]

4

승윤　안나 씨는 **학생이에요?**（アンナ　ッシヌン　ハクッセンイエヨ）

안나　네, 저는 **학생이에요.**（ネ　チョヌン　ハクッセンイエヨ）

[학쌩]

公式1

유라（ユラ）／회사원（フェサウォン）＋ 예요（エヨ）／이에요（イエヨ）＝ 유라예요（ユラエヨ）／회사원이에요（フェサウォニエヨ）

Tip
自己紹介をするときは“저는 ○○예요 / 이에요.”と言います。“제가 ○○예요 / 이에요.”という表現は使いません。

練習1

例のa、bの部分を(1)～(4)のa、bの語句と入れ替え、それぞれ예요 / 이에요を使って適切な形にして話す練習をしてみましょう。

例
안녕하세요? 저는 [a]리나예요.（アンニョンハセヨ　チョヌン　リナエヨ）
저는 [b]프랑스 사람이에요.（チョヌン　プランス　サラミエヨ）

(1) [a]리에（リエ） / [b]일본 사람（イルボン　サラム）
(2) [a]캐서린（ケソリン） / [b]호주 사람（ホジュ　サラム）
(3) [a]박지은（パクッチウン） / [b]선생님（ソンセンニム）
(4) [a]이유라（イユラ） / [b]회사원（フェサウォン）

② N이/가 아니에요　～ではありません

名詞の後ろ付いて、その名詞を否定する意味を表します。
名詞の最後の文字にパッチムがあれば ～이 아니에요が、パッチムがなければ ～가 아니에요が使われます。

1-3

1

안나：스ンユン ッシヌン イルボン サラミエヨ
승윤 씨는 일본 사람이에요?

승윤：アニヨ チョヌン イルボン サラミ アニエヨ
아니요. 저는 일본 **사람이 아니에요.**
ハングク サラミエヨ
한국 사람이에요.

2

승윤：ジウン ッシヌン ハクッセンイエヨ
지은 씨는 학생이에요?

지은：チョヌン ハクッセンイ アニエヨ
저는 **학생이 아니에요.**
チョヌン ハングゴ ソンセンニミエヨ
저는 한국어 선생님이에요.

3

지은：スンユン ッシヌン フェサウォニエヨ
승윤 씨는 회사원이에요?

승윤：アニヨ チョヌン フェサウォニ アニエヨ
아니요. 저는 **회사원이 아니에요.**
チョヌン ハクッセンイエヨ
저는 학생이에요.

4

지은：ミノ ッシ
민호 씨!

승윤：チョヌン ミノガ アニエヨ
저는 **민호가 아니에요.**
チョヌン スンユニエヨ
저는 승윤이에요.

지은：ア ミアネヨ
아, 미안해요.

公式2

리나 (リナ) / 학생 (ハクセン)	+	이/가 (イ/ガ)	=	리나가 (リナガ) / 학생이 (ハクセンイ)

練習2

(1) ～ (4) のそれぞれの語句を適切な順に並び替えて、～이 / 가 아니에요の文を完成させてください。

(1) 선생님이 (ソンセンニミ) / 저는 (チョヌン) / 아니에요 (アニエヨ)　＿＿＿＿＿＿＿＿＿＿.

(2) 회사원이 (フェサウォニ) / 아니에요 (アニエヨ) / 리나 씨는 (リナ ッシヌン)　＿＿＿＿＿＿＿＿＿＿.

(3) 민호 씨는 (ミノ ッシヌン) / 아니에요 (アニエヨ) / 선생님이 (ソンセンニミ)　＿＿＿＿＿＿＿＿＿＿.

(4) 아니에요 (アニエヨ) / 에릭 씨는 (エリク ッシヌン) / 독일 사람이 (トギル サラミ)　＿＿＿＿＿＿＿＿＿＿.

スピーキング練習

1 (1-4) **対話を聞いて質問に答えてください。**

(1) 対話を聞き、今日習った表現を使って対話を完成させてください。

지은 안녕하세요(アンニョンハセヨ)? 저는(チョヌン) 박지은이에요(パクッチウニエヨ).

민호 안녕하세요(アンニョンハセヨ)? 저는(チョヌン) 이민호예요(イミノエヨ).

지은 민호(ミノ) 씨는(ッシヌン) □□□□□? (학생)

민호 네(ネ), 저는(チョヌン) □□□□□ (학생). 지은(ジウン) 씨는(ッシヌン) 학생이에요(ハクッセンイエヨ)?

지은 아니요(アニヨ), 저는(チョヌン) □□□ □□□□ (학생).

저는(チョヌン) □□□□□□ (선생님).

(2) 対話の内容と合っていれば○を、違っていれば×を付けてください。

- 박지은(パクジウン) 씨는(ッシヌン) 학생이에요(ハクッセンイエヨ). (　　)
- 이민호(イミノ) 씨는(ッシヌン) 선생님이에요(ソンセンミニエヨ). (　　)

(3) 対話をもう一度聞いて、発音とイントネーションに気を付けながら一緒に読んでみましょう。

(4)「AI SPEAK」を使って正確に発音できているか確認しましょう。

2 例のa～fの部分を（1）、（2）のa～fの語句と入れ替え、それぞれ예요/이에요、～이/가 아니에요を使って適切な形にして話す練習をしてみましょう。

例

에릭 안녕하세요?(アンニョンハセヨ) 저는(チョヌン) [a]에릭이에요.(エリギエヨ)
안나 안녕하세요?(アンニョンハセヨ) 저는(チョヌン) [b]안나예요.(アンナエヨ)
에릭 [c]안나(アンナ) 씨는(ッシヌン) [d]회사원이에요?(フェサウォニエヨ)
안나 저는(チョヌン) [e]회사원이(フェサウォニ) 아니에요.(アニエヨ) [f]학생이에요.(ハクッセンイエヨ)

[a]에릭
[b]안나
[c]안나 씨 / [d]회사원
[e]회사원 / [f]학생

(1)
[a]이유라(イユラ)
[b]쑤언(ッスオン)
[c]쑤언(ッスオン) 씨(ッシ) / [d]인도네시아(インドネシア) 사람(サラム)
[e]인도네시아(インドネシア) 사람(サラム) / [f]베트남(ベトゥナム) 사람(サラム)

(2)
[a]김승윤(キムスンユン)
[b]얀토(ヤント)
[c]얀토(ヤント) 씨(ッシ) / [d]선생님(ソンセンニム)
[e]선생님(ソンセンニム) / [f]학생(ハクッセン)

3 例を参考に、名前や職業を尋ねたり、否定文を作って会話練習をしてみましょう。

例

A 이름이(イルミ) 뭐예요?(ムォエヨ)
B 쑤언이에요.(ッスオニエヨ)
A 쑤언(ッスオン) 씨는(ッシヌン) 일본(イルボン) 사람이에요?(サラミエヨ)
B 아니요.(アニヨ) 일본(イルボン) 사람이(サラミ) 아니에요.(アニエヨ) 베트남(ベトゥナム) 사람이에요.(サラミエヨ)

	名前：	名前：	名前：
이름이(イルミ) 뭐예요?(ムォエヨ)			
일본(イルボン) 사람이에요?(サラミエヨ)			
선생님이에요?(ソンセンニミエヨ)			
회사원이에요?(フェサウォニエヨ)			

語彙 □이름(イルム)：名前 □뭐(ムォ)：何

やってみよう

1

下の文字の中から、この課で学んだ単語を７つ探して書き出してください。単語はすべて左から右、上から下につながっています。

미	프	랑	스	인
한	국	한	일	도
선	회	사	원	네
생	독	학	람	시
님	일	본	중	아

例 미국 사람　1________　2________

3________　4________　5________

6________　7________

2

1-5

音声を聞き、名前、国、職業を聞き取って空欄に適切な単語を書いてください。

名前	国	職業
이유라	한국	(1)
이민호	(2)	(3)
안나	(4)	(5)

語彙 □나라（ナラ）：国　□직업（チゴプ）：職業

3 次の文を読んで質問に答えてください。

안녕하세요? 저는 김승윤이에요.
저는 일본 사람이 아니에요. 한국 사람이에요.
저는 회사원이 아니에요. 학생이에요.

(1) 김승윤 씨는 어느 나라 사람이에요? □□
キム・スンユンさんはどこの国の人ですか？

(2) 김승윤 씨 직업은 뭐예요? □□
キム・スンユンさんの職業は何ですか？

4 次の質問に答えてください。

(1) 例のａ～ｃの部分を①～③のａ～ｃの語句と入れ替え、それぞれ예요／이에요を使って適切な形にして話す練習をしてみましょう。

例
안녕하세요? 저는 [a]에릭이에요.
[b]미국 사람이에요.
저는 프랑스 사람이 아니에요.
저는 [c]회사원이에요.

[a]에릭
[b]미국 사람
[c]회사원

	①	②	③
名前	[a]쑤언	[a]윌리엄	[a]루이스
国	[b]베트남	[b]영국	[b]브라질
職業	[c]선생님	[c]학생	[c]회사원

(2) 学習した表現を使って自己紹介の文を作ってみましょう。

안녕하세요? 저는 ______________________________

____

語彙 □어느（オヌ）：どの　□영국（ヨングク）：イギリス

理解度チェック

語彙

1 この課で習った語彙です。覚えた語彙には✓を付けてください。

□ 한국	□ 독일	□ 호주	□ 사람
□ 미국	□ 베트남	□ 태국	□ 프랑스
□ 일본	□ 캐나다	□ 브라질	□ 중국
□ 인도네시아	□ 학생	□ 회사원	□ 선생님

分からない語彙が5つ以上あれば、語彙のページを復習してください。

表現

2 与えられた語句を、この課で習った適切な表現にして対話を完成させてください。

A 안녕하세요? 저는 안나예요. 저는 □□□□□.
(학생)

B 안녕하세요? 저는 쑤언이에요. 저는 베트남 사람이에요.
□□□□□□□□□□□□.
(인도네시아 사람)

- 自己紹介ができますか？ □
- 国名を言えますか？ □

分からない表現があれば、文法のページを復習してください。

2

ク　サラムン
チェ　トンセンイエヨ

그 사람은 제 동생이에요

その人は私の弟（妹）です

学習目標

- 家族を紹介できる
- 物品や場所を指し示す語を話せる

文法

- この～、その～、あの～
- ここ、そこ、あそこ

語彙

- 家族
- 物品

語彙

가족（カジョク） 家族

※第 2 課の答えと訳は p.245 から

1 絵を見て（　　）に適切な単語を書いてください。

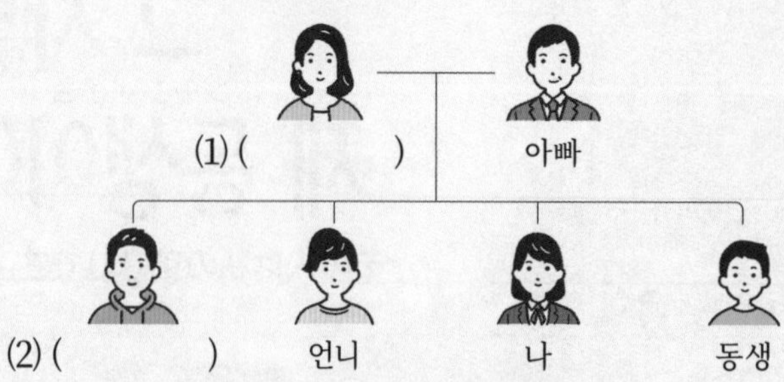

サムル
사물 物品

2 絵を見て（　　）に適切な単語を書いてください。

(1)

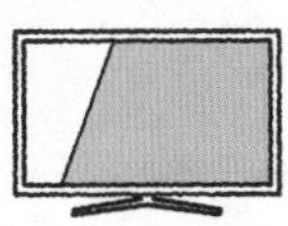

（　　　　　　）

(2)

（　　　　　　）

(3)

（　　　　　　）

文法

1 이 N, 그 N, 저 N　この～、その～、あの～

이は話し手に近いものを指すとき、그は聞き手に近いものを指すとき、저は話し手と聞き手のどちらからも遠くにあるものを指すときに使います。

目の前に見えていないものに対しては그を使います。

2-2

1

유라　이 책은 뭐예요?（イ チェグン ムォエヨ）
승윤　일본어 책이에요.（イルボノ チェギエヨ）

2

유라　이거는 승윤 씨 책이에요?（イゴヌン スンユン ッシ チェギエヨ）
승윤　아니요, 친구 책이에요.（アニヨ チング チェギエヨ）

3

유라　이 사람은 누구예요?（イ サラムン ヌグエヨ）
승윤 씨 동생이에요?（スンユン ッシ トンセンイエヨ）
승윤　아니요, 누나예요.（アニヨ ヌナエヨ）

4

유라　저 사람은 누구예요?（チョ サラムン ヌグエヨ）
승윤　저 사람은 일본 가수예요.（チョ サラムン イルボン カスエヨ）

公式3

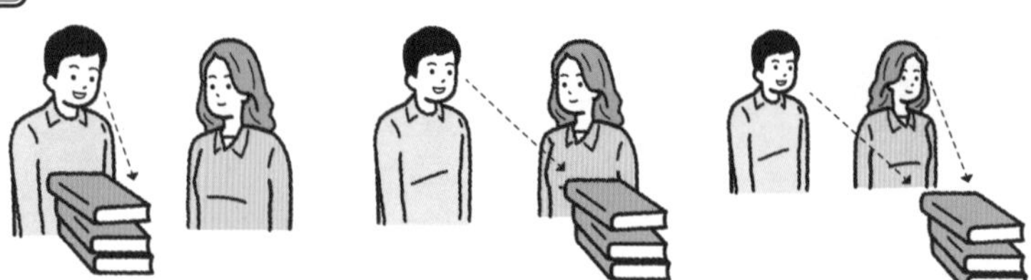

Tip
事物を指すときは、이거（これ）、그거（それ）、저거（あれ）で言うこともできます。

練習 1

例のa～cの部分を(1)～(3)のa～cの語句と入れ替え、それぞれ適切な表現にして話す練習をしてみましょう。

例
A　ᵃ이 사람은 ᵇ누구예요?（イ サラムン ヌグエヨ）
B　ᶜ아빠예요.（アッパエヨ）

(1) ᵃ이 사람 / ᵇ누구 / ᶜ쑤언 씨（イ サラム / ヌグ / ッスオン ッシ）
(2) ᵃ저거 / ᵇ뭐 / ᶜ시계（チョゴ / ムォ / シゲ）
(3) ᵃ그 책 / ᵇ누구 책 / ᶜ에릭 씨 책（ク ッチェク / ヌグ ッチェク / エリク ッシ ッチェク）

語彙　□일본어（イルボノ）：日本語　□친구（チング）：友達　□가수（カス）：歌手

② 여기, 거기, 저기　ここ、そこ、あそこ

여기は話し手に近い場所を、거기は聞き手に近い場所を、저기は話し手と聞き手のどちらからも遠い場所を指します。

2-3

1
유라 승윤 씨, **여기**는 어디에요?
승윤 태국이에요.
[태구기에요]

2
유라 **여기**는 어디에요?
승윤 강릉이에요.

3
유라 **저기**는 어디에요?
승윤 여의도예요.

4
유라 **거기**는 어디에요?
승윤 **여기**는 독일이에요.
[도기리에요]

公式4

Tip
여기、거기、저기は場所を指すときにだけ使います。

練習 2

次の表現が適切であれば○を、そうでなければ×を付けてください。

(1) 여기는 베트남이에요.　(　　　)
(2) 거기는 선생님이에요.　(　　　)
(3) 저기는 인도네시아예요.　(　　　)
(4) 여기는 엄마예요.　(　　　)

語彙 □강릉：江陵　□여의도：汝矣島

スピーキング練習

1 対話を聞いて質問に答えてください。

2-4

(1) 対話を聞き、この課で習った表現を使って対話を完成させてください。

민호 여기는(ヨギヌン) 부산이에요(プサニエヨ).

유라 와(ワ)! 이(イ) 사람은(サラムン) 누구예요(ヌグエヨ)?

민호 우리(ウリ) 형이에요(ヒョンイエヨ). 우리(ウリ) 형은(ヒョンウン) 한국어(ハングゴ) 선생님이에요(ソンセンニミエヨ).

유라 그럼(クロム) □□□□（이 사람） 누구예요(ヌグエヨ)?

민호 □□□□（그 사람） 제(チェ) 동생이에요(トンセンイエヨ).

제は「私の」、우리は「私たちの、うちの」を意味します。韓国では家族のことを우리 엄마（うちのお母さん）、우리 형（うちの兄）、제 동생（私の弟／妹）のように表現します。

(2) 対話の内容と合っていれば○を、違っていれば×を付けてください。

- 민호(ミノ) 씨(ッシ) 형은(ヒョンウン) 한국어(ハングゴ) 선생님이에요. (　　　)
- 유라(ユラ) 씨는(ッシヌン) 언니예요(オンニエヨ). (　　　)

(3) 対話をもう一度聞いて、発音とイントネーションに気を付けながら繰り返し読んでみましょう。

(4)「AI SPEAK」を使って正確に発音できているか確認しましょう。

語彙 □부산(プサン)：釜山

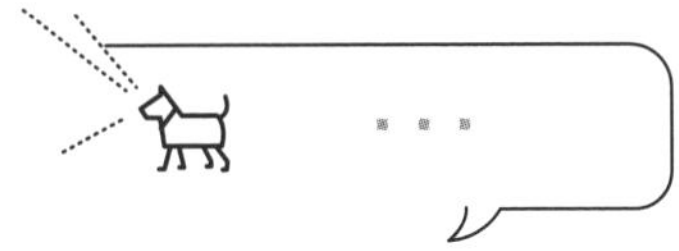

2 例のa～dの部分を(1)、(2)のa～dの語句と入れ替え、それぞれ適切な表現にして会話練習をしてみましょう。

例

승윤 안나 씨, a이 사람은 누구예요?
안나 b우리 언니예요.
승윤 c여기는 어디예요?
안나 d베를린이에요.

a이 사람
b우리 언니
c여기
d베를린

(1)
a저 사람
b제 동생
c거기
d서울

(2)
a그 사람
b우리 엄마
c여기
d프랑스

3 (1)～(3)で示された語句を使い、例を参考にして이、그、저、여기、거기、저기を用いてそれぞれの絵の説明をしてみましょう。

例

여기는 미국이에요. 뉴욕이에요.
여기는 제 고향이에요.

(1)

프랑스 / 파리 / 다니엘 씨 고향

(2)

우리 언니 / 학생

(3)

한국어 책 / 제 책

語彙 □베를린：ベルリン □서울：ソウル □뉴욕：ニューヨーク □고향：故郷 □파리：パリ

やってみよう

1

対話を聞いて、内容と合っていれば○を、違っていれば×を付けてください。

(1) 유라 씨 친구는 독일 사람이에요.　(　　　)

(2) 여기는 부산이에요.　(　　　)

(3) 여자의 동생은 회사원이에요.　(　　　)

2

次の文を読んで質問に答えてください。

저는 안나예요.
저는 독일 사람이에요.
저는 학생이에요.
제 고향은 베를린이에요.
여기는 제 고향이에요.
여기는 제 고향 집이에요.

(1) 안나 씨는 어느 나라 사람이에요? □□
アンナさんはどこの国の人ですか？

(2) 안나 씨 직업은 뭐예요? □□
アンナさんの職業は何ですか？

(3) 안나 씨 고향은 어디예요? □□ □□□
アンナさんの故郷はどこですか？

語彙 □집(チプ)：家

3 写真を１枚準備しましょう。例を参考にして、その写真を紹介してください。

例

이 사람은 최지혜 씨예요.
제 친구예요.
최지혜 씨는 중국 사람이 아니에요.
한국 사람이에요.
최지혜 씨는 학생이에요.

여기는 일본이 아니에요.
중국이에요.

理解度チェック

語彙

1 この課で習った語彙です。覚えた語彙には✓を付けてください。

□ 가족	□ 아빠	□ 엄마	□ 오빠
□ 언니	□ 누나	□ 형	□ 동생
□ 사진	□ 시계	□ 텔레비전	□ 책
□ 탁자	□ 신문	□ 소파	

分からない語彙が5つ以上あれば、語彙のページを復習してください。

表現

2 与えられた語句を、この課で習った適切な表現にして対話を完成させてください。

A 에릭 씨, 이거는 뭐예요?

B □□□□□□□□.
(제 한국어 책)

A 이 사람은 누구예요? 에릭 씨 형이에요?

B 아니요, □□□□□□.
(제 동생)

・家族の紹介ができますか？ □

・物品や場所を指す言葉が言えますか？ □

分からない表現があれば、文法のページを復習してください。

3

スオビ
수업이
チェミイッソヨ
재미있어요?

授業が面白いですか?

学習目標
- 状態や気持ちを話せる
- 曜日を言える

文法
- ～です（ですか？）
- ～も

語彙
- 物
- 曜日
- 状態、気持ち

語彙

물건（ムルゴン） 物

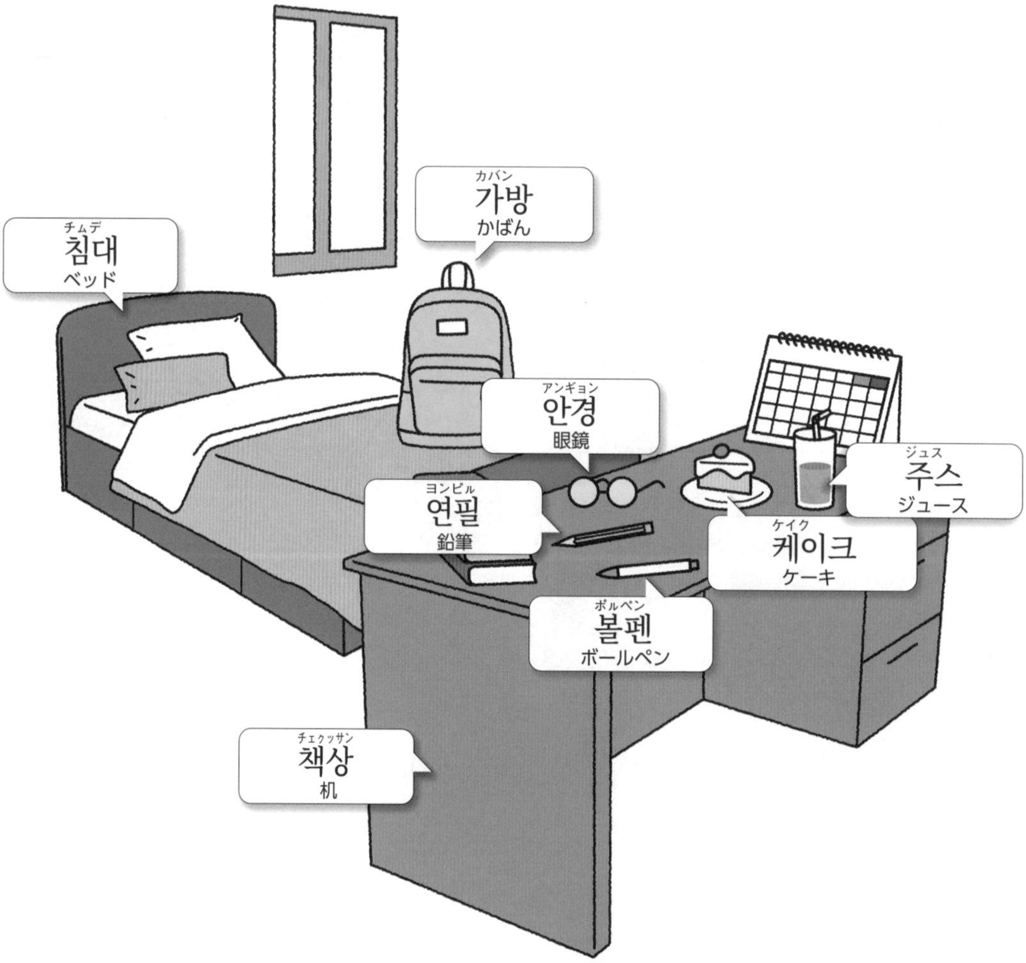

※第 3 課の答えと訳は p.246 から

1 絵を見て（　）に適切な単語を書いてください。

(1)

（　　　　　　）

(2)

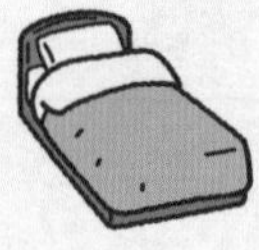

（　　　　　　）

(3)

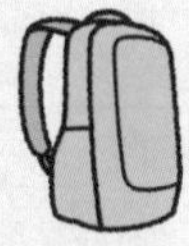

（　　　　　　）

요일(ヨイル) 曜日

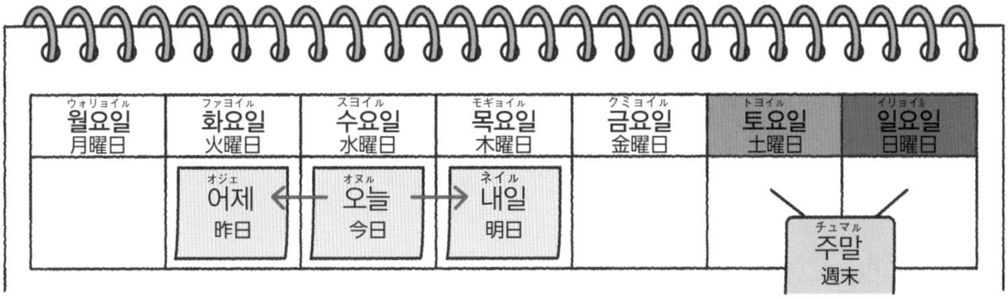

상태(サンテ), 느낌(ヌッキム) 状態、気持ち

チェミイッタ
재미있다
面白い
チェミオプッタ
재미없다
つまらない

マシッタ
맛있다
おいしい
マドプッタ
맛없다
まずい

クェンチャンタ
괜찮다
大丈夫だ、構わない
ヒムドゥルダ
힘들다
大変だ、つらい

2 カレンダーを見て空欄に当てはまる単語を書いてください。

월요일	화요일	수요일	목요일	금요일	토요일	일요일
3/4	3/5	3/6	3/7	3/8	3/9	3/10

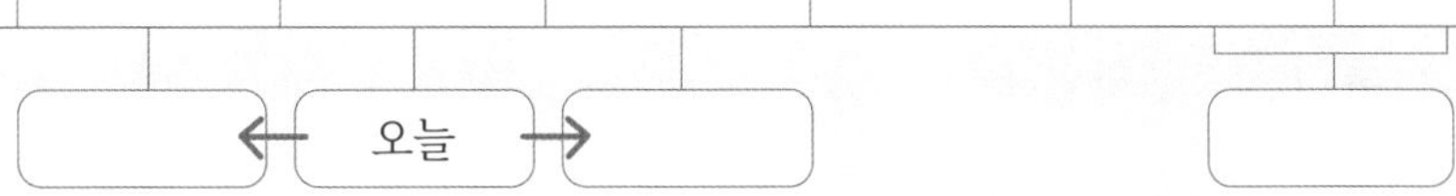

文法

❶ A-아요 / 어요 ① ～です（ですか？）

形容詞の後に付けて、ある対象の状態を説明したり質問したりするときに使います。

形容詞の語幹末の母音がㅏ・ㅗの場合は－아요が、ㅏ・ㅗ 以外の場合は－어요が付きます。語幹末の母音がㅡの場合、ㅡがなくなり－아요または－어요が付くものもあります。変則的な活用はこの他にもあります。

3-2

1

민호 날씨가 **좋아요**?（ナルッシガ チョアヨ）

승윤 네, 날씨가 **좋아요**.（ネ、ナルッシガ チョアヨ）

2

민호 이 책 **재미있어요**?（イ チェク チェミイッソヨ）

승윤 네, **재미있어요**.（ネ、チェミイッソヨ）

3

승윤 여기 주스가 **있어요**.（ヨギ ジュスガ イッソヨ）

민호 고마워요. 주스가 **맛있어요**.（コマウォヨ ジュスガ マシッソヨ）

[마시써요]

4

승윤 민호 씨, **괜찮아요**?（ミノ ッシ、クェンチャナヨ）

민호 네, **괜찮아요**. 좀 **힘들어요**.（ネ、クェンチャナヨ チョム ヒムドゥロヨ）

公式5

좋다（チョタ） / 맛있다（マシッタ） ＋ －아요/어요（アヨ/オヨ） ＝ 좋아요（チョアヨ） / 맛있어요（マシッソヨ）

注意

주스（ジュス） / 볼펜（ボルペン） ＋ 이/가（イ/ガ） ＝ 주스가（ジュスガ） / 볼펜이（ボルペニ）

練習 1

次の（1）～（4）を、それぞれ～이 / 가 －아요 / 어요の表現にしてください。

(1) 날씨 / 좋다（ナルッシ／チョタ）

(2) 케이크 / 맛있다（ケイク／マシッタ）

(3) 이 책 / 재미없다（イ チェク／チェミオプッタ）

(4) 그 주스 / 맛없다（ク ジュス／マドプッタ）

語彙 □날씨（ナルッシ）：天気　□좀（チョム）：ちょっと、少し　例）좀 힘들어요 ちょっとつらいです

② N도　～も

名詞と一緒に使い、ある対象や状態に別のものを加えることを表す表現です。

パッチムの有無に関係なく도が付きます。

3-3

1

유라　スンユン ッシ ヒョンイ イッソヨ
승윤 씨, 형이 있어요?

승윤　ネ トンセンド イッソヨ
네. **동생도** 있어요.
イ サラムン チェ トンセンイエヨ
이 사람은 제 동생이에요.

2

유라　スンユン ッシ ヒョンド ハクセンイエヨ
승윤 씨 **형도** 학생이에요?

승윤　ネ ハクセンイエヨ トンセンド ハクセンイエヨ
네, 학생이에요. **동생도** 학생이에요.

3

유라　イ サラムン ヌグエヨ
이 사람은 누구예요?

승윤　チェ チングエヨ ミグㇰ サラミエヨ
제 친구예요. 미국 사람이에요.
イ チングド ミグㇰ サラミエヨ
이 **친구도** 미국 사람이에요.

4

유라　チェ チングド ミグㇰ サラミエヨ
제 **친구도** 미국 사람이에요.

승윤　クレヨ
그래요?

公式6

アンナ 안나 / ハクセン 학생	+	ト 도	=	アンナド 안나도 / ハクセンド 학생도

注意

アンナガ 안나가(○)　アンナガド 안나가도(×)

ハクセンイ 학생이(○)　ハクセンイド 학생이도(×)

練習 2

例のa～dの部分を（1）～（4）のa～dの語句と入れ替え、それぞれ適切な表現にして文を作ってみましょう。

例
a チョヌン b フェサウォニエヨ
저는 회사원이에요.
c ウリ オンニド d フェサウォニエヨ
우리 언니도 회사원이에요.

(1) a チョ 저 / b ハクッセン 학생 / c チェ トンセン 제 동생 / d ハクッセン 학생

(2) a チョ 저 / b ミグㇰ サラム 미국 사람 / c エリㇰ ッシ 에릭 씨 / d ミグㇰ サラム 미국 사람

(3) a イ ヨンピル 이 연필 / b チョタ 좋다 / c チョ ヨンピル 저 연필 / d チョタ 좋다

(4) a イ チェㇰ 이 책 / b チェミイッタ 재미있다 / c ク チェㇰ 그 책 / d チェミイッタ 재미있다

スピーキング練習

1 対話を聞いて質問に答えてください。

3-4

(1) 対話を聞き、この課で習った表現を使って対話を完成させてください。

지은 오늘이 무슨 요일이에요?

민호 월요일이에요. 오늘 독일어 수업이 [　　]（있다）.

지은 독일어 수업이 [　　]（재미있다）?

민호 네. 그리고 [　　]（친구） 많아요.

(2) 対話の内容と合っていれば○を、違っていれば×を付けてください。

- 민호 씨는 오늘 독일어 수업이 있어요.　（　　）
- 지은 씨는 독일어 수업이 재미있어요.　（　　）

(3) 対話をもう一度聞いて、発音とイントネーションに気を付けながら繰り返し読んでみましょう。

(4)「AI SPEAK」を使って正確に発音できているか確認しましょう。

語彙 □무슨 요일：何曜日　□독일어：ドイツ語　□수업：授業　□그리고：そして　□많다：多い、たくさんいる（ある）
例）친구가 많다 友達が多い

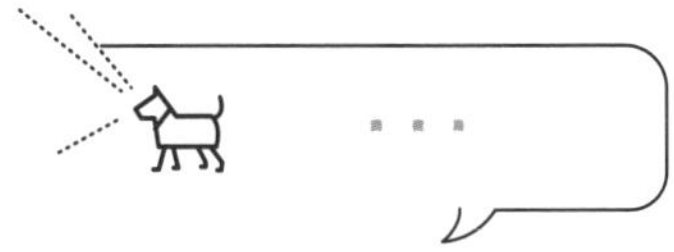

2 例のa～fの部分を(1)、(2)のa～fの語句と入れ替え、それぞれ適切な表現にして会話練習をしてみましょう。

例

승윤 [a]이것도(イゴット) [b]민호(ミノ) 씨(ッシ) 볼펜이에요(ボルペニエヨ)?

민호 네(ネ), [c]제(チェ) 볼펜이에요(ボルペニエヨ).

승윤 [d]이(イ) 볼펜이(ボルペニ) [e]좋아요(チョアヨ)?

민호 네(ネ), [f]좋아요(チョアヨ).

[a]이것(イゴッ) / [b]민호(ミノ) 씨(ッシ) 볼펜(ボルペン)
[c]제(チェ) 볼펜(ボルペン)
[d]이(イ) 볼펜(ボルペン) / [e]좋다(チョタ)
[f]좋다(チョタ)

(1)
[a]이것(イゴッ) / [b]주스(ジュス)
[c]주스(ジュス)
[d]주스(ジュス) / [e]맛있다(マシッタ)
[f]맛있다(マシッタ)

(2)
[a]저것(チョゴッ) / [b]만화책(マヌァチェク)
[c]만화책(マヌァチェク)
[d]저(チョ) 책(チェク) / [e]재미있다(チェミイッタ)
[f]재미있다(チェミイッタ)

3 皆さんは何を持っていますか？　自分の持ち物について、例を参考に話してみましょう。

例

제(チェ) 가방이에요(カバンイエヨ).
볼펜이(ボルペニ) 있어요(イッソヨ).
이(イ) 볼펜이(ボルペニ) 좋아요(チョアヨ).
한국어(ハングゴ) 책도(チェクット) 있어요(イッソヨ).
한국어(ハングゴ) 책은(チェグン) 재미있어요(チェミイッソヨ).
안경도(アンギョンド) 있어요(イッソヨ).
만화책은(マヌァチェグン) 없어요(オプソヨ).

語彙 □만화책(マヌァチェク)：マンガ本

やってみよう

1

音声を聞いて、内容に合う絵を選んでください。

(1)

①

②

(2)

①

②

2

今日は何曜日ですか？　よく聞いて書き取ってください。

(1) □□□

(2) □□□

3

音声を聞いて、内容と合っていれば○を、違っていれば×を付けてください。

(1) 오늘은 날씨가 좋아요.　(　　　)

(2) 안나 씨 생일이 목요일이에요.　(　　　)

(3) 금요일에 파티가 있어요.　(　　　)

(4) 한국어 수업은 매일 있어요.　(　　　)

語彙 □조금(チョグム)：ちょっと、少し　例) 조금 힘들어요 少しつらいです　□생일(センイル)：誕生日　□파티(パティ)：パーティー　□매일(メイル)：毎日

3
課

4 次の文を読んで質問に答えてください。

오늘은 토요일이에요.
날씨가 좋아요. 기분도 좋아요.
일요일은 캐서린 씨 생일이에요.
캐서린 씨는 호주 사람이에요.
우리는 친구예요.

(1) 오늘은 무슨 요일이에요? □□□
今日は何曜日ですか？

(2) 캐서린 씨는 어느 나라 사람이에요? □□
キャサリンさんはどこの国の人ですか？

5 次の質問に答えてください。

(1) 例のa、bの部分を①②のa、bの語句と入れ替え、それぞれ適切な表現にして文を作ってみましょう。

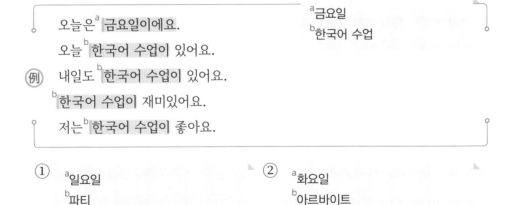

例
[a]금요일
[b]한국어 수업

오늘은 [a]금요일이에요.
오늘 [b]한국어 수업이 있어요.
내일도 [b]한국어 수업이 있어요.
[b]한국어 수업이 재미있어요.
저는 [b]한국어 수업이 좋아요.

① [a]일요일 [b]파티

② [a]화요일 [b]아르바이트

(2) 今日は何曜日ですか？　今日はどんなことがありますか？　皆さんも話してみましょう。

語彙 □기분（キブン）：気分、気持ち　□아르바이트（アルバイトゥ）：アルバイト

理解度チェック

語彙

1 この課で習った語彙です。覚えた語彙には✓を付けてください。

□ 침대	□ 가방	□ 안경	□ 연필
□ 볼펜	□ 케이크	□ 주스	□ 책상
□ 어제	□ 오늘	□ 내일	□ 주말
□ 월요일	□ 화요일	□ 수요일	□ 목요일
□ 금요일	□ 토요일	□ 일요일	□ 좋다
□ 재미있다	□ 재미없다	□ 맛있다	□ 맛없다
□ 괜찮다	□ 힘들다		

分からない語彙が5つ以上あれば、語彙のページを復習してください。

表現

2 与えられた語句を、この課で習った適切な表現にして対話を完成させてください。

A 이 케이크 어때요?

B 케이크가 정말 □□□□.（맛있다）

A 이 책은 어때요?

B □□□□□（재미있다）. 저 책도 □□□□□（재미있다）.

・状態や気持ちを説明したり尋ねたりできますか？ □

・曜日を言えますか？ □

分からない表現があれば、文法のページを復習してください。

4

ネイル　チョニョゲ
내일 저녁에
モォ　ヘヨ
뭐 해요?

明日の夜、何しますか?

学習目標

- 今何をしているのか話せる
- ある行動をする時間について話せる

文法

- ～ます（ますか？）
- ～に ①

語彙

一日の日課

語彙

하루(ハル) 일과(イルグァ) 一日の日課

※第 4 課の答えと訳は p.248 から

1 絵を見て（　）に適切な単語を書いてください。

(1)

（　　　　　）

(2)

（　　　　　）

(3)

（　　　　　）

4課

2

(1)～(3) で示された文字をそれぞれ適切な順に並び替えて単語を書いてください。正解の単語はすべてp.58～59で学習した単語です。

(1) 공, 하, 다, 부 → (　　　　　　)

(2) 하, 다, 일 → (　　　　　　)

(3) 나, 일, 어, 다 → (　　　　　　)

文法

❶ V-아요/어요 ② ～ます（ますか？）

現在の事実について説明したり尋ねたりするときに使います。

動詞の語幹末の母音がㅏ・ㅗの場合は－아요が、ㅏ・ㅗ 以外の場合は－어요が付きます。자다→자＋아요→자요や보다→보＋아요→봐요、배우다→배우＋어요→배워요のように縮約される場合もあります。하다は해요になります。このほか、変則的な活用をするものもあります。

4-2

1

승윤　지은(ジウン) 씨(ッシ), 지금(チグム) 뭐(ムォ) **해요**(ヘヨ)?

지은　영화를(ヨンファルル) **봐요**(ポァヨ).

2

지은　승윤(スンユン) 씨는(ッシヌン) 뭐(ムォ) **해요**(ヘヨ)?

승윤　저는(チョヌン) 책을(チェグル) **읽어요**(イルゴヨ). [일거요]

3

승윤　지은(ジウン) 씨(ッシ), 내일(ネイル) 뭐(ムォ) **해요**(ヘヨ)?

지은　**공부해요**(コンブヘヨ). 내일(ネイル) 시험이(シホミ) **있어요**(イッソヨ).

4

지은　승윤(スンユン) 씨(ッシ), 내일(ネイル) 뭐(ムォ) **해요**(ヘヨ)?

승윤　저도(チョド) **공부해요**(コンブヘヨ).
그리고(クリゴ) 친구를(チングルル) **만나요**(マンナヨ).

公式7

자다(チャダ) ／ 먹다(モクッタ) ／ 공부하다(コンブハダ) ＋ －아요/어요(アオ／オヨ) ＝ 자요(チャヨ) ／ 먹어요(モゴヨ) ／ 공부해요(コンブヘヨ)

注意
밥(パプ) ／ 친구(チング) ＋ 을/를(ウル／ルル) ＝ 밥을(パブル) ／ 친구를(チングルル)

練習 1　絵を見て、それぞれ -아요/어요を使って表現してください。

(1)

(2)

(3)

(4)

語彙　□지금(チグム)：今　□시험(シホム)：試験

❷ N에 ① ～に

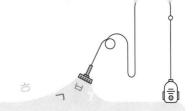

時間を表す名詞と一緒に使い、あることをする時間や時間帯について話す表現です。

4-3

1

민호 유라(ユラ) 씨(ッシ), 오늘(オヌル) **저녁에**(チョニョゲ) 뭐(ムォ) 해요(ヘヨ)? [저녀게]

유라 친구를(チングルル) 만나요(マンナヨ).

2

민호 **주말에**(チュマレ) 보통(ポトン) 뭐(ムォ) 해요(ヘヨ)? [주마레]

유라 운동해요(ウンドンヘヨ).

3

민호 저도(チョド) **주말에**(チュマレ) 운동해요(ウンドンヘヨ).

유라 그래요(クレヨ)? 저는(チョヌン) **주말에**(チュマレ) 책도(チェクット) 읽어요(イルゴヨ).

4

유라 민호(ミノ) 씨는(ッシヌン) 언제(オンジェ) 책을(チェグル) 읽어요(イルゴヨ)?

민호 저는(チョヌン) 보통(ポトン) **밤에**(パメ) 책을(チェグル) 읽어요(イルゴヨ).

公式8

토요일(トヨイル)	+	에(エ)	=	토요일에(トヨイレ)
점심(チョムシム)				점심에(チョムシメ)

주의

오늘에(オヌレ)(×) 내일에(ネイレ)(×) 어제에(オジェエ)(×)

매일에(メイレ)(×) 지금에(チグメ)(×)

練習 2

例のa～cの部分を(1)～(4)のa～cの語句と入れ替え、それぞれ適切な表現にして話す練習をしてみましょう。

例
A ᵃ주말(チュマレ)에 뭐(ムォ) 해요(ヘヨ)?
B ᵇ청소를(チョンソルル) ᶜ해요(ヘヨ).

(1) ᵃ밤(パム) / ᵇ영화(ヨンファ) / ᶜ보다(ポダ)
(2) ᵃ아침(アチム) / ᵇ밥(パプ) / ᶜ먹다(モクッタ)
(3) ᵃ금요일(クミョイル) / ᵇ친구(チング) / ᶜ만나다(マンナダ)
(4) ᵃ토요일(トヨイル) / ᵇ한국어(ハングゴ) / ᶜ공부하다(コンブハダ)

語彙 □보통(ポトン)：普通、普段　□언제(オンジェ)：いつ　例）언제 읽어요? いつ読みますか?　□청소(チョンソ)：掃除

スピーキング練習

1 4-4 **対話を聞いて質問に答えてください。**

(1) 対話を聞き、この課で習った表現を使って対話を完成させてください。

민호 유라(ユラ) 씨(ッシ), 요즘(ヨジュム) 바빠요(パッパヨ)?

유라 네(ネ), 바빠요(パッパヨ).

민호 내일(ネイル) □□□(저녁) 뭐(ムォ) 해요(ヘヨ)?

유라 내일도(ネイルド) □□□(일하다). 힘들어요(ヒムドゥロヨ). 민호(ミノ) 씨는(ッシヌン) 뭐(ムォ) 해요(ヘヨ)?

민호 저는(チョヌン) 안나(アンナ) 씨를(ッシルル) □□□(만나다).

(2) 対話の内容と合っていれば○を、違っていれば×を付けてください。

- 유라(ユラ) 씨는(ッシヌン) 바빠요(パッパヨ).　(　　)
- 민호(ミノ) 씨는(ッシヌン) 내일(ネイル) 일해요(イレヨ).　(　　)

(3) 対話をもう一度聞いて、発音とイントネーションに気を付けながら繰り返し読んでみましょう。

(4)「AI SPEAK」を使って正確に発音できているか確認しましょう。

語彙 □요즘(ヨジュム)：最近　□바쁘다(パップダ)：忙しい　例）요즘 바빠요 最近忙しいです

2 例のa～fの部分を(1)、(2)のa～fの語句と入れ替え、それぞれ適切な表現にして会話練習をしてみましょう。

例

승윤 언제(オンジェ) a 에릭(エリク) 씨를(ッシルル) 만나요(マンナヨ)?
유라 b 오늘(オヌル) 저녁에(チョニョゲ) c 만나요(マンナヨ).
승윤 d 주말에(チュマレ) 뭐(ムォ) 해요(ヘヨ)?
유라 e 주말에도(チュマレド) f 에릭(エリク) 씨를(ッシルル) 만나요(マンナヨ).

a 에릭(エリク) 씨를(ッシルル) 만나다(マンナダ)
b 오늘(オヌル) 저녁(チョニョク) / c 만나다(マンナダ)
d 주말(チュマル)
e 주말(チュマル) / f 에릭(エリク) 씨를(ッシルル) 만나다(マンナダ)

(1)
a 청소하다(チョンソハダ)
b 아침(アチム) / c 청소하다(チョンソハダ)
d 금요일(クミョイル)
e 금요일(クミョイル) / f 청소하다(チョンソハダ)

(2)
a 한국어를(ハングゴルル) 공부하다(コンブハダ)
b 매일(メイル) / c 공부하다(コンブハダ)
d 일요일(イリョイル)
e 일요일(イリョイル) / f 한국어를(ハングゴルル) 공부하다(コンブハダ)

3 家族や友達は何をしますか？　会話形式で練習してみましょう。

	名前:	名前:	名前:
주말에(チュマレ) 보통(ポトン) 뭐(ムォ) 해요(ヘヨ)?			
아침에(アチメ) 보통(ポトン) 뭐(ムォ) 먹어요(モゴヨ)?			
생일에(センイレ) 보통(ポトン) 뭐(ムォ) 먹어요(モゴヨ)?			
언제(オンジェ) 책을(チェグル) 읽어요(イルゴヨ)?			

語彙 □청소하다(チョンソハダ)：掃除する　例) 주말에 청소해요 週末に掃除します

やってみよう

1

誰がいつ何をするか聞き取って、線で結んでください。

(1) 에릭 씨 •　　• 주말 •　　• ①

(2) 민호 씨 •　　• 일요일 •　　• ②

(3) 승윤 씨 •　　• 지금 •　　• ③

2

アンナさんは何をしますか？　よく聞いて順序どおりに番号を付けてください。

(　　)

(　　)

(　　)

(　　)

3 次の文を読んで質問に答えてください。

오늘은 금요일이에요. 날씨가 좋아요.
오늘 점심에 유라 씨를 만나요.
유라 씨가 한국 음식을 만들어요.
그 음식을 같이 먹어요.
음식이 아주 맛있어요.

(1) 언제 유라 씨를 만나요? □□ □□
いつユラさんに会いますか？

(2) 유라 씨가 뭐 만들어요? □□ □□
ユラさんが何を作りますか？

4 次の問題に答えてください。

(1) 例のa～dの部分を（1）、（2）のa～dの語句と入れ替え、それぞれ適切な表現にして話す練習をしてみましょう。

例
오늘은 [a]금요일이에요.
[b]저녁에 [c]태국 음식을 만들어요.
[d]태국 음식이 맛있어요.

a 금요일（クミョイル）
b 저녁（チョニョク） / c 태국（テグク） 음식을（ウムシグル） 만들다（マンドゥルダ）
d 태국（テグク） 음식이（ウムシギ） 맛있다（マシッタ）

① 토요일（トヨイル）
오후（オフ） / 한국（ハングク） 노래를（ノレルル） 배우다（ベウダ）
한국（ハングク） 노래가（ノレガ） 좋다（チョタ）

② 일요일（イリョイル）
아침（アチム） / 태권도를（テックォンドルル） 하다（ハダ）
태권도가（テックォンドガ） 재미있다（チェミイッタ）

(2) 皆さんは今日、何をしますか？　話してみましょう。

語彙 □음식（ウムシク）：食べ物　□아주（アジュ）：とても　例）아주 맛있어요 とてもおいしいです　□오후（オフ）：午後
□배우다（ベウダ）：習う　例）노래를 배워요 歌を歌います。　□태권도（テックォンド）：テコンドー

4課

理解度チェック

語彙

1 この課で習った語彙です。覚えた語彙には✓を付けてください。

□ 아침	□ 점심	□ 저녁	□ 밤
□ 일어나다	□ 세수하다	□ 요리하다	□ 밥을 먹다
□ 일하다	□ 공부하다	□ 친구를 만나다	□ 노래하다
□ 영화를 보다	□ 운동하다	□ 책을 읽다	□ 자다

分からない語彙が5つ以上あれば、語彙のページを復習してください。

表現

2 与えられた語句を、この課で習った適切な表現にして対話を完成させてください。

A 언제 승윤 씨를 만나요?

B 오늘 □□□(오후) 승윤 씨를 □□□(만나다). 민호 씨는 오늘 뭐 해요?

A □□□(공부하다). 시험이 있어요.

・今何をしているか話せますか？ □

・あることをする時間について話せますか？ □

分からない表現があれば、文法のページを復習してください。

5

トソグァネ　イッソヨ
도서관에 있어요
図書館にいます

学習目標
- 場所を言える
- ㅂ変則を正しく使える

文法
- ～に ②
- ㅂ変則

語彙
場所

語彙

5-1

장소（ジャンソ） 場所

※第５課の答えと訳は p.249 から

1 下線を引いた語の反対語を書いてください。

(1) 책이（チェギ） 어렵다（オリョプッタ） ↔ 책이 (　　　　　　)

(2) 날씨가（ナルッシガ） 덥다（トプッタ） ↔ 날씨가 (　　　　　　)

(3) 도서관이（トソグァニ） 크다（クダ） ↔ 도서관이 (　　　　　　)

(4) 가방이（カバンイ） 가볍다（カビョプッタ） ↔ 가방이 (　　　　　　)

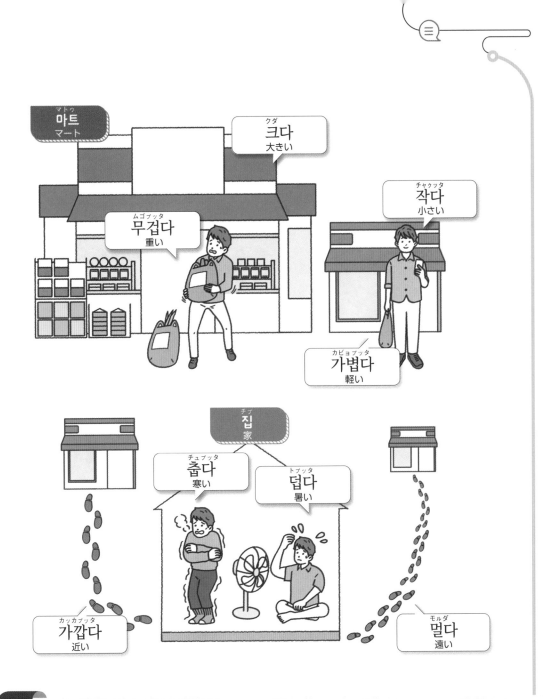

2 絵を見て（　　）適切な語を書いてください。

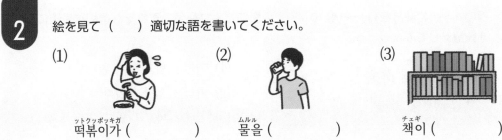

(1)

ットクッポッキガ
떡볶이가 (　　　　　　)

(2)

ムルル
물을 (　　　　　　)

(3)

チェギ
책이 (　　　　　　)

文法

❶ N에 ② ～に

場所を表す名詞の後に付いて方向や目的地を表現します。

5-2

1

민호　유라(ユラ) 씨(ッシ), **어디에**(オディエ) 가요(ガヨ)?

유라　**마트에**(マトゥヘ) 가요(ガヨ).

2

유라　지은(ジウン) 씨는(ッシヌン) **어디에**(オディエ) 있어요(イッソヨ)?

민호　**학교에**(ハッキョエ) 있어요(イッソヨ).

3

유라　여보세요(ヨボセヨ)? 지은(ジウン) 씨(ッシ),
독일어(トギロ) 책이(チェギ) **어디에**(オディエ) 있어요(イッソヨ)?

지은　독일어(トギロ) 책은(チェグン) 제(チェ) **가방에**(カバンエ) 있어요(イッソヨ).

4

유라　언제(オンジェ) **집에**(チベ) 와요(ワヨ)?

지은　지금(チグム) **집에**(チベ) 가요(ガヨ).

公式9

집(チプ) / 학교(ハッキョ) ＋ 에(エ) ＝ 집에(チベ) / 학교에(ハッキョエ)

注意

집(チベ)/학교에(ハッキョエ) ＋ 가다(カダ)/오다(オダ)/있다(イッタ)/없다(オプタ)(○)

공부하다(コンブハダ)(×)

먹다(モクタ)(×)

練習1

例のa～cの部分を(1)～(4)のa～cの語句と入れ替え、それぞれ適切な表現にして話す練習をしてみましょう。

例
A 지금(チグム) 어디에(オディエ) [a]가요(ガヨ)?
B [b]도서관에(トソグァネ) [c]가요(ガヨ).

(1) [a]가다(カダ) / [b]학교(ハッキョ) / [c]가다(カダ)
(2) [a]가다(カダ) / [b]식당(シクッタン) / [c]가다(カダ)
(3) [a]있다(イッタ) / [b]마트(マトゥ) / [c]있다(イッタ)
(4) [a]있다(イッタ) / [b]친구 집(チング チプ) / [c]있다(イッタ)

❷ ㅂ変則

ㅂパッチムで終わる形容詞や動詞の一部は、母音で始まる語尾が接続するとパッチムのㅂが우に変わります。

−아요 / 어요形にする場合は−워요が付き、더워요、가까워요のようになります。また、例外的に돕다と곱다は−와요が付き、それぞれ도와요、고와요となります。

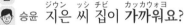

5-3

1

승윤　날씨가(ナルッシガ) **더워요**(トウォヨ). 저는(チョヌン) 집에(チベ) 가요(ガヨ).
지은(ジウン) 씨도(ッシド) 집에(チベ) 가요(ガヨ)?

지은　네(ネ), 저도(チョド) 집에(チベ) 가요(ガヨ).

2

승윤　지은(ジウン) 씨(ッシ) 집이(チビ) **가까워요**(カッカウォヨ)?

지은　아니요(アニヨ), 좀(チョム) 멀어요(モロヨ).

3

지은　그(ク) 가방이(カバンイ) 정말(チョンマル) **귀여워요**(キィヨウォヨ).

승윤　고마워요(コマウォヨ). 저도(チョド) 이(イ) 가방이(カバンイ) 좋아요(チョアヨ).

4

지은　가방에(カバンエ) 책이(チェギ) 많아요(マナヨ).
그(ク) 가방(カバン) **무거워요**(ムゴウォヨ)?

승윤　아니요(アニヨ), **가벼워요**(カビョウォヨ).

公式10

덥다(トプッタ)	+	−아요(アヨ) / 어요(オヨ)	=	더워요(トウォヨ)
춥다(チュプッタ)				추워요(チュウォヨ)
어렵다(オリョプッタ)				어려워요(オリョウォヨ)
쉽다(シィプッタ)				쉬워요(シィウォヨ)

練習 2

例のa、bの部分を(1)〜(4)のa、bの語句と入れ替え、それぞれ適切な表現にして話す練習をしてみましょう。

A　ª한국어 공부가(ハングゴ コンブガ) 어때요(オッテヨ)?
B　ᵇ쉬워요(シィウォヨ).

(1) ª날씨(ナルッシ) / ᵇ춥다(チュプッタ)
(2) ª떡볶이(ットクッポッキ) / ᵇ맵다(メプッタ)
(3) ª이(イ) 영화(ヨンファ) / ᵇ무섭다(ムソプッタ)
(4) ª저(チョ) 인형(イニョン) / ᵇ귀엽다(クィヨプッタ)

語彙 □정말(チョンマル)：本当に　例) 정말 매워요 本当に辛いです　□귀엽다(キィヨプタ)：かわいい　例) 아주 귀여워요 とてもかわいいです
□무섭다(ムソプタ)：怖い　例) 이 영화가 무서워요 この映画が怖いです。　□인형(イニョン)：人形

5課

スピーキング練習

1 5-4 **対話を聞いて質問に答えてください。**

(1) 対話を聞き、この課で習った表現を使って対話を完成させてください。

민호 여보세요(ヨボセヨ)? 승윤(スンユン) 씨(ッシ), 지금(チグム) 어디예요(オディエヨ)?

승윤 □□□□ 도서관 있어요(イッソヨ).

민호 시험이(シオミ) 있어요(イッソヨ)?

승윤 네(ネ), 다음(タウム) 주에(ッチュエ) 시험이(シホミ) 있어요(イッソヨ). 시험이(シホミ) 좀(チョム) □□□□ 어렵다.

민호 저는(チョヌン) 지금(チグム) □□□ 식당 가요(ガヨ). 같이(カチ) 가요(ガヨ).

같이 V-아요/어요 (一緒に~しましょう) は、ほかの人に対して、ある行動を一緒にしようと提案するときに使う表現です。

(2) 対話の内容と合っていれば○を、違っていれば×を付けてください。

- 승윤(スンユン) 씨는(ッシヌン) 식당에(シクタンへ) 있어요(イッソヨ). (　　)
- 민호(ミノ) 씨는(ッシヌン) 다음(タウム) 주에(ッチュエ) 시험을(シホムル) 봐요(ボァヨ). (　　)

(3) 対話をもう一度聞いて、発音とイントネーションに気を付けながら繰り返し読んでみましょう。

(4)「AI SPEAK」を使って正確に発音できているか確認しましょう。

語彙 □다음(タウム) 주(ッチュ)：来週

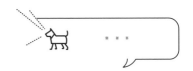

2 例のa～dの部分を(1)、(2)のa～dの語句と入れ替え、それぞれ適切な表現にして会話練習をしてみましょう。

例

안나 지금(チグム) 어디에(オディエ) 가요(ガヨ)?

지은 a 식당에(シクッタンエ) 가요(ガヨ).

안나 뭐(ムォ) b 먹어요(モゴヨ)?

지은 c 떡볶이를(ットクッポッキルル) 먹어요(モゴヨ). d 떡볶이가(ットクッポッキガ) 매워요(メウォヨ).

a 식당(シクッタン)
b 먹다(モクッタ)
c 떡볶이를(ットクッポッキルル) 먹다(モクッタ)
d 떡볶이가(ットクッポッキガ) 맵다(メプッタ)

(1)
a 집(チプ)
b 하다(ハダ)
c 책을(チェグル) 읽다(イクッタ)
d 책이(チェギ) 좀(チョム) 쉽다(シィプッタ)

(2)
a 학교(ハッキョ)
b 하다(ハダ)
c 영어를(ヨンオルル) 공부하다(コンブハダ)
d 영어(ヨンオ) 공부가(コンブガ) 어렵다(オリョプッタ)

3 カードを作って家族や友達とゲームをしてみましょう。

ゲームの進め方

① 青色のペンで次のような単語カードを作ってください。

가방(カバン), 도서관(トソグァン), 책(チェク), 날씨(ナルッシ), 수업(スオプ)

② 赤色のペンで次のような単語カードを作ってください。

어렵다(オリョプッタ), 쉽다(シィプッタ), 멀다(モルダ), 가깝다(カッカプッタ),
춥다(チュプッタ), 덥다(トプッタ), 크다(クダ), 작다(チャクッタ)

③ ①と②からそれぞれ１枚ずつカードを引き、カードに書かれている単語で文を作って話してみましょう。

가방(カバン) ＋ 크다(クダ) ➡ 가방이 커요.

④ 文が正しく作れたらカードをもらいます。たくさんカードを集めた人が勝ちです。

語彙 □영어(ヨンオ)：英語 □파란색(パランセク)：青色 □빨간색(ッパルガンセク)：赤色

やってみよう

1 音声を聞いて質問に答えてください。

(1) 여자는 지금 뭐 해요? ＿＿＿＿＿＿＿＿＿＿＿＿＿＿＿＿＿＿＿.

(2) 떡볶이가 어때요? ＿＿＿＿＿＿＿＿＿＿＿＿＿＿＿＿＿＿＿＿＿.

2 音声を聞いて、内容と合っていれば○を、違っていれば×を付けてください。

(1) 오늘 아침에 마트에 가요.　(　　)

(2) 한국어 공부는 어려워요.　(　　)

(3) 아이스크림, 주스, 케이크를 사요.　(　　)

3 文を読んで質問に答えてください。

> 오늘은 토요일이에요. 날씨가 추워요.
> 내일 시험이 있어요. 시험이 어려워요.
> 그래서 도서관에 가요. 도서관에 책이 많아요. 공부해요.
> 그리고 식당에 가요. 밥을 먹어요.
> 그리고 집에 가요.

(1) 오늘 날씨가 어때요? ＿＿＿＿＿＿＿＿＿＿＿＿＿＿＿＿＿＿＿.
今日の天気はどうですか？

(2) 시험이 어때요? ＿＿＿＿＿＿＿＿＿＿＿＿＿＿＿＿＿＿＿＿＿.
試験はどうですか？

語彙 □아이스크림：アイスクリーム　□사다：買う　例）주스를 사요 ジュースを買います

4 家族や友達とゲームをしてみましょう。

ゲームの進め方

① コインを投げて表が出たら２マス、裏が出たら１マス進めます。

② そのマスに書いてある単語で適切な文を作れたら進めます。

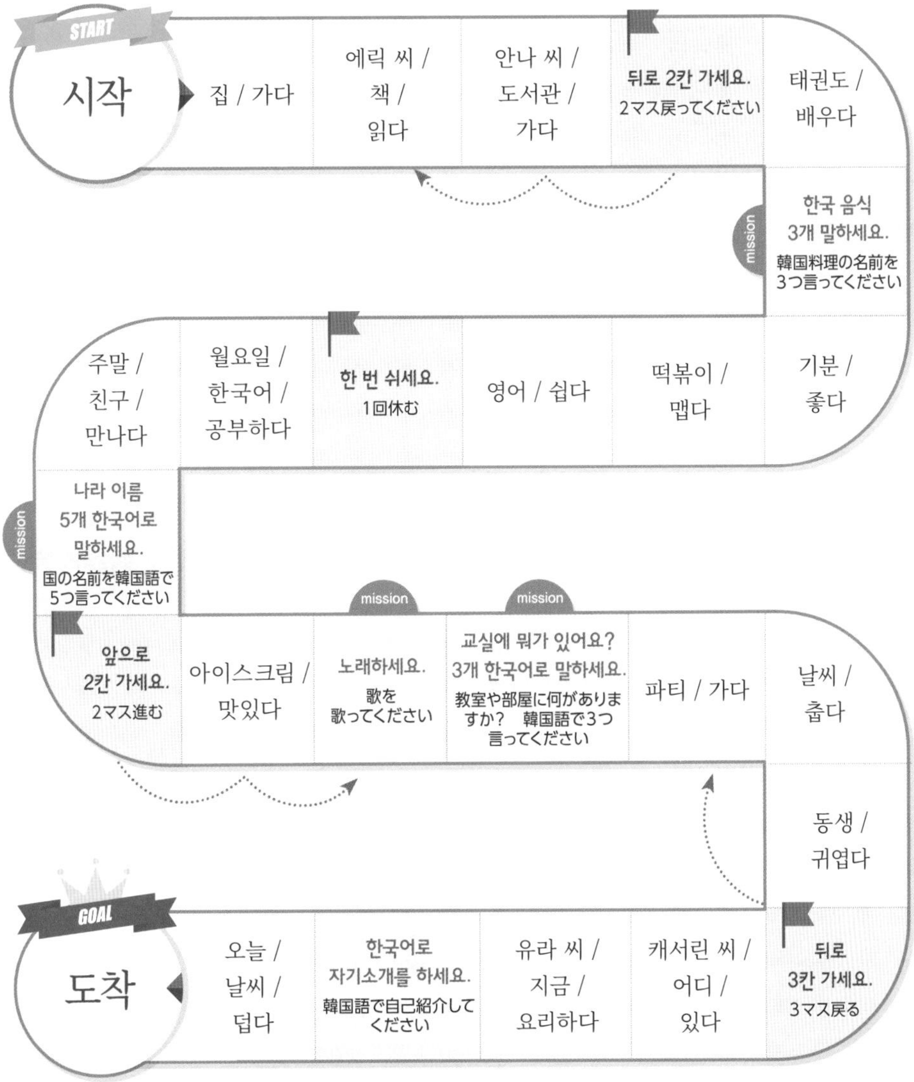

語彙 □동전(トンジョン)：コイン　□앞(アプ)：前　□뒤(ティ)：後ろ　□교실(キョシル)：教室

理解度チェック

語彙

1 この課で習った語彙です。覚えた語彙には✓を付けてください。

□ 많다	□ 적다	□ 어렵다	□ 쉽다
□ 가다	□ 맵다	□ 물을 마시다	□ 떡볶이
□ 크다	□ 작다	□ 무겁다	□ 가볍다
□ 춥다	□ 덥다	□ 가깝다	□ 멀다
□ 도서관	□ 식당	□ 마트	□ 집

分からない語彙が5つ以上あれば、語彙のページを復習してください。

表現

2 与えられた語句を、この課で習った適切な表現にして対話を完成させてください。

A 지은 씨, 언제 □□□（마트） 가요?

B 지금 마트에 가요.

A 마트가 멀어요?

B 아니요, 마트는 □□□□（가깝다）.

- 場所を言えますか？ □
- ㅂ変則を正しく言えますか？ □

分からない表現があれば、文法のページを復習してください。

6

トヨイレ
토요일에

ノレバンエ　カルッカヨ
노래방에 갈까요?

土曜日にカラオケに行きましょうか？

学習目標

- ある事柄を一緒にしようと言える
- 漢数詞を正しく読める

文法

- ～しましょうか？
- ～数字 ① (漢数詞)

語彙

数字

語彙

숫자 数字

(숫자: スッチャ)

0	1	2	3	4	5	6	7	8	9
ヨン　コン 영/공	イル 일	イ 이	サム 삼	サ 사	オ 오	ユク 육	チル 칠	パル 팔	ク 구

10	20	30	40	50	60	70	80	90	100
シプ 십	イシプ 이십	サムシプ 삼십	サシプ 사십	オシプ 오십	ユクシプ 육십	チルシプ 칠십	パルシプ 팔십	クシプ 구십	ペク 백

1월	2월	3월	4월	5월	6월
イロル 일월	イウォル 이월	サムウォル 삼월	サウォル 사월	オウォル 오월	ユウォル 유월
1月	2月	3月	4月	5月	6月

7월	8월	9월	10월	11월	12월
チロル 칠월	パロル 팔월	クウォル 구월	シウォル 시월	シビロル 십일월	シビウォル 십이월
7月	8月	9月	10月	11月	12月

※第 6 課の答えと訳は p.250 から

1 それぞれの数字の読み方をハングルで書いてください。

(1) 3월 5일

______월 ______일

(2) 6월 12일

______월 ______일

(3) 10월 30일

______월 ______일

コンイルコンエ　イサムサオエ　ユクチルパルグ
공일공에 이삼사오에 육칠팔구

シ　ブォン
십 원 10ウォン

オシ　ブォン
오십 원 50ウォン

ペ　グォン
백 원 100ウォン

オベ　グォン
오백 원 500ウォン

チョ　ヌォン
천 원 千ウォン

オチョ　ヌォン
오천 원 5千ウォン

マ　ヌォン
만 원 1万ウォン

オマ　ヌォン
오만 원 5万ウォン

2 絵を見て適切な数字を書いてください。

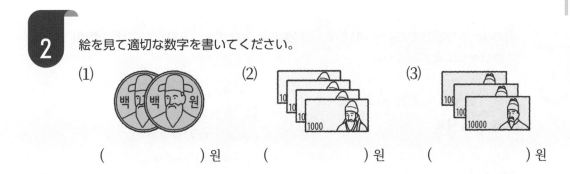

(1)

(　　　　　　)원

(2)

(　　　　　　)원

(3)

(　　　　　　)원

文法

1 V-(으)ㄹ까요? ～しましょうか？

動詞の後に付いて、あることをしようと提案したり、聞き手の意見を尋ねたりするときに使います。

動詞の語幹末にパッチムがなければ －ㄹ까요？が、パッチムがあれば －을까요？が付きます。パッチムがㄹの場合は －까요？が付きます。

6-2

1
승윤 유라 씨, 주말에 같이 영화 **볼까요?**
유라 네, 좋아요.

2
승윤 유라 씨, 무슨 영화를 **볼까요?**
유라 이 영화 어때요?
승윤 네, 좋아요.

3
승윤 유라 씨, 주스 **마실까요?**
유라 아니요. 괜찮아요.

4
승윤 떡볶이를 **먹을까요?**
유라 떡볶이는 좀 매워요.
냉면을 **먹을까요?**
승윤 네, 좋아요.

公式11

가다 / 먹다 / 공부하다 ＋ －(으)ㄹ까요? ＝ 갈까요? / 먹을까요? / 공부할까요?

注意
만들다 ＋ －(으)ㄹ까요? ＝ 만들을까요?(×) / 만들까요?(○)

練習1 例のa、bの部分を(1)～(4)のa、bの語句と入れ替え、それぞれ適切な表現にして話す練習をしてみましょう。

例
A 주말에 같이 [a]밥을 [b]먹을까요?
B 네, 좋아요.

(1) [a]집 / [b]청소하다
(2) [a]음식 / [b]만들다
(3) [a]태권도 / [b]배우다
(4) [a]안나 씨 / [b]만나다

語彙 □냉면(ネンミョン)：冷麺

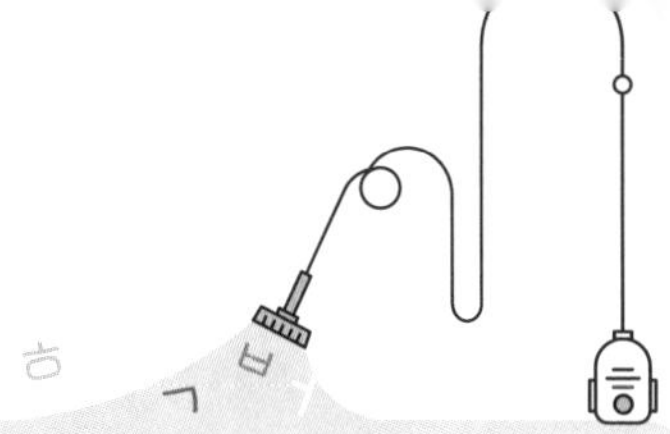

❷ 数字 ①（漢数詞）

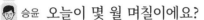

数字は일(イル)、이(イ)、삼(サム)、사(サ)…と読みます。
これは漢数詞で、日にちや番号、分と秒、値段などに使われます。

6-3

1
승윤 오늘이 몇 월 며칠이에요?
유라 **10월 12일**이에요.

2
승윤 에릭 씨 생일이 언제예요?
유라 **25일**, 수요일이에요.

3
승윤 이 가방 얼마예요?
점원 **85000원**이에요.
승윤 좀 비싸요.

4
승윤 화장실이 어디에 있어요?
점원 **2층**에 있어요.

公式12

1월 14일 = 일월 십사 일
5층 = 오 층

700원 = 칠백 원
☎ 119 = 일일구

Tip
日にち、価格、電話番号などには일、이、삼、사…を使います。

練習 2
それぞれの絵が示している日付、階、価格を読み上げてみましょう。

(1)

(2)

(3)

語彙 □며칠(ミョチル)：何日　□점원(チョムォン)：店員　□비싸다(ピッサダ)：高い（価格）　例）가방이 비싸요 かばんが高いです　□화장실(ファジャンシル)：トイレ　□층(チュン)：階

スピーキング練習

1 6-4 **対話を聞いて質問に答えてください。**

(1) 対話を聞き、この課で習った表現を使って対話を完成させてください。

민호 지은 씨, 우리 토요일에 노래방에 [ ][ ][ ] (가다)?

지은 9월 [ ][ ] (17) 일요? 좋아요. 점심도 같이 [ ][ ][ ][ ] (먹다)?

민호 네, 좋아요. 그런데 지은 씨 전화번호가 어떻게 돼요?

지은 010-2345-6789예요.

(2) 対話の内容と合っていれば○を、違っていれば×を付けてください。

- 민호 씨, 지은 씨는 토요일에 영화를 봐요. (　　　)
- 민호 씨, 지은 씨는 토요일에 같이 점심을 먹어요. (　　　)

(3) 対話をもう一度聞いて、発音とイントネーションに気を付けながら繰り返し読んでみましょう。

(4)「AI SPEAK」を使って正確に発音できているか確認しましょう。

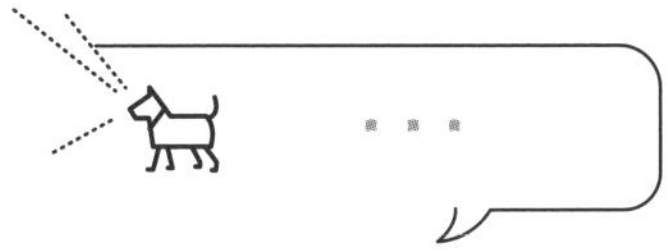

2 例のa～dの部分を(1)、(2)のa～dの語句と入れ替え、それぞれ適切な表現にして会話練習をしてみましょう。

例

승윤 지은 씨, 지금 뭐 해요?

지은 [a]일본어를 공부해요. 그런데 [b]어려워요.

승윤 그럼 같이 [c]공부할까요?

지은 좋아요. 같이 [d]해요.

[a]일본어를 공부하다 / [b]어렵다
[c]공부하다
[d]하다

(1)
[a]청소하다 / [b]힘들다
[c]청소하다
[d]하다

(2)
[a]숙제하다 / [b]어렵다
[c]숙제하다
[d]하다

3 例を参考に、日付や番号などを尋ねたり答えたりする会話練習をしてみましょう。

例

"생일이 언제예요?"

"전화번호가 뭐예요?"

名前	誕生日	電話番号

語彙 □그런데（クロンデ）：しかし、ところで　□그럼（クロム）：それでは、それなら
□숙제하다（スクッチェハダ）：宿題をする　例）같이 숙제해요 一緒に宿題をします

やってみよう

1 対話を聞いて質問に答えてください。

(1) 남자는 언제 여행을 가요? ＿＿＿＿＿＿＿＿

(2) 사무실 전화번호가 뭐예요? ＿＿＿＿＿＿＿＿

(3) 가방이 얼마예요? ＿＿＿＿＿＿＿＿

2 対話を聞いて質問に答えてください。

(1) 여자, 남자는 어디에 가요? □□

(2) 여자, 남자는 뭐 먹어요? □□

3 文を読んで質問に答えてください。

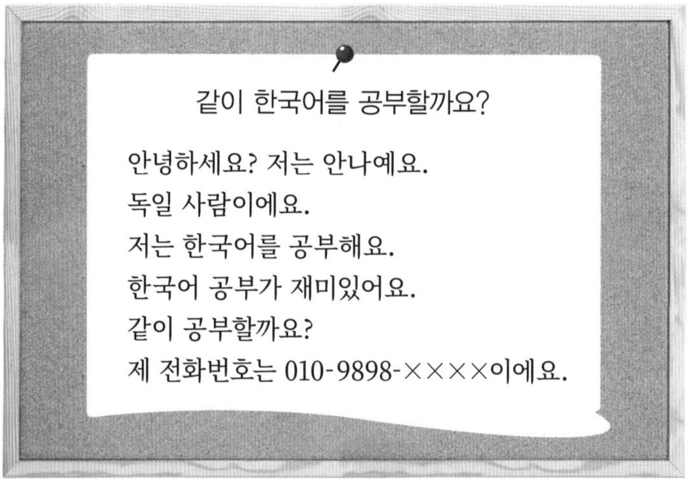

같이 한국어를 공부할까요?
안녕하세요? 저는 안나예요.
독일 사람이에요.
저는 한국어를 공부해요.
한국어 공부가 재미있어요.
같이 공부할까요?
제 전화번호는 010-9898-××××이에요.

(1) 안나 씨는 무엇을 공부해요? □□□
アンナさんは何を勉強していますか？

(2) 한국어 공부가 어때요? ＿＿＿＿＿＿＿＿.
韓国語の勉強はどうですか？

語彙 □여행(ヨヘン)：旅行　□사무실(サムシル)：事務室、オフィス　□피자(ピジャ)：ピザ
□별로(ピョルロ)：特に気に入らないこと、いまいちであること　例）비자는 별로예요 ピザはいまいちです

(3) アンナさんにテキストメッセージを送ってください。

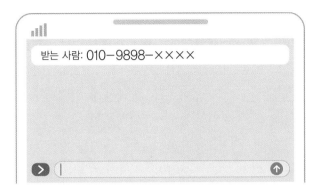

4 数字ゲームをしてみましょう。

(1) **カウントゲーム**

ゲームの進め方

① その場にいる人が自由に１から数字を順番にカウントしていきます。
② 数字を言うタイミングが他の人と重なったり、最後の数字を言うことになったりした人が負けです。

(2) **369 ゲーム**

ゲームの進め方

① 数人で、１から順に数字を言っていきます。
② ３、６、９を含む数字の場合は、数字を言う代わりに手をたたきます。
③ ３、６、９の番に数字を声に出したり手をたたかなかったりした人が負けです。

理解度チェック

語彙

1 この課で習った語彙です。覚えた語彙には✓を付けてください。

☐ 일	☐ 이	☐ 삼	☐ 사	☐ 오
☐ 육	☐ 칠	☐ 팔	☐ 구	☐ 십
☐ 일월	☐ 유월	☐ 시월	☐ 십일월	☐ 십이월
☐ 백 원	☐ 오백 원	☐ 천 원	☐ 오천 원	☐ 만 원

分からない語彙が5つ以上あれば、語彙のページを復習してください。

表現

2 与えられた語句を、この課で習った適切な表現にして対話を完成させてください。

A 저녁에 캐서린 씨 집에 ☐☐☐ (가다)?

B 왜요? 무슨 일 있어요?

A 캐서린 씨 생일이에요.

B 캐서린 씨 생일은 오늘이 아니에요. ☐☐☐☐☐ (4 월 16 일) 이에요.

- ある事柄を一緒にしようと言えますか？ ☐
- さまざまな状況で数字を正しく読めますか？ ☐

分からない表現があれば、文法のページを復習してください。

7

공원에서（コンウォネソ） 자전거도（チャジョンゴド） 탔어요（タッソヨ）

公園で自転車にも乗りました

学習目標

- 過去にしたことを話せる
- 場所と、その場所で行うことを話せる

語彙

動詞

文法

- ～でした(でしたか?)、～かったです（かったですか?)、～ました(ましたか?)
- ～で

語彙

7-1

チプ
집 家

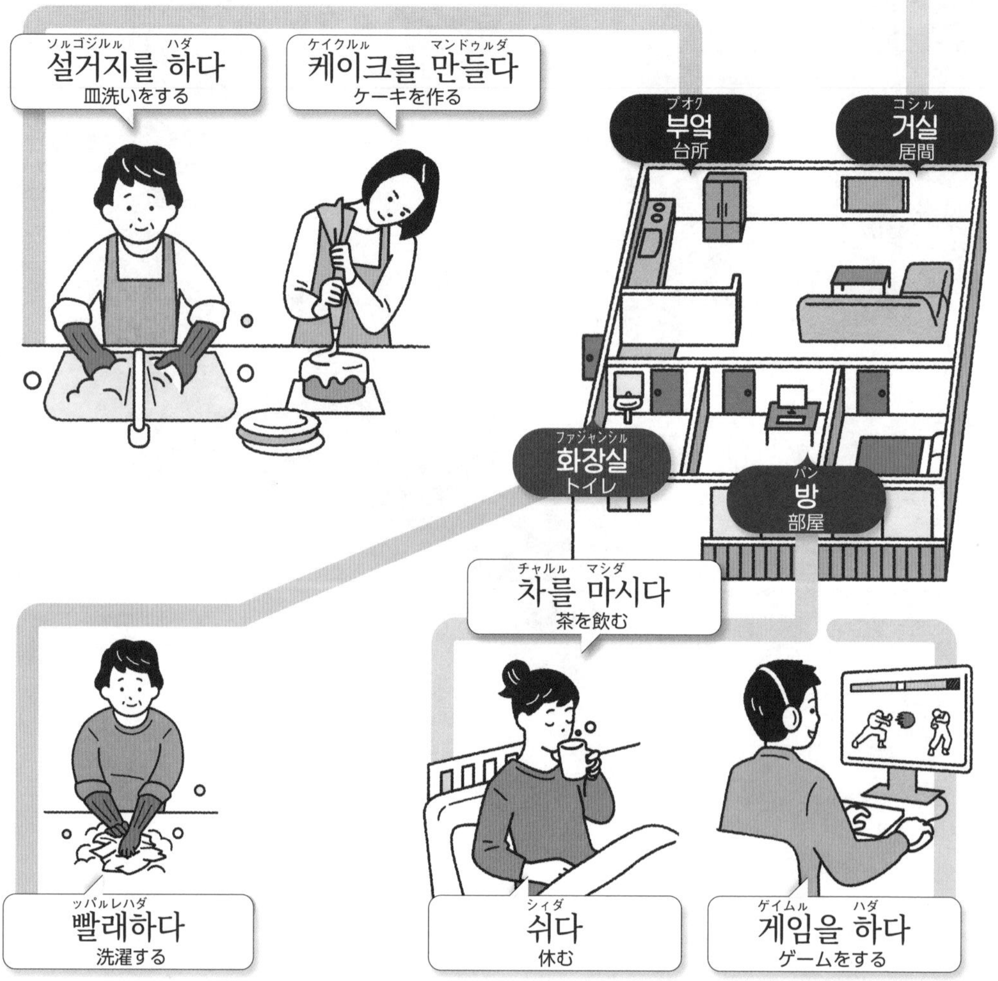

※第 7 課の答えと訳は p.251 から

1 次のそれぞれの表現が正しければ○を、違っていれば×を付けてください。

(1) 쉬아요.　(　　)

(2) 빨래해요.　(　　)

(3) 케이크를 만들어요.　(　　)

イヤギハダ
이야기하다
話す

シンムヌル　イクッタ
신문을 읽다
新聞を読む

テルレビジョヌル　ボダ
텔레비전을 보다
テレビを見る

コリ 거리 通り, コンウォン 공원 公園

ノレバンエ　カダ
노래방에 가다
カラオケに行く

ショピンハダ
쇼핑하다
ショッピングする

サンチェッカダ
산책하다
散歩する

チャジョンゴルル　タダ
자전거를 타다
自転車に乗る

2 絵を見て適切な表現を書いてください。

(1)

(　　　　　　　　　)

(2)

(　　　　　　　　　)

(3)

(　　　　　　　　　)

文法

1 V/A-았어요 / 었어요　~でした（でしたか?）、~かったです（かったですか?）、~ました（ましたか?）

動詞と形容詞の過去を表す表現です。

形容詞、動詞の語幹末の母音がㅏ・ㅗの場合は -았어요が、ㅏ・ㅗ以外の場合は -었어요が付きます。-하다は -했어요になります。

7-2

1

승윤　수요일에 뭐 **했어요**? [해써요]

지은　친구를 **만났어요**.
　　　같이 노래방에 **갔어요**.

2

지은　승윤 씨는 뭐 **했어요**?

승윤　저는 영화를 **봤어요**.
　　　영화가 **재미있었어요**.

3

승윤　지은 씨, 저녁 잘 **먹었어요**.
　　　정말 **맛있었어요**. 고마워요.

지은　아니에요. 저도 잘 **먹었어요**.

4

승윤　지은 씨, 설거지 다 **했어요**.

지은　고마워요. 저도 청소 다 **했어요**.

公式13

가다 / 먹다 / 공부하다	+	-았어요/었어요	=	갔어요 / 먹었어요 / 공부했어요
좋다 / 재미있다 / 어렵다	+	-았어요/었어요	=	좋았어요 / 재미있었어요 / 어려웠어요

練習 1

例のa、bの部分を(1)~(4)のa、bの語句と入れ替え、それぞれ適切な表現にして話す練習をしてみましょう。

例
A 어제 뭐 했어요?
B [a]친구를 만났어요. [b]재미있었어요.

(1) [a]요리하다 / [b]힘들다
(2) [a]운동하다 / [b]날씨가 좋다
(3) [a]책을 읽다 / [b]책이 재미있다
(4) [a]아르바이트를 하다 / [b]일이 많다

語彙 □다（タ）: すべて

❷ N에서 ～で

場所を表す名詞と一緒に使われ、あることを行う場所を表します。

7-3

1

유라 민호 씨, 주말에 잘 쉬었어요?

민호 네, **집에서** 쉬었어요.
유라 씨도 잘 쉬었어요?

유라 네, 저는 **집에서** 책을 읽었어요.

2

유라 뭐 할까요?
저 **식당에서** 밥을 먹을까요?

민호 네, 좋아요. 가요.

3

유라 민호 씨는 금요일에 보통 뭐 해요?

민호 **학교에서** 공부해요.

4

민호 유라 씨는 금요일에 뭐 해요?

유라 **집에서** 텔레비전을 봐요.

7課

公式14

집 / 학교 + 에서 = 집에서 / 학교에서

注意
집에서 있어요.(×)
집에 있어요.(○)
집에 공부해요.(×)
집에서 공부해요.(○)

練習 2 例の a ～ c の部分を (1) ～ (4) の a ～ c の語句と入れ替え、それぞれ適切な表現にして話す練習をしてみましょう。

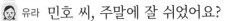

例
A [a] 오전에 뭐 했어요?
B [b] 집에서 [c] 숙제했어요.

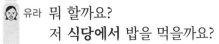

(1) [a] 아침 / [b] 집 / [c] 공부하다
(2) [a] 오후 / [b] 제 방 / [c] 게임을 하다
(3) [a] 주말 / [b] 친구 집 / [c] 영화를 보다
(4) [a] 어제 저녁 / [b] 노래방 / [c] 노래하다

スピーキング練習

1 対話を聞いて質問に答えてください。

7-4

(1) 音声を聞き、この課で習った表現を使って対話を完成させてください。

지은 여행 재미있었어요?

민호 네, □□□□□□.（재미있다）

지은 부산에서 뭐 □□□?（하다）

민호 친구를 □□□□.（만나다） 그리고 공원에서 자전거도 □□□.（타다）

(2) 対話の内容と合っていれば○を、違っていれば×を付けてください。

- 민호 씨는 부산에서 여행을 했어요. ( )
- 민호 씨는 집에서 자전거를 탔어요. ( )

(3) 対話をもう一度聞いて、発音とイントネーションに気を付けながら繰り返し読んでみましょう。

(4)「AI SPEAK」を使って正確に発音できているか確認しましょう。

2 例のa～eの部分を(1)、(2)のa～eの語句と入れ替え、それぞれ適切な表現にして会話練習をしてみましょう。

例

에릭 [a]주말에 어디에 갔어요?
안나 [b]백화점에 갔어요.
에릭 [c]백화점에서 뭐 했어요?
안나 [d]쇼핑했어요. [e]재미있었어요.

[a]주말
[b]백화점에 가다
[c]백화점
[d]쇼핑하다 / [e]재미있다

(1)
[a]어제 저녁
[b]친구 집에 가다
[c]친구 집
[d]케이크를 만들다 / [e]맛있다

(2)
[a]화요일
[b]공원에 가다
[c]공원
[d]운동하다 / [e]좀 힘들다

3 朝、昼、夕方、夜にそれぞれ何をしたか、気分はどうだったか、内容をメモして例を参考に話す練習をしてみましょう。

	뭐 했어요?	기분이 어땠어요?
아침		
점심		
저녁		
밤		

例

아침에 8시에 일어났어요. 밥을 먹었어요. 맛있었어요.
점심에 친구를 만났어요. 같이 백화점에서 옷을 샀어요. 재미있었어요.
저녁에 집에 왔어요. 집에서 쉬었어요. 밤에 책을 읽었어요. 책이 좀 어려웠어요.

語彙 □백화점(ペックァジョム):百貨店、デパート　□공원(コンウォン):公園

やってみよう

1 音声を聞いて空欄に適切な語を書いてください。

7-5

(1) •여자는 어디에 갔어요? □□ □

•여자는 뭐 했어요? 같이 □□했어요. 같이 □□을/를 했어요.

(2) •남자는 주말에 뭐 했어요? □□했어요. □□을/를 만났어요.

•남자는 친구를 어디에서 만났어요? □□

2 ユラさんは昨日何をしましたか？　よく聞いて順番どおりに番号を付けてください。

7-6

(　　)

(　　)

(　　)

(　　)

3 次の文を読んで質問に答えてください。

저는 요즘 한국 요리를 배워요. 한국 요리는 재미있어요. 하지만 어려워요. 10월 31일에 우리 집에 친구가 왔어요. 그래서 제가 한국 요리를 준비했어요. 같이 밥을 먹었어요. 맛있었어요.

(1) 이 사람은 무엇을 배워요? □□ □□
この人は何を習っていますか？

(2) 친구가 언제 왔어요? ______________________.
友達がいつ来ましたか？

(3) 같이 무엇을 했어요? ______________________.
一緒に何をしましたか？

語彙 □준비하다（ジュンビハダ）：準備する

4 下の4つの絵について、(1)～(3)の3つの質問に従って話をしてみましょう。

(1) 여기에서 뭐 했어요?

(2) 언제 했어요?

(3) 기분이 어땠어요?

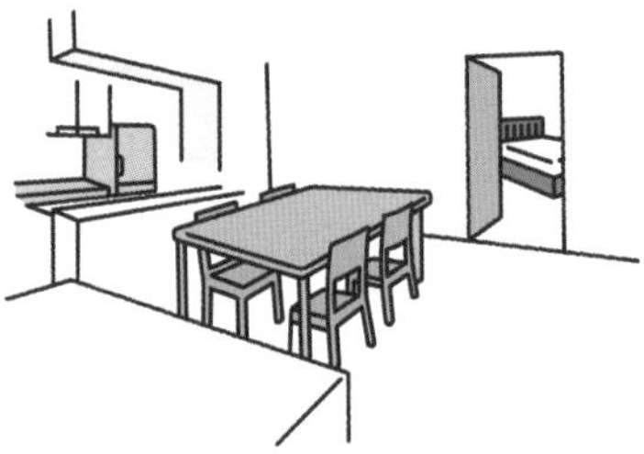

理解度チェック

語彙

1 この課で習った語彙です。覚えた語彙には✓を付けてください。

☐ 부엌	☐ 거실	☐ 방
☐ 화장실	☐ 설거지를 하다	☐ 케이크를 만들다
☐ 빨래하다	☐ 차를 마시다	☐ 쉬다
☐ 게임을 하다	☐ 이야기하다	☐ 텔레비전을 보다
☐ 신문을 읽다	☐ 노래방에 가다	☐ 쇼핑하다
☐ 자전거를 타다	☐ 산책하다	

分からない語彙が5つ以上あれば、語彙のページを復習してください。

表現

2 与えられた語句を、この課で習った適切な表現にして対話を完成させてください。

A 에릭 씨, 밥 ☐☐☐☐ (먹다)? 같이 밥을 먹을까요?

B 미안해요. 밥을 먹었어요.

A 그래요? 그럼 내일 점심을 같이 먹을까요?

B 좋아요. 내일 ☐☐☐☐☐ (저 식당) 만나요.

・過去にしたことを話せますか？ ☐

・場所を表す言葉と、その場所で行うことを話せますか？ ☐

分からない表現があれば、文法のページを復習してください。

8

ヤグル　トゥセヨ
약을 드세요

薬を飲んでください

学習目標

- あることを丁寧に命令したり依頼したりできる
- 否定の表現を話せる

文法

- ～してください、～しないでください
- ～ではありません、～しません

語彙

病院

語彙

ピョンウォン
병원 病院

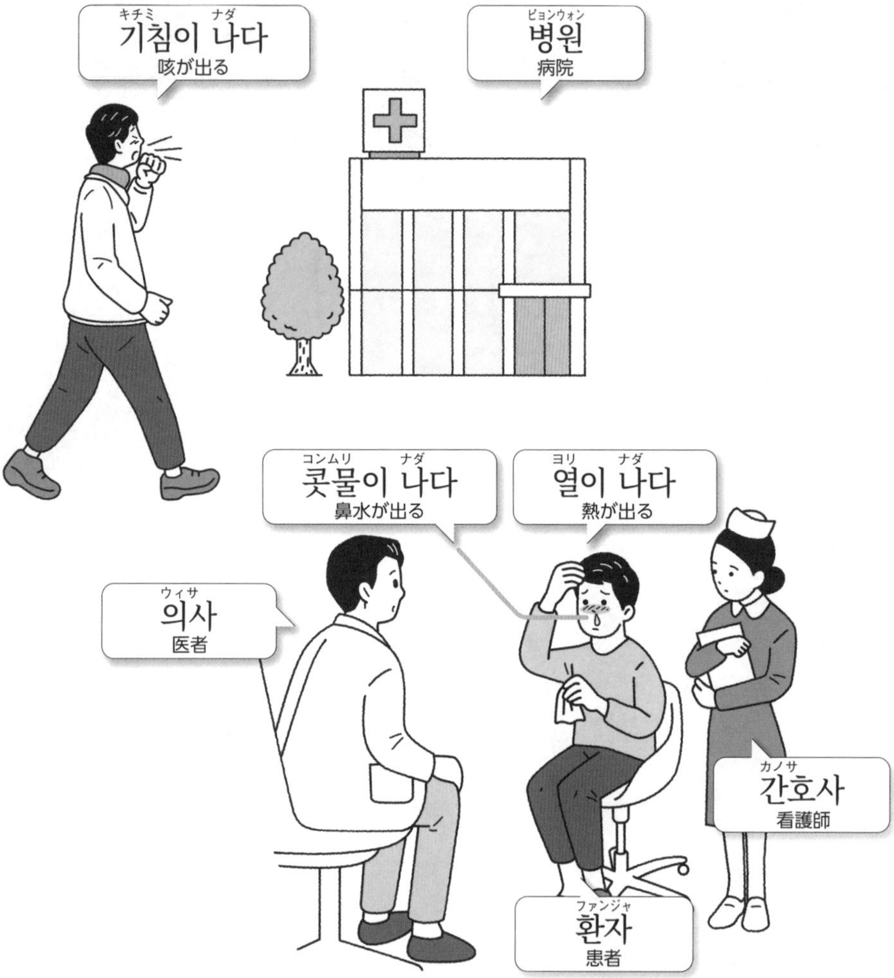

※第 8 課の答えと訳は p.253 から

1 絵を見て適切な表現を書いてください。

(1) 

(　　　　　　　　　)

(2) 

(　　　　　　　　　)

(3) 

(　　　　　　　　　)

8課

2

それぞれ適切な表現の組み合わせを選んでください。

(1) 약을 •	• ① 나다
(2) 열이 •	• ② 먹다
(3) 감기에 •	• ③ 아프다
(4) 목이 •	• ④ 걸리다

文法

1 V-(으)세요, V-지 마세요　～してください、～しないでください

動詞の後に付いて、あることを命令したり依頼したりするときに使います。

-(으)세요は「～してください」で丁寧な命令を、-지 마세요は「～しないでください」で丁寧な禁止を表す表現です。動詞の語幹末にパッチムがなければ -세요を、パッチムがあれば -으세요を付けます。

8-2

1

민호 유라 씨, 어디 아파요?
얼굴이 왜 그래요?

유라 배가 많이 아파요.

민호 빨리 병원에 **가세요.**

2

유라 선생님, 배가 많이 아파요.

의사 이 약을 **드세요.**
그리고 집에서 **쉬세요.**

3

민호 여보세요? 유라 씨, 좀 어때요?
지금도 아파요?

유라 지금 괜찮아요.
고마워요. **걱정하지 마세요.**

4

민호 주말에 영화 '사랑' 볼까요?

유라 저는 그 영화를 봤어요.
재미없어요. **보지 마세요.**

公式15

가다	+	-(으)세요	=	가세요
읽다	+	-(으)세요	=	읽으세요
공부하다	+	-(으)세요	=	공부하세요

注意

만들다	+	-(으)세요	=	만들으세요(×) 만드세요(○)
먹다	+	-(으)세요	=	먹으세요(×) 드세요(○)

※먹다（食べる）の場合は드시다（召し上がる）を使って드세요（召し上がってください）と表現します。

練習 1　次の単語をそれぞれ -(으)세요、-지 마세요で表現してください。

일어나다	요리하다	공부하다	이야기하다
책을 읽다	집에 가다	물을 사다	밥을 먹다

語彙 □왜（ウェ）：なぜ、どうして　□많이（マニ）：たくさん、とても　例）많이 있어요 たくさんあります／많이 아파요とても痛いです
□빨리（ッパルリ）：早く　例）빨리 오세요 早く来てください

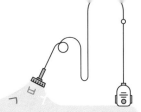

❷ 안　～ではありません、～しません

動詞と形容詞の前に用いて否定を表します。

「名詞＋하다」動詞の場合は、名詞と하다の間に안を入れます。

8-3

1

승윤 민호 씨, 요즘 바빠요?

민호 아니요, **안 바빠요**.

2

민호 승윤 씨, 점심 먹었어요?

승윤 아니요, **안 먹었어요**. [안머거써요]

민호 같이 먹을까요?

3

민호 승윤 씨는 고기를 **안 먹어요**?

승윤 아니요, 먹어요.

4

승윤 민호 씨, 숙제했어요?

민호 아니요, 숙제 **안 했어요**.

승윤 빨리 하세요.

8課

公式16

안	+	가다	=	안 가다
		먹다		안 먹다
		공부하다		공부 안 하다

注意

안	+	세수하다	=	안 세수하다(×)
				세수 안 하다(○)
안	+	있다	=	안 있다(×)
				없다(○)

練習 2

例の a、b の部分を (1) ～ (4) の a、b の語句と入れ替え、それぞれ適切な表現にして話す練習をしてみましょう。

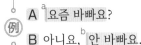

例
A [a]요즘 바빠요?
B 아니요, [b]안 바빠요.

(1) [a]지금 힘들다 / [b]힘들다
(2) [a]오늘 날씨가 좋다 / [b]좋다
(3) [a]매일 운동하다 / [b]운동하다
(4) [a]어제 영화를 보다 / [b]보다

スピーキング練習

8-4 **1** **対話を聞いて質問に答えてください。**

(1) 音声を聞き、この課で習った表現を使って対話を完成させてください。

지은 선생님, 목이 너무 아파요.

의사 기침은 □□□? (나다)

지은 기침도 많이 나요.

의사 감기에 걸렸어요. 집에서 푹 □□□. (쉬다)

술을 □□□ □□□. (마시다)

그리고 약을 드세요.

(2) 対話の内容と合っていれば○を、違っていれば×を付けてください。

- 지은 씨는 기침이 나요. (　　)
- 지은 씨는 술을 마셨어요. (　　)

(3) 対話をもう一度聞いて、発音とイントネーションに気を付けながら繰り返し読んでみましょう。

(4) 「AI SPEAK」を使って正確に発音できているか確認しましょう。

語彙 □푹 쉬다（プク シィダ）：たっぷり休む

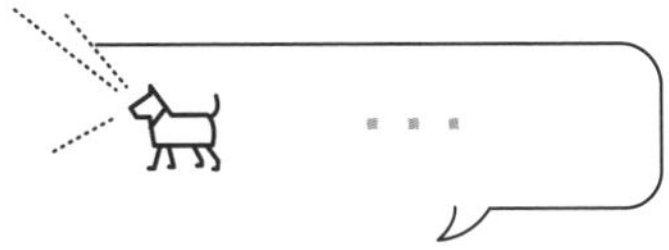

2 例のa～dの部分を(1)、(2)のa～dの語句と入れ替え、それぞれ適切な表現にして会話練習をしてみましょう。

例

승윤 내일 [a]파티를 해요.
유라 네, 알아요.
승윤 [b]파티에 와요?
유라 아니요, [c]안 가요. 좀 바빠요.
승윤 왜요? 꼭 [d]오세요.

[a]파티를 하다
[b]파티에 오다
[c]가다
[d]오다

(1)
[a]모임이 있다
[b]모임에 가다
[c]가다
[d]가다

(2)
[a]학교에 가수가 오다
[b]학교에 오다
[c]가다
[d]오다

8課

3 例を参考に、–(으)세요、–지마세요になる語句を探して線で囲ってください。そして、その文を読み上げてください。

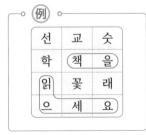

例

선	교	숫
학	책	을
읽	꽃	래
으	세	요

(1)

물	을	갈
마	시	푹
권	세	요
숙	평	미

(2)

자	프	타
전	아	세
거	콧	요
를	물	걱

(3)

많	노	알
집	래	윤
하	지	오
마	세	요

(4)

섭	업	비
연	습	하
상	실	세
학	교	요

(5)

이	야	기
병	하	감
침	지	원
마	세	요

語彙 □알다(アルダ)：知る、分かる　例) 이 사람 알아요? この人知っていますか?　□꼭(ッコク)：必ず、ぜひ　例) 꼭 오세요 ぜひ来てください
□모임(モイム)：集まり、集い

やってみよう

1

ジウンさんは何をしなければなりませんか？　音声を聞いて適切なものを選んでください。

(1)

①

②

(2)

①

②

2

スンユンさんはどこが具合が悪いですか？　音声をよく聞いて適切なものを選んでください。

①

②

③

④

⑤

3

次の文を読んで質問に答えてください。

안나　오늘 저녁에 뭐 먹을까요?

민호　고기를 먹을까요?

안나　캐서린 씨가 고기를 안 먹어요.

민호　그럼 한국 음식을 먹을까요?

안나　네, 좋아요.

(1) 캐서린 씨는 고기를 먹어요? ______________________.

キャサリンさんはお肉を食べますか？

(2) 안나 씨, 민호 씨는 저녁에 뭐 먹어요? ______________________.

アンナさんとミノさんは夕食に何を食べますか？

語彙 □피곤하다（ピゴナダ）：疲れている 例) 많이 피곤해요 とても疲れています
□전화하다（チョヌァハダ）：電話する　例) 내일 전화하세요 明日電話してください　□고기（コギ）：肉

4 (1)、(2) のような状況の人に対して何と言いますか？　例を参考に話してみましょう。

例

감기에 걸렸어요.
목이 많이 아파요.

차를 많이 마시세요.

(1)

일이 많아요.
스트레스가
많아요.

(2)

저는 요즘 머리가
많이 아파요.

語彙 □스트레스（ストゥレス）：ストレス

理解度チェック

語彙

1 この課で習った語彙です。覚えた語彙には✓を付けてください。

- ☐ 병원
- ☐ 의사
- ☐ 환자
- ☐ 간호사
- ☐ 기침이 나다
- ☐ 콧물이 나다
- ☐ 열이 나다
- ☐ 목이 아프다
- ☐ 배가 아프다
- ☐ 머리가 아프다
- ☐ 감기에 걸리다
- ☐ 약을 먹다
- ☐ 걱정하다

分からない語彙が5つ以上あれば、語彙のページを復習してください。

表現

2 与えられた語句を、この課で習った適切な表現にして対話を完成させてください。

A 에릭 씨, 이 영화 볼까요?

B 그 영화 재미없어요. ☐☐☐☐☐.
　　　　　　　　　　　　보다

A 그래요? 그럼 저 영화는 어때요? 저는 저 영화를 안 봤어요.

B 저도 ☐☐☐☐. 저 영화를 볼까요?
　　　　보다

・あることを丁寧に命令したり依頼したりできますか？ ☐

・否定の表現を話せますか？ ☐

分からない表現があれば、文法のページを復習してください。

9

ウリ　パム　モグロ
우리 밥 먹으러
カルッカヨ
갈까요?

私たち、ごはん食べに行きましょうか?

学習目標

- 行ったり来たりする動作の目的を話せる。
- 動作の方向を話せる

文法

- 〜しに
- 〜へ

語彙

- 位置
- 場所

語彙

장소 場所

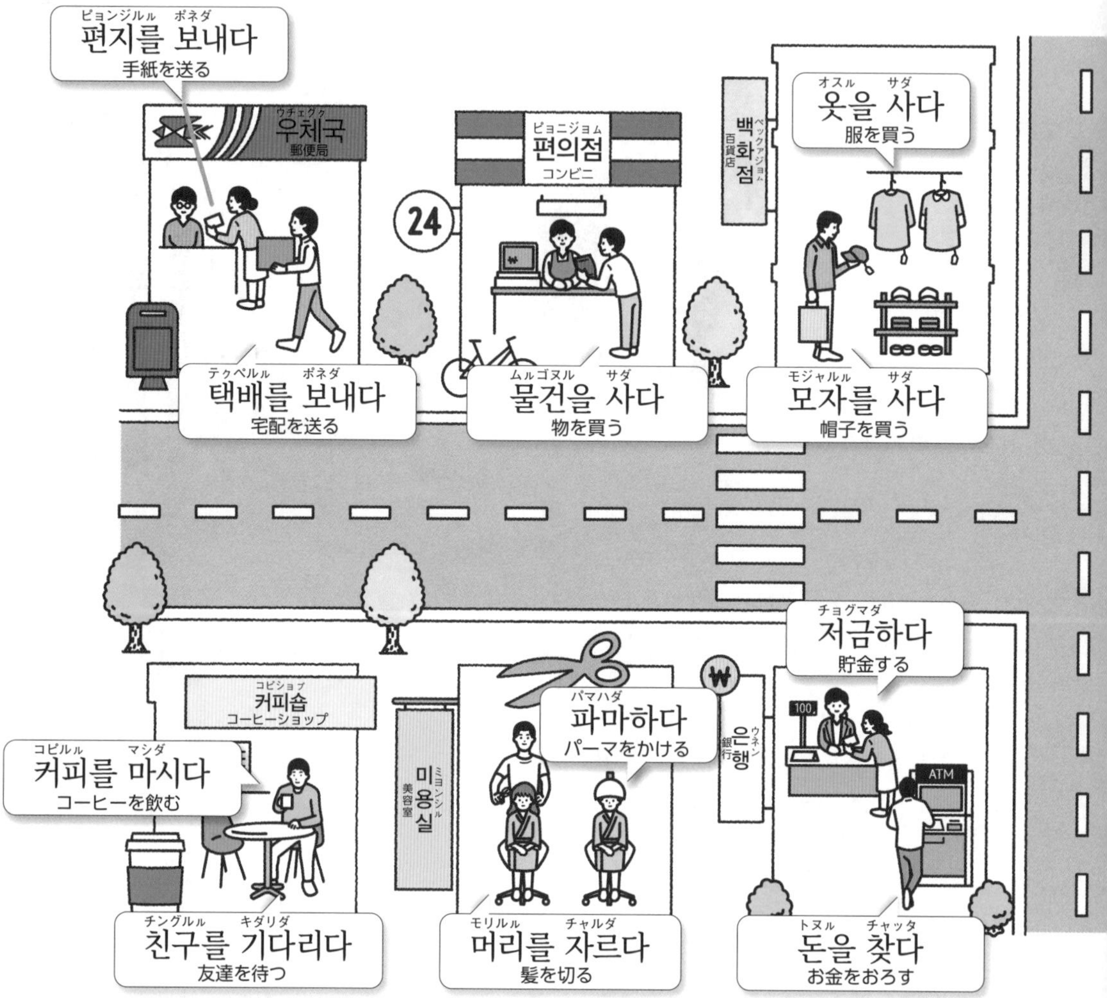

※第９課の答えと訳は p.255 から

1 絵を見て適切な表現を書いてください。

(1) 

(　　　　　　)

(2) 

(　　　　　　)

(3) 

(　　　　　　)

영화관（ヨンファグァン） 映画館

회사（フェサ） 会社

위치（ウィチ） 位置

앞（アプ） 前

옆（ヨプ） 横

뒤（トゥイ） 後ろ

2 それぞれ適切な表現の組み合わせを選んでください。

(1) 커피를 •	• ① 자르다
(2) 머리를 •	• ② 마시다
(3) 돈을 •	• ③ 보내다
(4) 택배를 •	• ④ 찾다

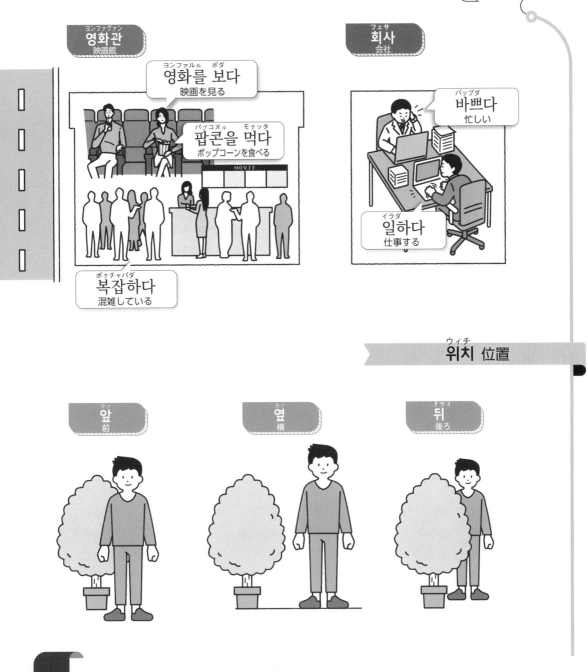

文法

1 V-(으)러 ～しに

動詞の後ろに付いて、行ったり来たりする動作の目的を表現するときに使います。

動詞の語幹末にパッチムがあれば -으러 が、パッチムがない場合と語幹末がㄹパッチムの場合は -러が付きます。

9-2

1

민호 유라 씨, 여기는 어디에요?

유라 미국이에요. 작년에 친구를 **만나러** 미국에 갔어요.

2

유라 제 미국 친구가 한국어를 **배우러** 한국에 왔어요.

민호 그래요? 저도 미국에 친구가 있어요.

3

유라 민호 씨는 집에 가요?

민호 아니요. 옷을 **사러** 백화점에 가요.

[배콰점]

4

민호 유라 씨는 어디에 가요?

유라 저는 우체국에 편지를 **보내러** 가요.

公式17

배우다				배우러
읽다	+	-(으)러	=	읽으러
공부하다				공부하러

注意

만들다 + -(으)러 = 만들으러(×) / 만들러(○)

練習 1

例のa、bの部分を(1)～(4)のa、bの語句と入れ替え、それぞれ適切な表現にして話す練習をしてみましょう。

例

A 민호 씨, 어디에 가요?

B [a]공부하러 [b]도서관에 가요.

(1) [a]저금하다 / [b]은행

(2) [a]파마하다 / [b]미용실

(3) [a]택배를 보내다 / [b]우체국

(4) [a]커피를 마시다 / [b]커피숍

2 N(으)로 ～へ

場所を表す名詞の後ろに付いて、動作の方向を表します。

名詞の最後の文字にパッチムがあれば으로が、パッチムがない場合と最後の文字がㄹパッチムの場合は로が使われます。

9-3

1

지은 우리 산책하러 갈까요?

승윤 좋아요. **어디로** 갈까요?

2

지은 여의도 어때요?

승윤 좋아요. 그런데 여의도는 좀 복잡해요. 서울숲 **공원으로** 가요.

[복짜패요]

3

[이쪼그로]

지은 승윤 씨, **이쪽으로** 오세요. 여기 정말 좋아요.

승윤 네, 가요.

4

지은 오늘 정말 재미있었어요. 승윤 씨는 **집으로** 가요?

승윤 네. 지은 씨도 **집으로** 가요?

지은 네. 승윤 씨, 잘 가요.

公式18

집	+	(으)로	=	집으로
학교				학교로

注意

서울으로(×)

서울로(○)

練習 2

例のa、bの部分を(1)～(4)のa、bの語句と入れ替え、それぞれ適切な表現にして話す練習をしてみましょう。

例

A 지은 씨, 어디로 가요?

B [a]부산으로 [b]가요.

(1) [a]4층 / [b]가다

(2) [a]회사 / [b]가다

(3) [a]여기 / [b]오다

(4) [a]영화관 앞 / [b]오다

語彙 □이쪽(イッチョク)：こちら、こっち側

9課

スピーキング練習

1 対話を聞いて質問に答えてください。

9-4

(1) 音声を聞き、この課で習った表現を使って対話を完成させてください。

민호 유라 씨, 제가 좀 늦었어요. 미안해요.

유라 괜찮아요. 우리 밥 □□□（먹다） 갈까요?

민호 네, 김치찌개 어때요?

유라 좋아요. 그럼 회사 옆 □□□□（식당） 가요. 그런데 승윤 씨는 안 와요?

민호 잠시만요. 여보세요? 승윤 씨, 우리는 회사 옆 식당으로 가요. □□□（거기） 오세요.

(2) 対話の内容と合っていれば○を、違っていれば×を付けてください。

- 유라 씨는 늦었어요. (　　　)
- 승윤 씨는 안 왔어요. (　　　)

(3) 対話をもう一度聞いて、発音とイントネーションに気を付けながら繰り返し読んでみましょう。

(4)「AI SPEAK」を使って正確に発音できているか確認しましょう。

語彙 □늦다（ヌッタ）:遅れる　例) 친구가 늦었어요 友達が遅れました　□김치찌개（キムチッチゲ）:キムチチゲ　□잠시만요.（チャムシマンニョ）:少しお待ちください

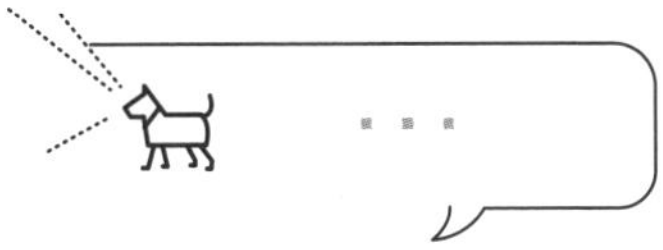

2 例のa、bの部分を（1）、（2）のa、bの語句と入れ替え、それぞれ適切な表現にして会話練習をしてみましょう。

例

a 영화 보다
b 은행 옆에 영화관이 있다

민호　우리 [a]영화 보러 갈까요?
지은　네, 좋아요. 어디로 갈까요?
민호　[b]은행 옆에 영화관이 있어요. 거기로 갈까요?
지은　네. 거기로 가요.

(1)
a 커피를 마시다
b 회사 근처에 커피숍이 있다

(2)
a 모자를 사다
b 우체국 뒤에 백화점이 있다

3 例を参考に、この課で習った表現を使って「いつ・どこで・何を」するか約束する会話を考えてみましょう。

例

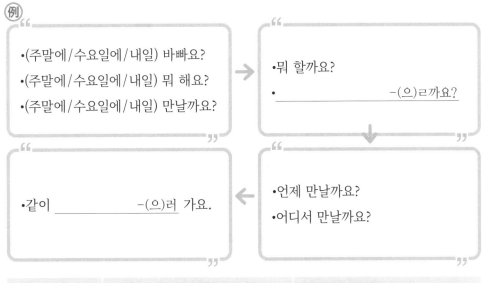

•(주말에/수요일에/내일) 바빠요?
•(주말에/수요일에/내일) 뭐 해요?
•(주말에/수요일에/내일) 만날까요?

→

•뭐 할까요?
•＿＿＿＿＿＿＿＿ -(으)ㄹ까요?

↓

•언제 만날까요?
•어디서 만날까요?

←

•같이 ＿＿＿＿＿＿＿＿ -(으)러 가요.

	約束する相手の名前	約束する相手の名前
언제 해요?		
어디서 해요?		
무엇을 해요?		

語彙 □근처（クンチョ）：近所

9課

やってみよう

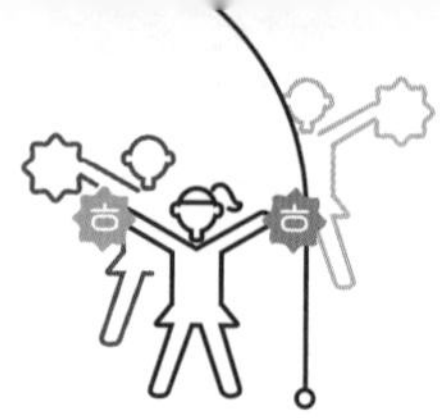

1 音声を聞いて質問に答えてください。

(1) •남자는 어제 어디에 갔어요? □□

•왜 갔어요? ____________________.

(2) •여자의 친구는 어디에 와요? □□

•왜 와요? ____________________.

2 ここはどこですか？　音声をよく聞いて適切なものを選んでください。

(1)

①

②

(2)

①

②

3 例のa～fの部分を(1)、(2)のa～fの語句と入れ替え、それぞれ適切な表現にして話す練習をしてみましょう。

저는 어제[a] 친구를 만났어요.
[b] 영화를 보러[c] 영화관에 갔어요.
[d] 영화가 재미있었어요.
그리고[e] 밥을 먹으러[f] 식당으로 갔어요.

[a]친구를 만나다
[b]영화를 보다 / [c]영화관에 가다
[d]영화가 재미있다
[e]밥을 먹다 / [f]식당으로 가다

(1)
[a]배가 아프다
[b]약을 사다 / [c]약국에 가다
[d]약을 먹다
[e]친구를 만나다 / [f]커피숍으로 가다

(2)
[a]쇼핑하다
[b]운동화를 사다 / [c]백화점에 가다
[d]운동화를 사다
[e]돈을 찾다 / [f]은행으로 가다

語彙 □놀다(ノルダ)：遊ぶ　例) 공원에서 놀았어요 公園で遊びました　□약국(ヤックク)：薬局　□운동화(ウンドンファ)：運動靴

4 絵を見ながら1～6の順にストーリーを作ってみましょう。

理解度チェック

語彙

1 この課で習った語彙です。覚えた語彙には✓を付けてください。

☐ 우체국	☐ 편지를 보내다	☐ 택배를 보내다
☐ 편의점	☐ 물건을 사다	
☐ 백화점	☐ 옷을 사다	☐ 모자를 사다
☐ 커피숍	☐ 커피를 마시다	☐ 친구를 기다리다
☐ 미용실	☐ 파마하다	☐ 머리를 자르다
☐ 은행	☐ 저금하다	☐ 돈을 찾다
☐ 영화관	☐ 복잡하다	☐ 팝콘을 먹다
☐ 회사	☐ 바쁘다	☐ 일하다
☐ 앞	☐ 옆	☐ 뒤

分からない語彙が5つ以上あれば、語彙のページを復習してください。

表現

2 与えられた語句を、この課で習った適切な表現にして対話を完成させてください。

A 내일 ☐☐☐☐☐☐ 미용실에 가요.
　　　　（머리를 자르다）

B 그래요? 저도 같이 가요.

A 네, 그럼 12시에 ☐☐☐☐☐☐ 오세요. 거기서 만나요.
　　　　（편의점 앞）

・行ったり来たりする動作の目的を話せますか？ ☐
・動作の方向を話せますか？ ☐
分からない表現があれば、文法のページを復習してください。

10

ネンミョン ハン グルッ
냉면 한 그릇
チュセヨ
주세요

冷麺を１杯下さい

学習目標
- ある対象となるものを「下さい」と言える
- 固有数詞を正しく数えられる

文法
- 下さい
- 数字 ② （固有数詞）

語彙
- 品物
- 数字

語彙

10-1

물건（ムルゴン） 品物

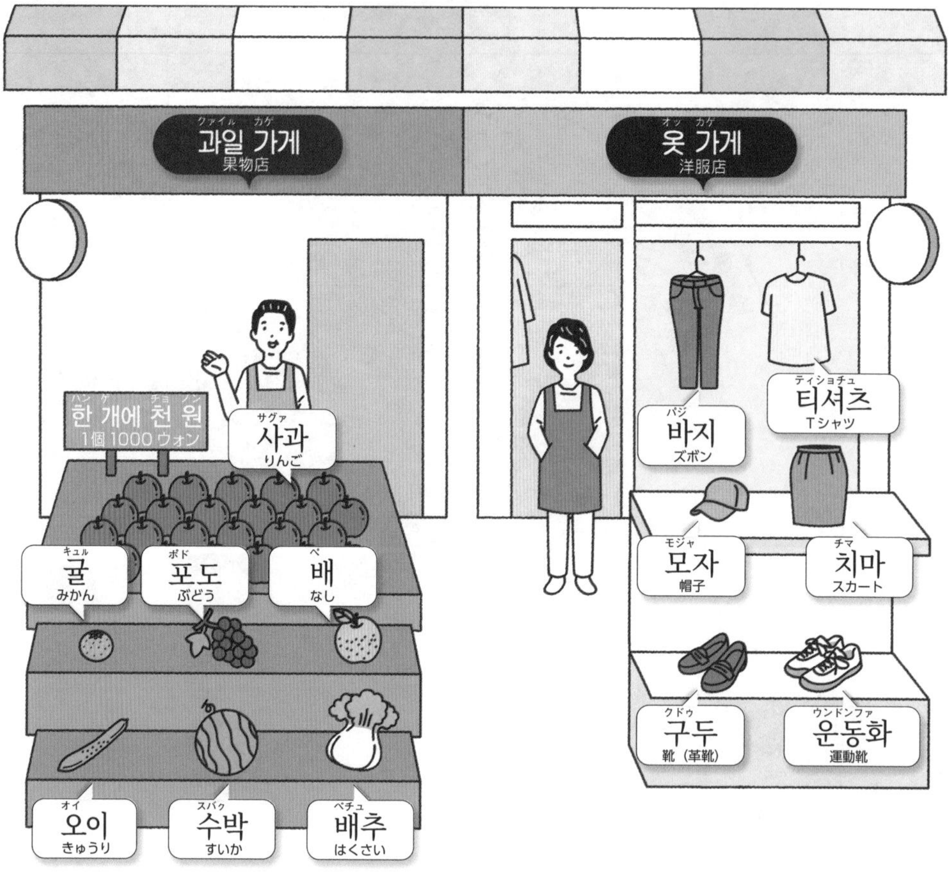

※第 10 課の答えと訳は p.256 から

1 絵を見て適切な単語を書いてください。

(1)

(　　　　　　)

(2)

(　　　　　　)

(3)

(　　　　　　)

숫자（スッチャ） 数字

1	2	3	4	5	6	7
ハナ	トゥル	セッ	ネッ	タソッ	ヨソッ	イルゴプ
하나	둘	셋	넷	다섯	여섯	일곱

8	9	10	20	30	40	50
ヨドル	アホプ	ヨル	スムル	ソルン	マフン	シィン
여덟	아홉	열	스물	서른	마흔	쉰

60	70	80	90	100	1000	10000
イェスン	イルン	ヨドゥン	アホプ	ペク	チョン	マン
예순	일흔	여든	아흔	백	천	만

1시	2시	3시	4시	5시	6시
ハン シ	トゥ シ	セ シ	ネ シ	タソッ シ	ヨソッ シ
한 시	두 시	세 시	네 시	다섯 시	여섯 시
1時	2時	3時	4時	5時	6時

7시	8시	9시	10시	11시	12시
イルゴプッシ	ヨドル ッシ	アホプ ッシ	ヨル ッシ	ヨラン シ	ヨルトゥ シ
일곱 시	여덟 시	아홉 시	열 시	열한 시	열두 시
7時	8時	9時	10時	11時	12時

[한 시 십오 분]（ハン シ シボ ブン）
1時15分

[두 시 삼십 분 / 두 시 반]（トゥ シ サムシ ップン）
2時30分

[세 시 오 분]（セ シ オ ブン）
3時5分

2 絵を見て、それぞれ適切な時間を韓国語で書いてください。

(1)

(　　　　　　　)

(2)

(　　　　　　　)

(3)

(　　　　　　　)

10
課

文法

1 N 주세요 下さい

名詞の後に続けて、対象となるものを「下さい」とお願いするときに使います。

10-2

1

지은 저 치마 얼마예요?

주인 30000원이에요.

지은 **저거 주세요.**

2

지은 저 모자가 예뻐요. 저 **모자 주세요.**

유라 저도 **하나 주세요.**

3

지은 힘들어요. 우리 뭐 좀 먹을까요?

유라 네, 좋아요.
여기요. **메뉴판** 좀 **주세요.**

4

지은 여기 불고기 진짜 맛있어요.

유라 네. 그런데 김치가 없어요.
여기요. **김치** 좀 더 **주세요.**

公式19

사과 / 오이	+	주세요	=	사과 주세요 / 오이 주세요

練習1 例のaの部分を(1)～(4)のaの語句と入れ替え、それぞれ適切な表現にして話す練習をしてみましょう。

例
A 뭘 드릴까요?
B [a]수박 하나 주세요.

(1) [a]귤
(2) [a]저 구두
(3) [a]이 바지
(4) [a]이거 하나

語彙 □주인(チュイン)：主人、オーナー　□메뉴판(メニュパン)：メニュー表　□불고기(プルゴギ)：プルコギ（甘口だれに漬けた薄切りの牛肉と野菜などを炒めた料理）
□진짜(チンッチャ)：本当に　例）진짜 맛있어요 本当においしいです　□김치(キムチ)：キムチ

❷ 数字 ② (固有数詞)

数を数えるときは、하나(ハナ)、둘(トゥル)、셋(セッ)、넷(ネッ)(ひとつ、ふたつ、みっつ、よっつ)…と数えます。これは固有数詞で、時間や年齢、数量などを数えるときに使います。数詞が付く場合は하나(ハナ)→한(ハン)、둘(トゥル)→두(トゥ)、셋(セッ)→세(セ)、넷(ネッ)→네(ネ)、스물(スムル)→스무(スム)の形になります。

10-3

1
지은 **수박 하나**에 얼마예요?
주인 25000원이에요.

2
지은 배는 얼마예요?
주인 **한 개**에 천 원이에요.
지은 배 **열 개** 주세요.

3
지은 오늘 수업은 몇 시예요?
민호 **두 시**에 있어요.

4
지은 지금 몇 시예요?
민호 **한 시 오십 분**이에요. 빨리 가요.

公式20

한 명 | 두 마리 | 세 그릇 | 스무 살

注意

1월	=	일월
1개	=	하나 개(×)
		한 개(○)

練習 2

それぞれの文の誤った部分を探し、正しく書き直してください。

(1) 오늘 일 시에 만나요. ( ) → ( )
(2) 수업이 열하나 시에 있어요. ( ) → ( )
(3) 우리 집에 강아지 셋 마리가 있어요. ( ) → ( )
(4) 우리 반에 미국 친구가 넷 명 있어요. ( ) → ( )

語彙 □강아지(カンアジ):子犬

10課

スピーキング練習

1 対話を聞いて質問に答えてください。

10-4

(1) 音声を聞き、この課で習った表現を使って対話を完成させてください。

주인 어서 오세요. 이쪽으로 앉으세요.

민호 냉면 □□□(1 그릇)에 얼마예요?

주인 6000원이에요.

민호 □□□□□□(1 그릇 / 주다). 그리고 만두도 □□□(주다).

(2) 対話の内容と合っていれば○を、違っていれば×を付けてください。

- 냉면 한 그릇은 육천 원이에요.　　(　　)
- 민호 씨는 냉면을 안 먹어요.　　(　　)

(3) 対話をもう一度聞いて、発音とイントネーションに気を付けながら繰り返し読んでみましょう。

(4)「AI SPEAK」を使って正確に発音できているか確認しましょう。

語彙 □어서(オソ) 오세요(オセヨ)：いらっしゃいませ、ようこそ　□만두(マンドゥ)：ぎょうざ

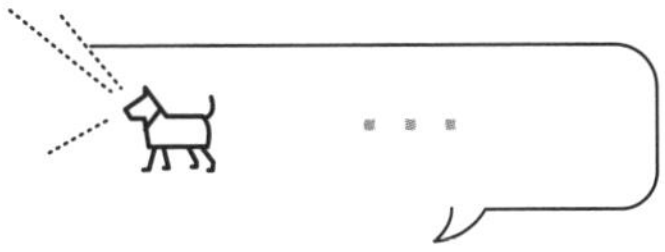

2 例のa～eの部分を(1)、(2)のa～eの語句と入れ替え、それぞれ適切な表現にして会話練習をしてみましょう。

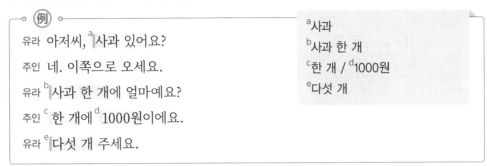

例

유라 아저씨, [a]사과 있어요?

주인 네. 이쪽으로 오세요.

유라 [b]사과 한 개에 얼마예요?

주인 [c]한 개에 [d]1000원이에요.

유라 [e]다섯 개 주세요.

[a]사과
[b]사과 한 개
[c]한 개 / [d]1000원
[e]다섯 개

(1)
[a]생선
[b]생선 한 마리
[c]한 마리 / [d]2500원
[e]세 마리

(2)
[a]오이
[b]오이 하나
[c]오이 하나 / [d]700원
[e]네 개

3 皆さんが店主なら、どんな店を作りますか？　考えてみましょう。

(1) 例を参考に店のメニューを作ってください。

例 커피숍
- 커피 한 잔 4500원
- 주스 한 잔 5000원
- 케이크 한 개 5500원

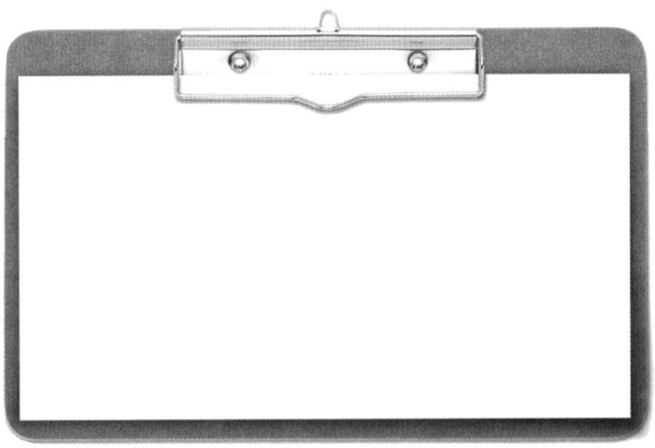

(2) 作ったメニューを注文する練習をしてください。

語彙 □생선(センソン)：(食べ物としての) 魚　□주문하다(チュムナダ)：注文する

やってみよう

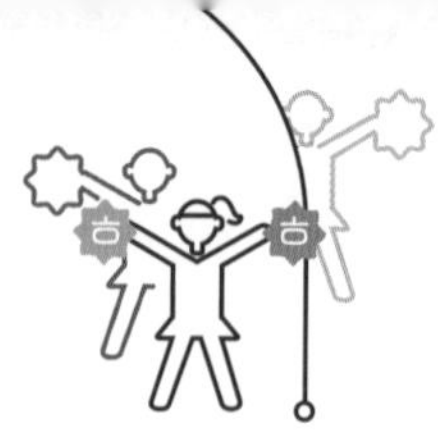

1 男性は何を買いましたか？　音声を聞いて適切なものを選んでください。

(1)

①

②

(2)

①

②

2 音声を聞いて、内容と合うものを選んでください。

① 남자는 어제 요리했어요.

② 여자는 어제 8시에 바빴어요.

③ 남자는 어제 6시에 전화했어요.

④ 여자는 어제 6시에 요리했어요.

3 次の文を読んで質問に答えてください。

한국의 회사는 보통 9시에 일을 시작해요. 그리고 6시에 끝나요.
하루에 8시간 정도 일해요. 일주일에 한두 번 회의를 해요.
그리고 토요일, 일요일에는 일을 안 해요.

(1) 몇 시에 출근해요? □□□
何時に出勤しますか？

(2) 무슨 요일에 회사에 안 가요? ＿＿＿＿＿＿＿＿.
何曜日に会社に行きませんか？

語彙 □정도(チョンド)：～程度、～くらい　例）8시간 정도 일해요 8時間ほど仕事します　□한두 번(ハントゥ ボン)：1、2回　□회의(フェイ)：会議
□출근하다(チュルグナダ)：出勤する　例）매일 출근해요 毎日出勤します

4 皆さんの一日の日課はどのようなものですか？　何をしますか？　絵に描いて、例を参考に話してください。

例

저는 매일 아침 7시에 일어나요. 7시 반에 밥을 먹어요.
9시에 회사에 가요. 회사에서 일해요. 저녁 6시에 일이 끝나요.
그리고 집에 가요. 집에서 드라마를 봐요.
저는 보통 밤 10시 반에 자요.

語彙 □일과（イルグァ）：日課　□드라마（ドゥラマ）：ドラマ

10課

理解度チェック

語彙

1 この課で習った語彙です。覚えた語彙には✓を付けてください。

☐ 과일 가게	☐ 사과	☐ 귤	☐ 포도
☐ 배	☐ 오이	☐ 수박	☐ 배추
☐ 옷 가게	☐ 바지	☐ 티셔츠	☐ 모자
☐ 치마	☐ 구두	☐ 운동화	

分からない語彙が5つ以上あれば、語彙のページを復習してください。

表現

2 与えられた語句を、この課で習った適切な表現にして対話を完成させてください。

A 여기요. 배 ☐☐☐☐☐.（2 개 / 주다）

B 네, 여기 있어요.

A 그리고 수박도 ☐☐☐☐☐.（하나 / 주다）

・ある対象のものを「下さい」と言えますか？ ☐

・韓国語で数字を正しく数えられますか？ ☐

分からない表現があれば、文法のページを復習してください。

復習 1

ヨギガ
여기가

キョンボックンイエヨ
경복궁이에요?

ここが景福宮ですか?

- ユラさんはどこに行きましたか?
- ユラさんは誰に会いましたか?

復習 1

復習1 音声を聞きながら、1～10課で習った文法と語彙を復習してください。

승윤 유라 씨. 저 **왔어요**.

유라 승윤 씨, **왔어요**? 오늘 민호 씨는 **안 와요**?

승윤 **와요**. 지금 **몇 시예요**?

유라 **3시예요**.

승윤 민호 씨를 좀 **기다릴까요**?

유라 네.

승윤 그런데 유라 씨 **피곤해요**?

유라 네, **피곤해요**. **회사에서** 일이 **많았어요**.
하지만 **괜찮아요**.

민호 유라 씨, 승윤 씨. **미안해요**. 제가 좀 **늦었어요**.

1. 지금 몇 시예요?
2. 유라 씨는 오늘 기분이 어때요?

・오다(オダ) 来る

광화문

승윤 민호 씨, **왔어요**?

유라 우리 이제 **경복궁에 들어갈까요**?

민호 **여기**가 **경복궁이에요**?
저는 **여기에** 처음 **왔어요**.

승윤 **이 문**은 **광화문이에요**. 경복궁의 **문이에요**.

민호 먼저 표를 **사요**. 표가 **얼마예요**?

유라 **3000원이에요**. 제가 표를 **샀어요**.

민호 **고마워요**, 유라 씨.

유라 그럼 우리 **들어가요**.

민호 유라 씨, 가방 **안 무거워요**? **가방 주세요**.

유라 **괜찮아요**. **고마워요**.

승윤 날씨가 **좋아요**.

민호 네. 그래서 **경복궁에** 사람이 **많아요**.

유라 승윤 씨, 민호 씨. **이쪽으로 오세요**. **여기** 좀 **보세요**.

3. 경복궁 표는 얼마예요?

- 경복궁(キョンボックン) 景福宮
- 들어가다(トゥロガダ) 入る
- 처음(チョウム) 初めて
- 문(ムン) 門
- 광화문(クァンファムン) 光化門
- 표(ピョ) チケット

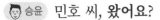

復習 1

승윤 우아, **경복궁에** 동물이 **있어요.**

유라 **저기도 있어요.**

민호 **한 마리가 아니에요?** 몇 마리 **있어요?**

유라 **4마리**가 **있어요.**

민호 진짜 **귀여워요.**

승윤 경복궁이 정말 **커요.**

민호 네. 좀 **힘들어요.**

유라 그럼 우리 **저기에서** 좀 **쉬어요.**

승윤 오늘 **어땠어요?**

유라 정말 **좋았어요.** 저는 경복궁을 **좋아해요.**

민호 **재미있었어요.** 그런데 배가 **고파요.** 우리 밥 **먹으러 가요.**

승윤 네. 경복궁 **옆에** 식당이 **있어요. 그 식당으로 가요.**

유라 승윤 씨, 민호 씨. 경복궁은 **밤에도** 문을 **열어요. 저녁에** 다시 경복궁을 **보러 올까요?**

승윤 **좋아요.**

민호 **저도 좋아요.**

4. 유라 씨, 승윤 씨, 민호 씨는 경복궁에서 뭘 봤어요?

5. 유라 씨, 승윤 씨, 민호 씨는 밥을 먹으러 어디로 가요?

- 동물(トンムル) 動物
- 열다(ヨルダ) 開ける
- 다시(タシ) 再び

11

シジャンウル
시장을
クギョンハル　ッコエヨ
구경할 거예요

市場を見物するつもりです

学習目標

- ある事柄を一緒にする対象について話せる
- これから行うことについて話せる

文法

- ～と
  ～する予定です、～するつもりです

語彙

- 交通手段
- 場所

語彙

교통 수단 交通手段

※第 11 課の答えと訳は p.258 から

1 次のそれぞれの表現が正しければ○を、違っていれば×を付けてください。

(1) 지하철을 타요.　(　　)

(2) 옷을 팔어요.　(　　)

(3) 박물관을 내려요.　(　　)

(4) 동물원을 구경해요.　(　　)

장소 場所

ジャンソ

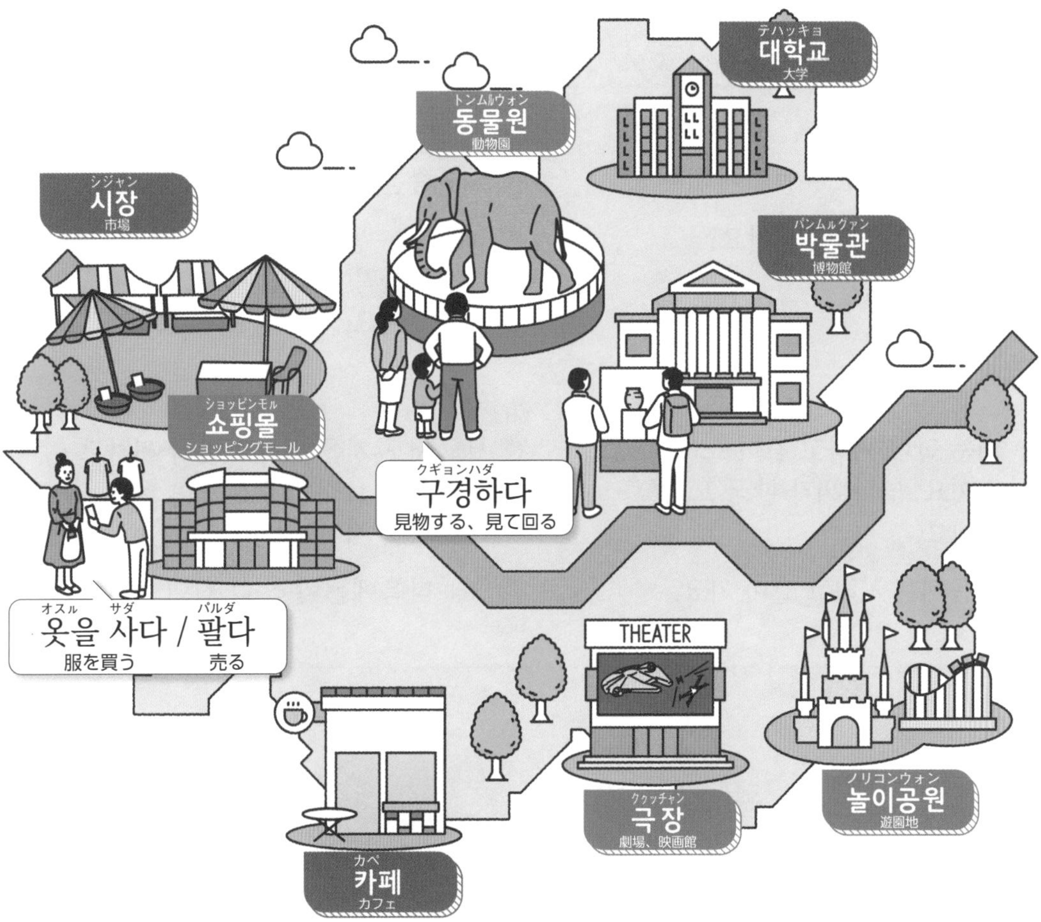

2 絵を見て適切な単語を書いてください。

(1)  (　　　　　)

(2)  (　　　　　)

(3)  (　　　　　)

(4)  (　　　　　)

文法

1 N하고 ～と

名詞の後に付いて、あることを一緒にする対象を表すときに使います。

11-2

1

유라 어제 **친구하고** 동물원에 갔어요.

승윤 동물원이 어디에 있어요?

유라 과천에 있어요.

2

유라 승윤 씨는 뭐 했어요?

승윤 저는 **동생하고** 쇼핑했어요. 백화점에서 **모자하고** 구두를 샀어요.

3

지은 저는 **안나 씨하고** 같이 노래방에 갔어요. 안나 씨가 한국 노래를 했어요.

승윤 다음에는 **저하고** 같이 가요.

4

민호 저도 **지은 씨하고 안나 씨하고** 같이 노래방에 갔어요. 정말 재미있었어요.

유라 다음에는 우리 다 같이 가요.

公式21

친구 / 부모님 ＋ 하고 ＝ 친구하고 / 부모님하고

練習 1 例のa、bの部分を(1)～(4)のa、bの語句と入れ替え、それぞれ適切な表現にして話す練習をしてみましょう。

例
A 금요일에 뭐 했어요?
B [a]친구하고 [b]같이 영화를 봤어요.

(1) [a]언니 / [b]같이 숙제를 하다
(2) [a]승윤 씨 / [b]이야기를 하다
(3) [a]안나 씨 / [b]같이 공원에 가다
(4) [a]쑤언 씨, 캐서린 씨 / [b]극장에 가다

語彙 □과천(クァチョン)：果川 (地名)

❷ V-(으)ㄹ 거예요 ～する予定です、～するつもりです

動詞の後に付いて、未来の計画やこれからすることを話すときに使います。

動詞の語幹末にパッチムがなければ－ㄹ 거예요が、パッチムがあれば－을 거예요が付きます。語幹末がㄹパッチムの場合は거예요が付きます。

11-3

1

승윤 지은 씨, 내일 뭐 **할 거예요**?

지은 친구하고 삼청동에 **갈 거예요**.

2

지은 승윤 씨는 뭐 **할 거예요**?

승윤 저는 도서관에서 **공부할 거예요**. 시험이 있어요.

3

지은 시험 끝났어요?

승윤 아니요, 안 끝났어요. 그래서 오늘도 도서관에 **갈 거예요**.

4

지은 저하고 같이 가요. 저는 도서관에서 책을 **읽을 거예요**. [일글꺼예요]

승윤 네, 같이 가요.

公式22

가다				갈 거예요
읽다	+	-(으)ㄹ 거예요	=	읽을 거예요
공부하다				공부할 거예요

注意

만들다 + -(으)ㄹ 거예요 = 만들을 거예요(×) / 만들 거예요(○)

練習 2 例のaの部分を (1) ～ (4) のaの語句と入れ替え、それぞれ適切な表現にして話す練習をしてみましょう。

例
A 주말에 뭐 할 거예요?
B [a]언니하고 여행 갈 거예요.

(1) [a]백화점에서 쇼핑하다
(2) [a]카페에서 차를 마시다
(3) [a]물건을 사러 마트에 가다
(4) [a]친구하고 케이크를 만들다

語彙 □삼청동(サムチョンドン)：三清洞（地名）

スピーキング練習

1 (11-4) **対話を聞いて質問に答えてください。**

(1) 音声を聞き、この課で習った表現を使って対話を完成させてください。

승윤 주말에 뭐 했어요?

유라 □□□□ (친구) 같이 공원에 갔어요. 승윤 씨는요?

승윤 저는 집에 있었어요. 너무 심심했어요.

이번 주말에 뭐 □□□□ (하다)?

유라 에릭 씨를 □□□□□ (만나다). 시장을 □□□□□□ (구경하다).

같이 가요.

승윤 네, 좋아요.

'승윤 씨는요?'という表現は、先に出た質問の内容を相手にも聞き返すときに使います。

(2) 対話の内容と合っていれば○を、違っていれば×を付けてください。

- 유라 씨는 공원에서 에릭 씨를 만났어요. (　　　)
- 승윤 씨는 이번 주말에 집에 있을 거예요. (　　　)

(3) 対話をもう一度聞いて、発音とイントネーションに気を付けながら繰り返し読んでみましょう。

(4) 「AI SPEAK」を使って正確に発音できているか確認しましょう。

語彙 □심심하다（シムシマダ）：暇だ、退屈だ　例) 너무 심심해요 とても退屈です　□이번 주말（イボン チュマル）：今週末

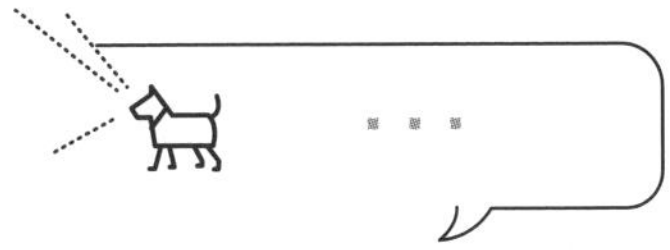

2 例のa～cの部分を(1)、(2)のa～cの語句と入れ替え、それぞれ適切な表現にして会話練習をしてみましょう。

例

유라 [a]금요일에 뭐 할 거예요?

승윤 [b]친구를 만날 거예요. 유라 씨는요?

유라 저는[c]친구하고 옷을 사러 갈 거예요.

[a]금요일
[b]친구를 만나다
[c]친구하고 옷을 사러 가다

(1)
[a]오늘 오후
[b]편지를 보내러 우체국에 가다
[c]안나 씨 한국어 공부를 도와주다

(2)
[a]내일
[b]동생하고 자전거를 타다
[c]머리를 자르러 미용실에 가다

3 どこへ行きますか？　例を参考に自分の計画を立てて話す練習をしてみましょう。

언제 갈 거예요?	
어디로 갈 거예요?	
뭐 할 거예요?	

例

저는 방학에 얀토 씨하고 리에 씨하고 같이
박물관에 갈 거예요. 박물관을 구경할 거예요.

語彙 □도와주다(トワジュダ)：手伝う、手伝ってあげる、手伝ってくれる　例）친구를 도와줬어요 友達を手伝いました
□방학(パンハク)：学校の長期休み　例）여름 방학 夏休み

やってみよう

1

音声を聞いて、内容と合っていれば○を、違っていれば×を付けてください。

(1) 승윤 씨는 불고기를 먹을 거예요.　(　　　)

(2) 지은 씨는 박물관에 갈 거예요.　(　　　)

2

女性は何をする予定ですか？　音声をよく聞いて適切なものを選んでください。

(1) 토요일 오전에

①

②

(2) 토요일 오후에

①

②

3

次の文を読んで質問に答えてください。

> 여기는 쇼핑몰이에요. 쇼핑몰을 구경해요. 그리고 옷하고 가방을 사요.
> 이 쇼핑몰 왼쪽에 극장도 있어요. 친구하고 함께 자주 가요.
> 내일도 친구하고 같이 쇼핑몰에 갈 거예요. 정말 좋아요.

(1) 쇼핑몰에서 뭐 사요? ________________________________.
ショッピングモールで何を買いますか？

(2) 극장은 어디에 있어요? ________________________________.
劇場はどこにありますか？

語彙 □오전(オジョン)：午前　□코미디 영화(コミディ ヨンファ)：コメディー映画　□자주(チャジュ)：よく、頻繁に　例）자주 먹어요 しょっちゅう食べます

4 例のa～gの部分を(1)、(2)のa～gの語句と入れ替え、それぞれ適切な表現にして話す練習をしてみましょう。

例

저는[a] 한국 음식을 좋아해요.
[b]한국 음식을 배우러 한국에 왔어요.
이번 주말에[c] 비빔밥을 만들러 갈 거예요.
[d]친구하고 같이 만들 거예요.
저는[e] 비빔밥을 좋아해요.
[f]비빔밥은 정말[g] 맛있어요.

[a]한국 음식
[b]한국 음식을 배우다
[c]비빔밥을 만들다
[d]친구하고 같이 만들다
[e]비빔밥
[f]비빔밥 / [g]맛있다

(1)
[a]한국 노래
[b]한국 노래를 배우다
[c]노래방에서 노래하다
[d]동생하고 같이 노래하다
[e]한국 가수
[f]한국 가수 / [g]노래를 잘하다

(2)
[a]한국 문화
[b]한국 문화를 보다
[c]경복궁을 구경하다
[d]가족하고 같이 가다
[e]경복궁
[f]한국 문화 / [g]재미있다

5 来週、何をする予定ですか？　表に書き込んで、例を参考に話す練習をしてみましょう。

월요일	화요일	수요일	목요일	금요
오후, 우체국			지은 씨, 마트	

例 월요일 오후에 우체국에 갈 거예요.
목요일에 지은 씨하고 같이 마트에 갈 거예요.

월요일	화요일	수요일	목요일	금요일	토요일	일요일

語彙 □좋아하다(チョアハダ)：好き、好む　例）비빔밥을 좋아해요 ビビンバが好きです
□잘하다(チャラダ)：上手だ、うまい　例）노래를 잘해요 歌がうまいです　□문화(ムヌァ)：文化

理解度チェック

語彙

1 この課で習った語彙です。覚えた語彙には✓を付けてください。

□ 버스	□ 버스에서 내리다	□ 버스를 타다	□ 지하철
□ 왼쪽	□ 오른쪽	□ 지하철을 타다	□ 시장
□ 동물원	□ 대학교	□ 쇼핑몰	□ 박물관
□ 카페	□ 극장	□ 놀이공원	□ 옷을 사다 / 팔다
□ 구경하다			

分からない語彙が5つ以上あれば、語彙のページを復習してください。

表現

2 与えられた語句を、この課で習った適切な表現にして対話を完成させてください。

A 캐서린 씨, 내일 뭐 □□□□? (하다)

B 남대문 시장에 갈 거예요.

A □□□ 같이 가요. 저도 쇼핑할 거예요. (저)

・あることを一緒にする対象について話せますか？ □

・これからすることを話せますか？ □

分からない表現があれば、文法のページを復習してください。

12

オンジェブト
언제부터
キダリョッソヨ
기다렸어요?

いつから待っていましたか?

学習目標

- 事柄を羅列して説明できる
- 事柄の始まりと終わりについて話せる

文法

- ～で、～くて、～して
- ～から～まで

語彙

- 外見
- 性格

語彙

12-1

외모 外見

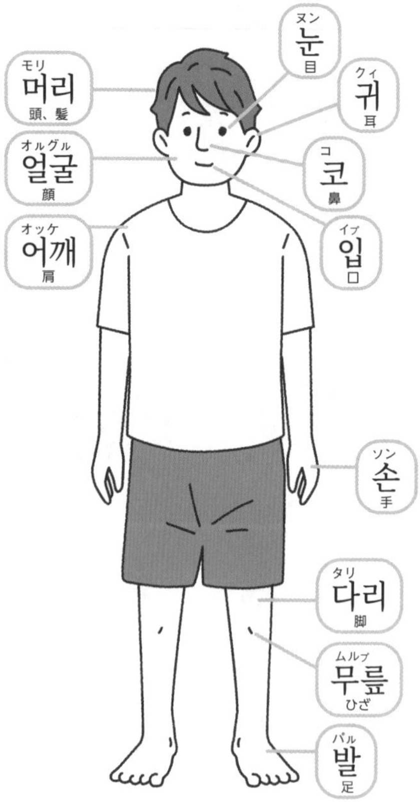

※第 12 課の答えと訳は p.260 から

1 音声を聞いて、(　　) に当てはまる単語を書いてください。

12-2

머리 (　　　　) 무릎 발 무릎 발
머리 (　　　　) 무릎 발 무릎 발
머리 (　　　　) 발 무릎 발
머리 (　　　　) 무릎 (　　　　) 코 (　　　　)

ソンキョク
성격 性格

2 絵を見て適切な単語を書いてください。

(1)

잘 (　　　　　)

(2)

잘 (　　　　　)

(3)

말이 (　　　　　)

文法

❶ V/A-고　～で、～くて、～して

ある事柄を羅列したり、ある動作が終わった後に別の動作をすることを表現したりするときに使います。

12-3

1

승윤 에릭 씨 생일 파티는 어땠어요?

유라 재미있었어요. 친구들하고 이야기도 많이 **하고** 음식도 많이 먹었어요.

2

승윤 파티에 친구들이 많이 왔어요?

유라 네, 에릭 씨는 성격이 **좋고** [조코] 활발해요. 그래서 친구도 많아요.

3

승윤 파티가 **끝나고** 집에 잘 갔어요?

유라 네, 11시에 집에 갔어요. 그리고 집에서 숙제를 **하고** 잤어요.

4

유라 승윤 씨는 왜 안 왔어요?

승윤 어제 일도 **많고** [만코] 바빴어요. 저도 집에 11시에 갔어요.

公式23

가다 / 읽다 / 공부하다	+	-고	=	가고 / 읽고 / 공부하고
예쁘다 / 좋다 / 귀엽다	+	-고	=	예쁘고 / 좋고 / 귀엽고

練習1 例のa～dの部分を（1）、（2）のa、bおよび（3）、（4）のc、dの語句と入れ替え、それぞれ適切な表現にして話す練習をしてみましょう。

例
A 그 사람 어때요?
B [a]키도 크고 [b]멋있어요.

例
A 어제 뭐 했어요?
B [c]집에서 숙제하고 [d]잤어요.

(1) [a]멋있다 / [b]잘생겼다
(2) [a]친절하다 / [b]활발하다
(3) [a]운동하다 / [b]집을 청소하다
(4) [a]친구를 만나다 / [b]집에 가다

語彙 □끝나다（ックンナダ）：終わる

❷ N부터 N까지　〜から〜まで

時を表す名詞と一緒に使われ、始まりと終わりを表現するときに使います。

12課

12-4

1

승윤 민호 씨, 요즘 많이 바빠요?

민호 네, **월요일부터 목요일까지** 아르바이트를 해요.

2

민호 한국어 학원에서 일해요.

승윤 **몇 시부터 몇 시까지** 일해요?

민호 **1시부터 6시까지** 일해요. 재미있어요.

3

민호 승윤 씨는 아르바이트 안 해요?

승윤 저는 편의점에서 일해요. **오후 5시부터 밤 12시까지** 해요. 좀 힘들어요.

4

민호 **언제부터** 일했어요?

승윤 **6월부터** 일했어요.

公式24

어제/내일 ＋ 부터/까지 ＝ 어제부터/내일까지

練習2 例の a 〜 c の部分を (1) 〜 (4) の a 〜 c の語句と入れ替え、それぞれ適切な表現にして話す練習をしてみましょう。

例
A [a]수업을 언제 해요?
B [b]월요일부터 [c]금요일까지 해요.

(1) [a]회의 / [b]2시 / [c]3시
(2) [a]방학 / [b]7월 / [c]8월
(3) [a]여행 / [b]11일 / [c]17일
(4) [a]아르바이트 / [b]10시 / [c]4시

スピーキング練習

1 対話を聞いて質問に答えてください。

12-5

(1) 音声を聞き、この課で習った表現を使って対話を完成させてください。

승윤 유라 씨, 여기에서 뭐 해요?

유라 친구를 기다려요. 안나 씨 친구예요. 저도 처음 만나요.

승윤 그래요? □□□□ 기다렸어요?
(언제)

유라 30분 전부터 기다렸어요.

승윤 그 사람이 키가 □□ 잘생겼어요? 저기 저 사람 아니에요?
(크다)

(2) 対話の内容と合っていれば○を、違っていれば×を付けてください。

- 유라 씨는 승윤 씨를 기다렸어요.　(　　　)
- 승윤 씨는 키가 커요.　(　　　)

(3) 対話をもう一度聞いて、発音とイントネーションに気を付けながら繰り返し読んでみましょう。

(4)「AI SPEAK」を使って正確に発音できているか確認しましょう。

語彙 □전（チョン）：～前

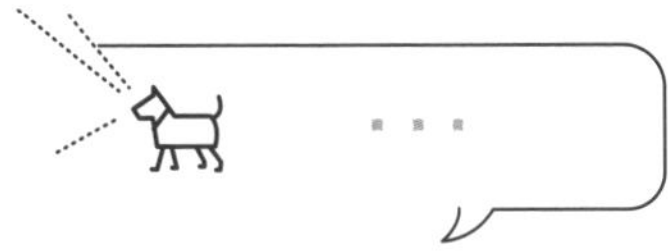

2 例のa～eの部分を(1)、(2)のa～eの語句と入れ替え、それぞれ適切な表現にして会話練習をしてみましょう。

例

지은 어제 [a]수업이 끝나고 뭐 했어요?

안나 친구를 만났어요. [b]같이 밥을 먹고 차도 [c]마셨어요. 친구하고 이야기를 많이 했어요. 지은 씨는요?

지은 저는 [d]수업이 끝나고 [e]집에 갔어요.

[a]수업이 끝나다
[b]같이 밥을 먹다 / [c]차도 마시다
[d]수업이 끝나다 / [e]집에 가다

(1)
[a]일이 끝나다
[b]같이 커피를 마시다 / [c]옷을 사러 가다
[d]일이 끝나다 / [e]도서관에 가다

(2)
[a]아르바이트가 끝나다
[b]같이 영화를 보다 / [c]노래방에 가다
[d]아르바이트가 끝나다 / [e]백화점에 가다

3 皆さんは誰が好きですか？　例を参考に文を作って話す練習をしてみましょう。

例

저는 가수 라라 씨를 좋아해요. 라라 씨는 키가 크고 눈이 커요.
예쁘고 귀여워요. 성격도 활발해요. 그리고 노래를 잘해요.
저는 작년부터 라라 씨 노래를 좋아했어요. 노래가 아주 좋아요.

이름	라라	
직업	가수	
외모가 어때요?	키가 커요. 눈이 커요. 예뻐요. 귀여워요.	
성격이 어때요?	활발해요.	
뭘 잘해요?	노래를 잘해요.	

語彙 □성격(ソンギョク)：性格　□작년(チャンニョン)：昨年　□외모(ウェモ)：外見

やってみよう

1 音声を聞いて質問に答えてください。

(1) 휴가는 언제부터 언제까지예요? ______________________.

(2) 안나 씨는 내일 무슨 일이 있어요? ______________________.

2 ユンスさん、ジノさんはそれぞれどれでしょう？　音声を聞いて当てはまる番号を書いてください。

①　②　③

(1) 윤수 씨 (　　　　　)

(2) 진호 씨 (　　　　　)

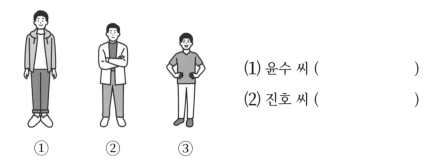

3 以下の表現を自由に組み合わせて文を作ってみましょう。

월요일부터	운동할 거예요	공부할 거예요	회의했어요	8시까지
버스를 탔어요	차를 마시고	친구를 기다렸어요	내일까지	이야기를 했어요
일요일부터	4시부터	수요일까지	친구하고	5시까지
숙제하고	세수하고	집에서	7월부터	2시부터

(1) 안나 씨는 ______________________.

(2) 저는 ______________________.

(3) ______________________.

語彙 □휴가（ヒュガ）：休暇

4 例のa～gの部分を(1)、(2)のa～gの語句と入れ替え、それぞれ適切な表現にして話す練習をしてみましょう。

例

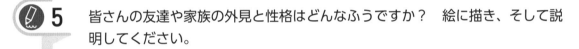

[a]저는 동생이 있어요.[a]동생은[b]18살이에요.
[a]동생은[b]키가 크고[c]멋있어요.
그리고[d]성격이 좋고[e]활발해요.
저는[f]제 동생이 좋아요.

동생 / 18살
[c]키가 크다 / [d]멋있다
[e]성격이 좋다 / [f]활발하다
[g]제 동생

(1)
[a]형 / [b]33살
[c]멋있다 / [d]잘생기다
[e]활발하다 / [f]친절하다
[g]형

(2)
[a]한국 친구 / [b]20살
[c]머리가 짧다 / [d]귀엽다
[e]잘 웃다 / 말도[f]잘하다
[g]그 친구

5 皆さんの友達や家族の外見と性格はどんなふうですか？　絵に描き、そして説明してください。

理解度チェック

語彙

1 この課で習った語彙です。覚えた語彙には✓を付けてください。

□ 눈	□ 코	□ 입	□ 귀
□ 머리	□ 얼굴	□ 어깨	□ 손
□ 다리	□ 무릎	□ 발	□ 키가 크다
□ 키가 작다	□ 머리가 길다	□ 머리가 짧다	□ 예쁘다
□ 멋있다	□ 잘생기다	□ 친절하다	□ 잘 웃다
□ 잘 울다	□ 조용하다	□ 말이 많다	□ 활발하다

分からない語彙が5つ以上あれば、語彙のページを復習してください。

表現

2 与えられた語句を、この課で習った適切な表現にして対話を完成させてください。

A 캐서린 씨, 어제 뭐 했어요?

B □□□ □□□ (수업이 끝나다) 친구를 만났어요. 친구하고 커피숍에서 공부했어요. □□□□ (내일) 한국어 시험이 있어요.

・事柄を羅列して説明できますか？ □

・事柄の始まりと終わりについて話せますか？ □

分からない表現があれば、文法のページを復習してください。

13

저도 여행 가고 싶어요

(チョド ヨヘン カゴ シポヨ)

私も旅行に行きたいです

学習目標

- 何をしたいか話せる
- ある事柄を仮定して話せる

文法

- ～したい
- ～なら、～れば、～たら

語彙

旅行

語彙

13-1

여행 旅行

※第 13 課の答えと訳は p.262 から

1 絵を見て適切な単語を書いてください。

(1) 

(　　　　　)

(2) 
(　　　　　)

(3) 
(　　　　　)

2 それぞれ適切な表現の組み合わせを選んでください。

(1) 호텔을 •	• ① 예매하다
(2) 경치가 •	• ② 예약하다
(3) 사진을 •	• ③ 아름답다
(4) 표를 •	• ④ 찍다

文法

1 V-고 싶다 ～したい

動詞の後に付いてある事柄をしたいと表現するときに使います。

13-2

1

지은 다음 주부터 방학이에요.
방학에 뭐 **하고 싶어요**?

승윤 제주도로 여행 **가고 싶어요.** [가고시퍼요]

지은 저도 **여행하고 싶어요.**
여행을 좋아해요.

2

승윤 지은 씨는 어디로 여행
가고 싶어요?

지은 프랑스에 **가고 싶어요.**

3

승윤 영화 **보고 싶어요.**
우리 영화 보러 가요.

지은 네, 좋아요.

4

지은 배고파요. 불고기가 **먹고 싶어요.**

승윤 그래요? 영화를 보고 불고기를
먹으러 가요.

公式25

가다	+	-고 싶다	=	가고 싶다
읽다				읽고 싶다
공부하다				공부하고 싶다

練習 1

例のa、bの部分を(1)～(4)のa、bの語句と入れ替え、それぞれ適切な表現にして話す練習をしてみましょう。

例
A [a]산책하고 싶어요.
B 좋아요. 같이[b]산책하러 가요.

(1) [a]운동하다 / [b]운동하러 가다
(2) [a]가방을 사다 / [b]사러 가다
(3) [a]커피를 마시다 / [b]마시러 가다
(4) [a]비빔밥을 먹다 / [b]먹으러 가다

② V/A-(으)면　～なら、～れば、～たら

不確実な事実を仮定して話したり、ある事柄の条件を話すときに使います。

形容詞および動詞の語幹末にパッチムがあれば −으면が、パッチムがない場合と語幹末がㄹパッチムの場合は −면が付きます。ㅂパッチムの場合はㅂが −우に変わり、−우면の形になります。

13課

13-3

1

민호 시간이 **있으면** 보통 뭐 해요?

지은 저는 보통 친구를 만나요.
민호 씨는요?

민호 저는 시간이 **있으면** 등산을 해요.

2

지은 이번 주말에 날씨가 **좋으면** 같이 등산하러 갈까요?

민호 네, 좋아요. 승윤 씨도 등산을 좋아해요. 같이 갈까요?

3

민호 여보세요? 승윤 씨, 이번 주말에 시간이 있어요? **괜찮으면** 같이 등산할까요?

승윤 네, 좋아요.

4

승윤 비가 **오면** 어떻게 해요?

민호 날씨가 안 **좋으면** 집에서 쉬어요.

公式26

가다				가면
읽다	+	−(으)면	=	읽으면
공부하다				공부하면

예쁘다				예쁘면
좋다	+	−(으)면	=	좋으면
귀엽다				귀여우면

練習 2

例の a、b の部分を (1) ～ (4) の a、b の語句と入れ替え、それぞれ適切な表現にして話す練習をしてみましょう。

例
A [a]돈이 많으면 뭐 하고 싶어요?
B [b]여행 가고 싶어요.

(1) [a]시간이 있다 / [b]바다에 가다
(2) [a]수업이 없다 / [b]친구하고 놀다
(3) [a]머리가 길다 / [b]미용실에서 파마하다
(4) [a]수업이 끝나다 / [b]쇼핑몰에서 쇼핑하다

スピーキング練習

1 13-4 **対話を聞いて質問に答えてください。**

(1) 音声を聞き、この課で習った表現を使って対話を完成させてください。

승윤 다음 주에 호주로 여행 갈 거예요.

유라 정말요? 비행기 표는 예매했어요?

승윤 네, 비행기 표도 예매하고 호텔도 예약했어요.

유라 저도 여행 □□ □□□ (가다). 호주 어디로 가요?

승윤 시드니요. 서핑도 할 거예요.

유라 와! 호주에 □□ (가다) 제 선물도 꼭 사 오세요.

(2) 対話の内容と合っていれば○を、違っていれば×を付けてください。

- 승윤 씨는 호주에 갔어요. (　　　)
- 유라 씨는 여행을 하고 싶어요. (　　　)

(3) 対話をもう一度聞いて、発音とイントネーションに気を付けながら繰り返し読んでみましょう。

(4)「AI SPEAK」を使って正確に発音できているか確認しましょう。

語彙 □시드니（シドゥニ）: シドニー　□서핑（ソピン）: サーフィン　□선물을 사 오다（ソンムルル サ オダ）: プレゼント（お土産）を買ってくる

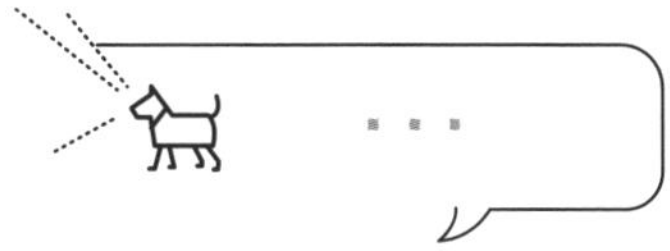

2 例のa～cの部分を(1)、(2)のa～cの語句と入れ替え、それぞれ適切な表現にして会話練習をしてみましょう。

例

[a]고향에 가다
[b]고향 음식도 많이 먹다 /
[c]동생하고 같이 놀다

지은 내일부터 방학이에요.
방학을 하면 뭐 할 거예요?

에릭 [a]고향에 갈 거예요.

지은 [a]고향에 가면 뭐 할 거예요?

에릭 [b]고향 음식도 많이 먹고[c]동생하고 같이 놀고 싶어요.

(1)
[a]산에 가다
[b]등산을 하다 /
[c]경치도 구경하다

(2)
[a]한국에 가다
[b]친구를 만나다 /
[c]한국 음식도 많이 먹다

3 「市場に行ったら」ゲームをしてみましょう。

ゲームの進め方

① 1人ずつ順番に、市場にある品物を言っていきます。

② 次の人は、まず前の人が言った品物を言ってから続けて自分が考えた品物を言います。

시장에 가면 케이크도 있고.

→ 시장에 가면 케이크도 있고, 우산도 있고.

↓ 시장에 가면 케이크도 있고, 우산도 있고, 모자도 있고.

← 시장에 가면 케이크도 있고, 우산도 있고, 모자도 있고, 귤도 있고.

③ 前に出てきた品物を順番どおりに言えなかったり、市場にない品物を言ったら負けです。

やってみよう

1 音声を聞いて質問に答えてください。

13-5

(1) 두 사람은 어디로 갈 거예요? □□

(2) 남자는 뭐 하고 싶어요? ＿＿＿＿＿＿＿＿＿＿＿＿＿＿＿.

2 音声を聞いて、内容と合っていれば○を、違っていれば×を付けてください。

13-6

(1) 남자는 피곤해요.　(　　)

(2) 남자는 여행 안 가고 싶어요.　(　　)

(3) 남자는 바다를 구경하고 싶어요.　(　　)

3 (1)～(5)のそれぞれの状況がどのようになるか考え、話す練習をしてください。(6)は自由に状況を設定して練習してみましょう。

(1) 자동차를 사면

(2) 운동을 안 하면

(3) 쇼핑몰에 가면

(4) 열심히 공부하면

(5) 여행을 가면

(6) ＿＿＿＿＿＿＿＿

語彙 □지난주（チナンジュ）：先週　□자동차（チャドンチャ）：自動車

4 次の質問に答えてください。

(1) 例のa～fの部分を①、②のa～fの語句と入れ替え、それぞれ適切な表現にして話す練習をしてみましょう。

例

저는[a] 시간이 있으면[b] 속초에 가고 싶어요.
[c] 속초에 산도 있고 바다도 있어요.
[d] 속초에서 등산을 하고[e] 수영도 하고 싶어요.
[f] 속초는 경치도 아름답고 음식도 맛있어요.
[h] 속초에 꼭 갈 거예요.

[a]시간이 있다 / [b]속초에 가다
[c]속초에 산도 있고 바다도 있다
[d]속초에서 등산을 하다 /
[e]수영도 하다
[f]속초

①
[a]날씨가 좋다 / [b]부산에 가다
[c]부산에 해운대가 있다
[d]부산에서 시장을 구경하다 /
[e]친구하고 놀다
[f]부산

②
[a]돈이 있다 / [b]하와이에 여행 가다
[c]하와이에 바다가 있다
[d]하와이에서 푹 쉬다 /
[e]사진을 많이 찍다
[f]하와이

(2) どこへ旅行に行きたいですか？　以下の①～④の質問に答えながら会話の練習をしてみましょう。

① 어디로 가고 싶어요?

② 왜 거기에 가고 싶어요?

② 누구하고 갈 거예요?

④ 거기에서 뭐 하고 싶어요?

語彙 □속초（ソクチョ）：束草（地名）　□해운대（ヘウンデ）：海雲台（地名）　□하와이（ハワイ）：ハワイ

理解度チェック

語彙

1 この課で習った語彙です。覚えた語彙には✓を付けてください。

☐ 여행 가방	☐ 우산	☐ 여권
☐ 비행기 표	☐ 선글라스	☐ 호텔을 예약하다
☐ 표를 예매하다	☐ 기차	☐ 기차를 타다
☐ 비행기	☐ 비행기를 타다	☐ 경치가 아름답다
☐ 산	☐ 바다	☐ 등산을 하다
☐ 사진을 찍다	☐ 관광하다	☐ 선글라스를 쓰다
☐ 수영을 하다		

分からない語彙が5つ以上あれば、語彙のページを復習してください。

表現

2 与えられた語句を、この課で習った適切な表現にして対話を完成させてください。

A 캐서린 씨, 지금 시간이 ☐☐☐ (있다) 같이 영화 보러 가요.

B 미안해요. 저도 유라 씨하고 영화를 ☐☐☐☐☐ (보다). 하지만 오늘은 바빠요. 내일 어때요?

A 네, 좋아요. 내일 전화하세요.

- 何をしたいか話せますか？ ☐
- 不確実な事柄を仮定して話せますか？ ☐

分からない表現があれば、文法のページを復習してください。

14

매일 운동해야 돼요

メイル ウンドンヘヤ ドェヨ

毎日運動しなければなりません

学習目標

- できない事柄を話せる
- ある事柄について、必要なこととしなければならないことを話せる

文法

- ～できない
- ～しなければならない

語彙

- 運動
- 楽器

語彙

운동 運動
ウンドン

하다（ハダ） ～する

농구를 하다（ノングルル ハダ）
バスケットボールをする

야구를 하다（ヤグルル ハダ）
野球をする

축구를 하다（チュックルル ハダ）
サッカーをする

치다（チダ） ～する（打つ）

골프를 치다（コルプルル チダ）
ゴルフをする

테니스를 치다（テニスルル チダ）
テニスをする

탁구를 치다（タックルル チダ）
卓球をする

타다（タダ） ～する（乗る）

스케이트를 타다（スケイトゥルル タダ）
スケートをする

스키를 타다（スキルル タダ）
スキーをする

※第 14 課の答えと訳は p.264 から

1 それぞれ適切な表現の組み合わせを選んでください。

(1) 야구 •	• ① 하다
(2) 탁구 •	• ② 치다
(3) 스키 •	• ③ 타다
(4) 테니스 •	

악기(アッキ) 楽器

14 課

기타(キタ)
ギター

기타를(キタルル) 치다(チダ)
ギターを弾く

피아노(ピアノ)
ピアノ

피아노를(ピアノルル) 치다(チダ)
ピアノを弾く

바이올린(バイオルリン)
バイオリン

바이올린을(バイオルリヌル) 켜다(キョダ)
バイオリンを弾く

노래를(ノレルル) 하다(ハダ) / 부르다(プルダ)
歌を歌う

춤을(チュムル) 추다(チュダ)
踊りを踊る

2 絵を見て適切な単語を書いてください。

(1)

(　　　　　)을/를 켜다

(2)

(　　　　　)을/를 추다

(3)

피아노를 (　　　　　)

文法

1 못 ～できない

動詞の前に付けて、できない事柄を表現するときに使います。
「名詞＋하다」動詞は名詞と하다の間に못を入れます。

14-2

1
유라 승윤 씨는 골프를 쳐요?
승윤 아니요, **못 쳐요**.
유라 저도 **못 쳐요**.
[몯쳐요]

2
유라 저는 운동을 안 좋아해요.
그래서 스키도 **못 타요**.
하지만 배우고 싶어요.
승윤 방학하면 스키 타러 갈까요?

3
유라 너무 피곤해요.
어제 잠을 **못 잤어요**.
승윤 왜요?
유라 일이 많았어요.

4
유라 김밥이 맛있어요. 그런데 승윤 씨,
오이를 왜 안 먹어요?
승윤 저는 오이를 **못 먹어요**.
오이를 먹으면 배가 아파요.

公式27

못	+	가다	=	못 가다
		읽다		못 읽다
		공부하다		공부 못 하다

注意
못 예쁘다(×)
못 세수하다(×)
세수 못 하다(○)

練習 1

例のa、bの部分を(1)～(4)のa、bの語句と入れ替え、それぞれ適切な表現にして話す練習をしてみましょう。

例
A [a]어제 파티에 갔어요?
B 아니요, [b]못 갔어요.

(1) [a]밥을 먹다 / [b]먹다
(2) [a]숙제를 하다 / [b]하다
(3) [a]그 책을 다 읽다 / [b]읽다
(4) [a]집을 청소하다 / [b]청소하다

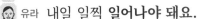

❷ V/A-아야/어야 되다 ～しなければならない

ある事柄や状況に対して必要や義務があるという意味で使います。

形容詞および動詞の語幹末の母音がㅏ・ㅗの場合は －아야 되다が、ㅏ・ㅗ以外の場合は －어야 되다が付きます。－하다は －해야 되다になります。

14-3

1
유라 내일 일찍 **일어나야 돼요.**
민호 무슨 일 있어요?
유라 내일 회사에 일이 있어요.
아침부터 **준비해야 돼요.**

2
유라 집에 가방 없어요?
가방이 **있어야 돼요. 커야 돼요.**
민호 이 가방 어때요?

3
유라 머리가 너무 아파요.
민호 아프면 약을 **먹어야 돼요.**
약을 드세요.

4
민호 일도 중요해요. 하지만 건강이 더 중요해요. 힘들면 **쉬어야 돼요.**
유라 네, 고마워요.

14 課

公式28

가다	+	－아야/어야 되다	=	가야 되다
읽다				읽어야 되다
공부하다				공부해야 되다

크다	+	－아야/어야 되다	=	커야 되다
좋다				좋아야 되다
귀엽다				귀여워야 되다

練習 2

例のa、bの部分を (1)～(4) のa、bの語句と入れ替え、それぞれ適切な表現にして話す練習をしてみましょう。

例
A [a]숙제를 언제까지 해야 돼요?
B [b]내일까지 꼭 해야 돼요.

(1) [a]무엇을 사다 / [b]책을 사다
(2) [a]뭘 하다 / [b]설거지를 하다
(3) [a]방에 뭐가 있다 / [b]시계가 있다
(4) [a]어디로 가다 / [b]도서관으로 가다

語彙 □일찍(イルッチク)：(時間的に) 早く、早めに　例) 아침 일찍 오세요 朝早く来てください
□중요하다(チュンヨハダ)：重要だ　例) 건강이 중요해요 健康が重要です

スピーキング練習

14-4 **1** **対話を聞いて質問に答えてください。**

(1) 音声を聞き、この課で習った表現を使って対話を完成させてください。

승윤 지은 씨는 시간이 있으면 뭐 해요?

지은 저는 피아노를 쳐요. 승윤 씨는 피아노를 쳐요?

승윤 아니요, □□□(치다). 저는 운동을 좋아해요.
농구도 하고 스케이트도 타요.

지은 정말요? 저는 스케이트를 □□□(타다). 배우고 싶어요.

승윤 같이 타러 가요. 매일 □□□□□□(운동하다).

(2) 対話の内容と合っていれば○を、違っていれば×を付けてください。

- 승윤 씨는 피아노를 좋아해요. (　　　)
- 지은 씨는 스케이트를 못 타요. (　　　)

(3) 対話をもう一度聞いて、発音とイントネーションに気を付けながら繰り返し読んでみましょう。

(4)「AI SPEAK」を使って正確に発音できているか確認しましょう。

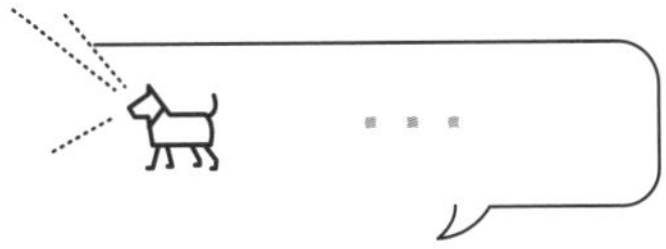

2 例のa～eの部分を(1)、(2)のa～eの語句と入れ替え、それぞれ適切な表現にして会話練習をしてみましょう。

例

승윤 [a]지금 집에 갈 거예요?

캐서린 아니요, [b]지금 못 가요.
[c]탁구 연습을 해야 돼요.
[d]대회가 있어요.

승윤 [e]힘내세요.

[a]지금 집에 가다
[b]지금 못 가다
[c]탁구 연습을 하다
[d]대회가 있다
[e]힘내다

(1)
[a]오늘 파티에 가다
[b]못 가다
[c]내일 아침 8시까지 출근하다
[d]회의가 있다
[e]힘내다

(2)
[a]오늘 비빔밥을 만들다
[b]못 만들다
[c]케이크를 만들다
[d]안나 씨 생일이다
[e]잘 만들다

3 以下のそれぞれの項目がうまいか、あまりうまくできないか、できないかをチェックし、例を参考にそれについて話す練習をしてください。

	잘해요 (○)	잘 못해요 (△)	못해요 (×)
농구			
테니스			
스키			
기타			
춤			
노래			

例

저는 농구를 못해요.
배워야 돼요.

저는 춤을 잘 춰요.
하지만 노래를 잘 못해요.

語彙 □연습(ヨンスプ)：練習　□대회(テファ)：対話　□힘내다(ヒムネダ)：頑張る、元気を出す　例) 힘내세요 頑張ってください
□못하다(モタダ)：できない　例) 잘 못해요 うまくできません

14課

やってみよう

1

音声を聞いて女性ができることを選んでください。

(1)

①

②

(2)

①

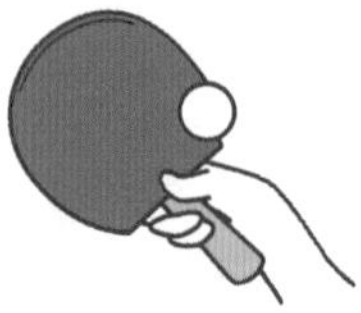

②

2

音声を聞いて、内容と合っていれば○を、違っていれば×を付けてください。

(1) 남자는 농구를 싫어해요.　(　　　)

(2) 남자는 농구를 매일 연습해요.　(　　　)

3

次の文を読んで質問に答えてください。

> 제 친구 에릭 씨는 바이올린을 잘 켜요. 피아노도 잘 치고 노래도 잘 불러요.
> 저는 에릭 씨가 부러워요. 저는 노래를 잘 못해요. 춤도 못 춰요.
> 저도 피아노를 배우고 싶어요. 춤도 배우고 싶어요.

(1) 에릭 씨는 무엇을 잘해요? エリックさんは何がうまいですか？

____.

(2) 이 사람은 무엇을 배우고 싶어요? □□□, □
この人は何を習いたいですか？

語彙 □싫어하다：嫌いだ　例）탁구를 싫어해요 卓球が嫌いです
□부럽다：うらやましい　例）친구가 부러워요 友達がうらやましいです

4 (1)～(3)の内容について、どうすればいいか考えて話す練習をしてください。

(1) 한국어를 잘하고 싶어요. 어떻게 해야 돼요?
韓国語をうまく話したいです。どうすればいいですか？

•매일 한국어를 공부해야 돼요.
•친구하고 매일 한국어로 이야기하세요.

(2) 운동을 잘하고 싶어요. 어떻게 해야 돼요?
運動がうまくなりたいです。どうすればいいですか？

(3) 친구가 많으면 좋아요. 어떻게 해야 돼요?
友達がたくさんほしいです。どうすればいいですか？

14課

理解度チェック

語彙

1 この課で習った語彙です。覚えた語彙には✓を付けてください。

□ 농구	□ 농구를 하다	□ 야구	□ 축구
□ 골프	□ 골프를 치다	□ 테니스	□ 탁구
□ 스케이트	□ 스케이트를 타다	□ 스키	□ 기타
□ 기타를 치다	□ 피아노	□ 피아노를 치다	□ 바이올린
□ 바이올린을 켜다	□ 노래를 부르다	□ 춤을 추다	

分からない語彙が5つ以上あれば、語彙のページを復習してください。

表現

2 与えられた語句を、この課で習った適切な表現にして対話を完成させてください。

A 에릭 씨, 무슨 운동을 좋아해요?

B 저는 탁구를 좋아해요. 하지만 잘 □□□.（치다）

우리 같이 탁구를 치러 갈까요?

A 네, 좋아요. 저도 □□□□ □□.（운동하다）

・できない事柄を話せますか？ □

・ある事柄について、必要なこととしなければならないことを話せますか？ □

分からない表現があれば、文法のページを復習してください。

15

ピガ　オネヨ
비가 오네요

雨が降っていますね

学習目標

- 新たに知った事実に対して感嘆する気持ちを話せる
- ある行動をだれと一緒にするか、尋ねることができる
- ほかのものを加えることを表せる

文法

- 〜ですね、〜ますね
- 〜と

語彙

天候

語彙

봄 春
ポム

여름 夏
ヨルム

※第 15 課の答えと訳は p.266 から

1 次のそれぞれの表現が正しければ○を、違っていれば×を付けてください。

(1) 오늘은 덥워요.　　　(　　　)

(2) 비가 많이 와요.　　　(　　　)

(3) 날씨가 맑어요.　　　(　　　)

(4) 날씨가 쌀쌀해요.　　　(　　　)

가을 秋

겨울 冬

2 絵を見て（　　）に適切な表現を書いてください。

(1)  날씨가 (　　　　　　　　　).

(2)  (　　　　　　　　　) 와요.

(3)  바람이 (　　　　　　　　　).

(4)  (　　　　　　　　　) 5도

文法

1 V/A-네요, N(이)네요　～ですね、～ますね

話し手が新たに知った事実に対して、やや驚いたり感嘆したりするときに使います。

15-2

1
유라 오늘 날씨가 **좋네요**. [존네요]
민호 네, 하늘도 정말 **파랗네요**. [파란네요]

2
유라 민호 씨, 여기가 명동이에요.
민호 와, 사람이 **많네요**. [만네요]

3
유라 민호 씨는 노래를 정말 **잘하네요**.
민호 아니에요. 그냥 노래를 좋아해요.

4
유라 벌써 **7시네요**.
민호 **그렇네요**. 우리 밥 먹으러 갈까요?

公式29

가다	+	-네요	=	가네요
좋다				좋네요
공부하다				공부하네요

注意

힘들다 + -네요 = 힘들네요(×) / 힘드네요(○)

만들다 + -네요 = 만들네요(×) / 만드네요(○)

練習 1

例のa～cの部分を(1)～(3)のa、bおよび(4)～(6)のcの語句と入れ替え、それぞれ適切な表現にして話す練習をしてみましょう。

例
A [a]오늘 날씨가 어때요?
B [b]춥네요.

例
A 얀토 씨, [c]한국어를 정말 잘하네요.
B 하하, 고마워요.

(1) [a]이 음식 / [b]맛있다
(2) [a]저 가방 / [b]예쁘다
(3) [a]그 영화 / [b]재미있다

(4) [c]동생이 잘생겼다
(5) [c]자전거를 잘 타다
(6) [c]음식을 잘 만들다

❷ N(이)랑　～と

名詞と一緒に使い、一緒に行動する相手を尋ねたり示したり、また、前後の名詞の両方を指し示すときに使います。

主に話し言葉で使われます。

15-3

1

유라　승윤 씨는 **누구랑** 살아요?

승윤　**동생이랑** 살아요.

2

유라　동생은 학생이에요?

승윤　네, **저랑** 이 학교에 다녀요.

3

승윤　아침에 무엇을 먹었어요? [머거써요]

유라　**빵이랑** 우유를 먹었어요.

4

유라　점심에는 **김밥이랑** 떡볶이를 먹을까요?

승윤　좋아요. **안나 씨랑** 같이 가요.

15課

公式30

친구	+	(이)랑	=	친구랑
부모님				부모님이랑

Tip ▶P134

'N(이)랑'は11課で習った'N하고'と意味や用法が似ています。

練習2

例のa～eの部分を(1)～(3)のa～cおよび(4)～(6)のd、eの語句と入れ替え、それぞれ適切な表現にして話す練習をしてみましょう。

例
A 누구하고 [a]밥을 먹어요?
B [b]친구랑 같이 [c]먹어요.

例
A 뭘 살 거예요?
B [d]신발이랑 [e]치마를 살 거예요.

(1) [a]영화를 보다 / [b]누나 / [c]보다
(2) [a]같이 살다 / [b]부모님 / [c]살다
(3) [a]여행을 가다 / [b]친구들 / [c]가다

(4) [d]가방 / [e]셔츠
(5) [d]과자 / [e]주스
(6) [d]케이크 / [e]커피

語彙 □살다(サルダ):住む、暮らす　例) 누구랑 살아요? 誰と住んでいますか?　□빵(ッパン):パン　□우유(ウユ):牛乳　□부모님(プモニム):両親
□들(トゥル):～たち

スピーキング練習

1 15-4 **対話を聞いて質問に答えてください。**

(1) 音声を聞き、この課で習った表現を使って対話を完成させてください。

승윤　밖에 비가 □□□ (오다).

유라　정말요? 비가 많이 와요?

승윤　네, 비가 많이 오고 바람도 많이 부네요. 우산이 있어요?

유라　우산이 없어요. 일기 예보를 못 봤어요.

승윤　그럼 □□ (저) 같이 써요. 집까지 같이 가요.

韓国には、夏に雨がたくさん降る期間があります。これを '장마' と言います。通常は6月から7月の間で、その期間には雨がたくさん降ります。

(2) 対話の内容と合っていれば○を、違っていれば×を付けてください。

- 지금 비가 와요.　(　　)
- 유라 씨는 우산이 있어요.　(　　)

(3) 対話をもう一度聞いて、発音とイントネーションに気を付けながら繰り返し読んでみましょう。

(4)「AI SPEAK」を使って正確に発音できているか確認しましょう。

語彙 □일기(イルギ) 예보(イェボ)：天気予報

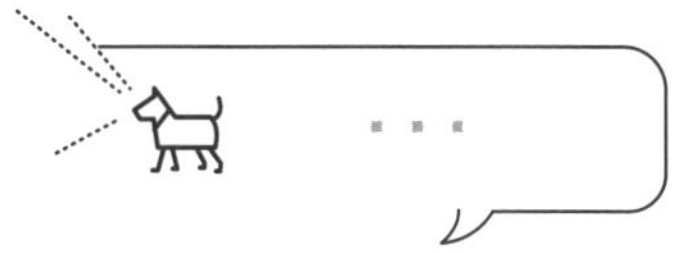

2 例のa～fの部分を(1)、(2)のa～fの語句と入れ替え、それぞれ適切な表現にして会話練習をしてみましょう。

例

[a]가방 / [b]멋있다
[c]백화점
[d]백화점 / [e]이 가방, [f]바지

유라　승윤 씨, [a]가방이 [b]멋있네요.
승윤　그래요? 어제 [c]백화점에서 샀어요.
유라　[d]백화점에 갔어요?
승윤　네, [d]백화점에서 [e]이 가방이랑 [f]바지를 샀어요.

(1)
[a]사과 / [b]맛있다
[c]마트
[d]마트 / [e]포도, [f]사과

(2)
[a]우산 / [b]예쁘다
[c]편의점
[d]편의점 / [e]이 우산, [f]음료수

3 以下のそれぞれの質問について、例を参考に質問の答えを考えて会話練習をしてください。尋ねられる相手がいる場合は直接質問してみましょう。

例

A　가방에 뭐가 있어요?
B　**책이랑** 공책이 있어요.

A　이 사람은 한국 가수예요.
B　정말 **멋있네요**.

	相手の名前：	相手の名前：	相手の名前：
가방에 뭐가 있어요?			
어제 누구랑 놀았어요?			
저녁에 누구하고 밥을 먹어요?			
이 가수 노래가 어때요?			
떡볶이 맛이 어때요?			

語彙　□음료수(ウムニョス)：飲料水

15課

やってみよう

1 天気はどうですか？　音声を聞いて適切な絵を選んでください。

15-5

(1) ・　　　　・ ① 

(2) ・　　　　・ ②

(3) ・　　　　・ ③ 

2 音声を聞いて、キャサリンさんが今日する事柄と合っていれば○を、違っていれば×を付けてください。

15-6

(1) 친구들이랑 식당에 안 갈 거예요.　(　　　)
(2) 극장에서 팝콘을 먹을 거예요.　(　　　)
(3) 영화를 보고 밥을 먹을 거예요.　(　　　)

3 例のa～eの部分を(1)、(2)のa～eの語句と入れ替え、それぞれ適切な表現にして会話練習をしてみましょう。

例

우리 나라는 [a]비가 자주 와요.
[b]봄에는 [c]비가 안 와요.
[d]여름에는 [e]비가 많이 오고 더워요.
우리 나라에는 겨울이 없어요. 그래서 눈을 못 봐요.
눈이 오면 친구랑 스키를 타러 가고 싶어요.

[a]비가 자주 오다
[b]봄 / [c]비가 안 오다
[d]여름 / [e]비가 많이 오고 덥다

(1)
[a]따뜻하다
[b]봄 / [c]날씨가 맑다
[d]가을 / [e]바람이 많이 불다

(2)
[a]비가 많이 오다
[b]여름 / [c]많이 덥다
[d]가을 / [e]하늘이 파랗고 따뜻하다

4 ビンゴゲームをしてみましょう。

ゲームの進め方

① 以下の［語彙］の中から単語や表現を選び、例を参考にして -네요、~(이)랑のうち、どちらかまたは両方を使って文を作ってください。

② 作った文をマスに書き込んでください。

③ 文が間違っているとマスを埋められません。先に５マス埋めたら勝ちです。

語彙

저	쌀쌀하다	예쁘다	부모님	친구들
춥다	밥 / 김치	바쁘다	오빠	읽다
눈이 오다	동생	선생님	사과 / 수박	가방 / 구두
바람이 불다	맛있다	흐리다	따뜻하다	맑다
아침	날씨가 좋다	영하 7도	날씨가 덥다	비가 오다

例 •저: **저**랑 같이 가요. •쌀쌀하다: 날씨가 **쌀쌀**하네요. •사과, 수박 / 맛있다: **사과**랑 수박이 **맛있**네요.

理解度チェック

語彙

1 この課で習った語彙です。覚えた語彙には✓を付けてください。

□ 봄	□ 여름	□ 가을	□ 겨울
□ 맑다	□ 날씨가 좋다	□ 따뜻하다	□ 흐리다
□ 비가 오다	□ 덥다	□ 하늘이 파랗다	□ 바람이 불다
□ 쌀쌀하다	□ 눈이 오다	□ 춥다	□ 영하

分からない語彙が5つ以上あれば、語彙のページを復習してください。

表現

2 与えられた語句を、この課で習った適切な表現にして対話を完成させてください。

A 가방 샀어요? 정말 □□□□. (예쁘다)

B 어제 □□□ 백화점에 갔어요. 백화점에서 샀어요. (친구)

A 그런데 오늘 날씨가 좀 □□□. (덥다)

B 네, 더워요. 아이스크림이 먹고 싶네요.

・新たに知った事実に対して感嘆する気持ちを話せますか？ □

・ある行動を一緒にする相手について話せますか？ □

分からない表現があれば、文法のページを復習してください。

16

トワジョソ
도와줘서
コマウォヨ
고마워요

手伝ってくれてありがとうございます

学習目標

- 理由や原因を話せる
- 自分の意志を話せる

語彙

引っ越し

文法

- ～から、～ので、～して
- ～します、～しますよ、～しますね

語彙

16-1

イサ
이사 引っ越し

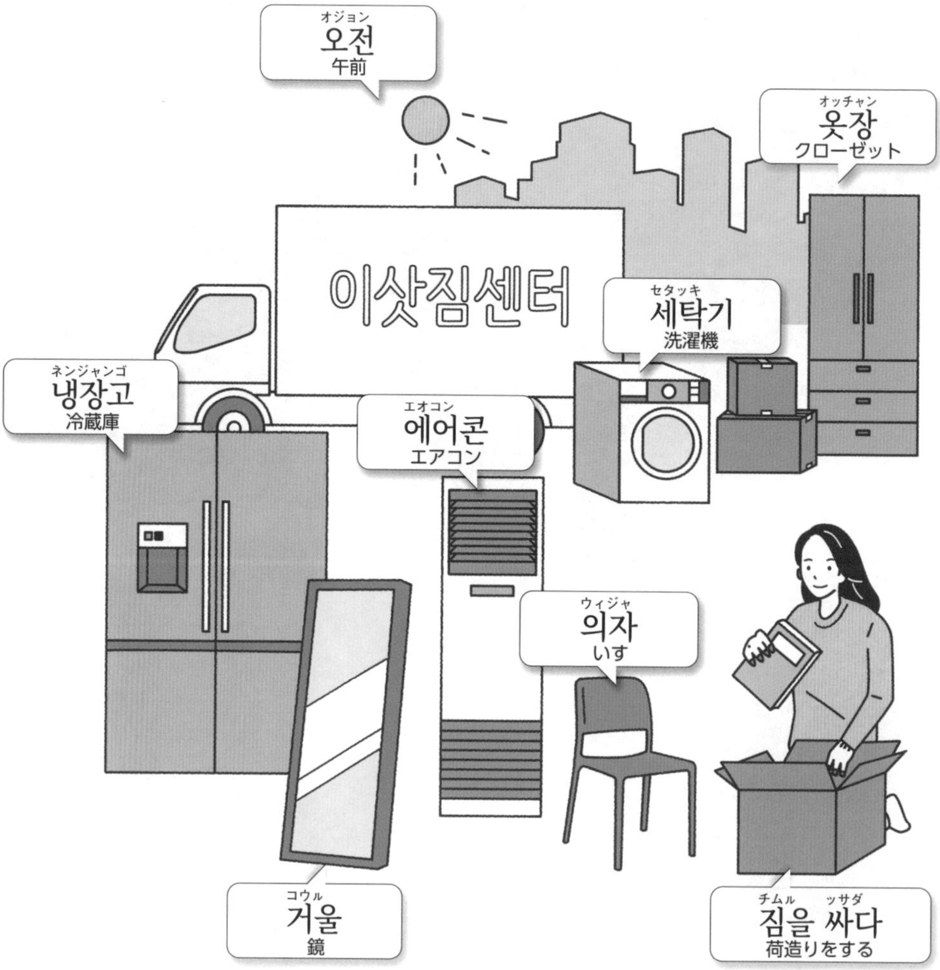

※第 16 課の答えと訳は p.268 から

1 絵を見て適切な単語を書いてください。

(1) 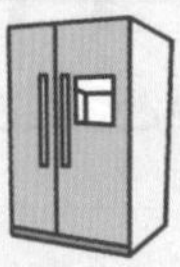

(　　　　　　　　)

(2) 

(　　　　　　　　)

(3) 

(　　　　　　　　)

2

次のそれぞれの表現が正しければ○を、違っていれば×を付けてください。

(1) 이사를 해요.　　　(　　　)

(2) 짐을 쌌어요.　　　(　　　)

(3) 짐을 정리했어요.　　　(　　　)

(4) 친구를 도와줬어요.　　　(　　　)

文法

1 V/A-아서 / 어서 ① ～から、～ので

動詞や形容詞の後に付けて、ある事柄の理由や原因を表す表現です。

過去のことを述べるときは、-아서 / 어서を過去形にするのではなく、文末を過去形にします。

16-2

1

유라 내일 회사에 못 가요.

승윤 왜요? 무슨 일 있어요?

유라 이사를 **해서** 짐을 정리해야 돼요.

2

승윤 유라 씨, 짐 정리 다 했어요?

유라 네, 친구들이 **도와줘서** 빨리 끝났어요.

3

승윤 못 **도와줘서** 미안해요.
너무 **바빠서** 못 갔어요.

유라 아니에요. 괜찮아요.
안 바쁘면 우리 집에 놀러 오세요.

4

승윤 많이 힘들어요?

유라 피곤하네요. 하지만 내일 일이 **있어서** 못 쉬어요.

公式31

가다 / 읽다 / 공부하다 + -아서/어서 = 가서 / 읽어서 / 공부해서

예쁘다 / 좋다 / 귀엽다 + -아서/어서 = 예뻐서 / 좋아서 / 귀여워서

練習 1 例のaの部分を(1)～(4)のaの語句と入れ替え、それぞれ適切な表現にして話す練習をしてみましょう。

例
A 어제 파티에 왜 안 왔어요?
B [a]아르바이트가 있어서 못 갔어요.

(1) [a]숙제가 많다
(2) [a]배가 아프다
(3) [a]부산에 가야 되다
(4) [a]고향에서 친구가 오다

❷ V-(으)ㄹ게요 ～します、～しますよ、～しますね

動詞の後に付いて、ある行動をするつもりだという話し手の意志を話したり、相手と約束したりするときに使います。

動詞の語幹末にパッチムがあれば -을게요、パッチムがなければ -ㄹ게요が付き、語幹末がㄹパッチムの場合は -게요が付きます。

16-3

1

지은 민호 씨, 왜 이렇게 늦었어요?

민호 미안해요. 일이 있어서 늦었어요.
다음부터 꼭 일찍 **올게요**.
[올께요]

2

민호 지은 씨, 밥 먹었어요?

지은 아니요. 안 먹었어요.

민호 그러면 제가 밥을 **살게요**.

3

지은 잘 **먹을게요**.

민호 맛이 어때요?

지은 정말 맛있네요.
커피는 제가 **살게요**.

4

지은 이제 집에 가요.

민호 집에 도착하면 전화하세요.

지은 네, **전화할게요**.

公式32

가다	+	-(으)ㄹ게요	=	갈게요
읽다				읽을게요
공부하다				공부할게요

注意
제가 할게요.(○)
유라 씨가 할게요.(×)

練習 2

例のaの部分を(1)～(4)のaの語句と入れ替え、それぞれ適切な表現にして話す練習をしてみましょう。

例
A 내일부터 [a]일찍 오세요.
B 네, [a]일찍 올게요.

(1) [a]춤을 연습하다
(2) [a]숙제를 꼭 하다
(3) [a]열심히 공부하다
(4) [a]매일 테니스를 치다

スピーキング練習

1 16-4 **対話を聞いて質問に答えてください。**

(1) 音声を聞き、この課で習った表現を使って対話を完成させてください。

민호 유라 씨, 이사를 도와주러 왔어요. 뭐 할까요? 방을 청소할까요?

유라 제가 □□□□□. 침대가 무거워요. 도와주세요.
(청소하다)

민호 짐은 다 정리했어요?

유라 네. 다 했어요. □□□□ 고마워요. 저랑 같이 저녁 먹어요.
(도와주다)

(2) 対話の内容と合っていれば○を、違っていれば×を付けてください。

- 유라 씨는 오늘 이사했어요. (　　　)
- 민호 씨는 유라 씨를 도와줬어요. (　　　)

(3) 対話をもう一度聞いて、発音とイントネーションに気を付けながら繰り返し読んでみましょう。

(4)「AI SPEAK」を使って正確に発音できているか確認しましょう。

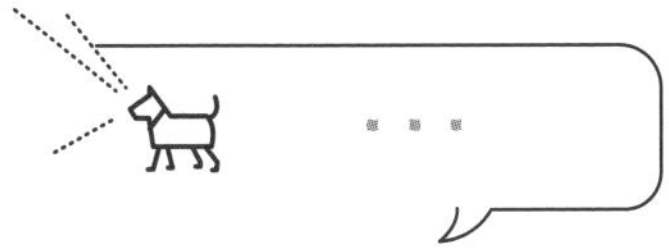

2 例のa〜eの部分を(1)、(2)のa〜eの語句と入れ替え、それぞれ適切な表現にして会話練習をしてみましょう。

例

지은 [a]제 책 다 읽었어요?

승윤 [b]바빠서 [c]아직 다 못 읽었어요.

지은 [d]언제 줄 거예요?

승윤 [e]내일 줄게요.

[a]제 책 다 읽다
[b]바쁘다 / [c]아직 다 못 읽다
[d]언제 주다
[e]내일 주다

(1)
[a]그 영화 DVD 보다
[b]시간이 없다 / [c]아직 못 보다
[d]언제 보다
[e]금요일까지 보고 주다

(2)
[a]안나 씨를 만나다
[b]일이 많다 / [c]아직 못 만나다
[d]언제 만나다
[e]다음 주에 만나러 가다

16
課

3 来週の金曜日はアンナさんの誕生日なので、パーティーをする予定です。何を準備したらいいでしょうか？　例を参考に、対話を作って会話練習をしてみましょう。

例

“누가 케이크를 준비해요?”

“제가 케이크를 만들게요.”

무엇을 준비해요?	누가 준비해요?

語彙 □아직（アジク）：まだ　例) 아직 못 만났어요 まだ会えていません

やってみよう

1 音声を聞いて、男性の返答として適切なものを選んでください。

16-5

(1) ① 네. 시험을 볼게요.
② 네. 공부를 안 했어요.
③ 네. 열심히 공부할게요.
④ 네. 열심히 공부했어요.

(2) ① 네. 일찍 갈게요.
② 네. 여기로 올게요.
③ 네. 거기로 오세요.
④ 네. 아직 안 늦었어요.

2 音声を聞いて質問に答えてください。

16-6

(1) 남자는 언제 이사를 해요? ______________________.

(2) 남자는 어디로 이사를 해요? ______________________.

(3) 남자는 왜 이사를 해요? ______________________.

3 次の文を読んで質問に答えてください。

저는 지난주에 부산으로 이사했어요. 승윤 씨가 많이 도와줬어요.
우리는 이사를 다 하고 짜장면을 먹었어요.
한국에서는 이사가 끝나면 보통 짜장면을 먹어요.
부산은 날씨가 따뜻하고 바다도 아름다워요.
하지만 제 친구들은 서울에 있어요. 친구들이 보고 싶어요.

(1) 어디로 이사했어요? □□
どこへ引っ越しましたか？

(2) 이사를 다 하고 뭐 했어요? ______________________.
引っ越しを終えてから何をしましたか？

(3) 부산은 어때요? ______________________.
釜山はどうですか？

4 次の質問に答えてください。

(1) 例のa～fの部分を①、②のa～fの語句と入れ替え、それぞれ適切な表現にして会話練習をしてみましょう。

例
저는 [a]한국에서 살고 싶어요.
[b]친구가 많아서 [c]한국이 좋아요.
[d]음식이 맛있어서 좋아요.
[e]봄에 꽃이 많아서 좋고, [f]겨울이 눈이 와서 좋아요.

[a]한국
[b]친구가 많다 / [c]한국
[d]음식이 맛있다
[e]봄에 꽃이 많다 /
[f]겨울에 눈이 오다

①
[a]스페인
[b]축구를 좋아하다 / [c]스페인
[d]사람들이 친절하다
[e]경치가 아름답다 /
[f]날씨가 따뜻하다

②
[a]일본
[b]스시가 맛있다 / [c]일본
[d]일본 만화가 재미있다
[e]일본어가 쉽다 / [f]물건이 귀엽다

(2) 皆さんはどこに住みたいですか？　住みたい場所とその理由を考えて、話してみましょう。

• 어디에서 살고 싶어요?

• 왜 거기에 살고 싶어요?

語彙 □스페인（スペイン）：スペイン　□스시（スシ）：寿司　□만화（マヌァ）：漫画

理解度チェック

語彙

1 この課で習った語彙です。覚えた語彙には✓を付けてください。

☐ 오전	☐ 옷장	☐ 냉장고	☐ 에어컨
☐ 세탁기	☐ 거울	☐ 의자	☐ 짐을 싸다
☐ 오후	☐ 이사를 하다	☐ 이사를 가다	☐ 도와주다
☐ 문을 열다	☐ 문을 닫다	☐ 정리하다	

分からない語彙が5つ以上あれば、語彙のページを復習してください。

表現

2 与えられた語句を、この課で習った適切な表現にして対話を完成させてください。

A 여보세요? 캐서린 씨, 내일 시장을 구경하러 갈까요?

B 시험이 ☐☐☐ 내일은 못 가요. 주말은 어때요?
（있다）

A 좋아요. 그럼 다시 ☐☐☐☐☐.
（전화하다）

・ある事柄が起こった理由や原因を話せますか？ ☐

・ある行動をするつもりだという自分の意志を話せますか？ ☐

分からない表現があれば、文法のページを復習してください。

17

윤오(ユノ) 씨를(ッシルル) 소개해(ソゲヘ) 주세요(ジュセヨ)

ユノさんを紹介してください

学習目標
- 前の言葉と反対の内容を話せる
- ある行動を依頼する表現ができる

文法
- ～けど、～するが
- ～してください

語彙
授業

語彙

17-1

スオプ
수업 授業

スオプ シガン
수업 시간
授業時間

※第 17 課の答えと訳は p.270 から

1

それぞれ適切な表現の組み合わせを選んでください。

(1) 수업이 •	• ① 가르치다
(2) 단어를 •	• ② 외우다
(3) 한국어로 •	• ③ 시작하다
(4) 한국어를 •	• ④ 말하다

シィヌン シガン 쉬는 시간 休み時間

2 絵を見て適切な単語を書いてください。

(1) 

(　　　　　　)

(2) 

(　　　　　　)

(3) 

(　　　　　　)

文法

❶ V/A-지만　～けど、～するが

動詞や形容詞に付いて、前の言葉と反対の事柄や別の事実を付け加えるときに使います。

17-2

1

유라　저는 요즘 독일어를 공부해요.

승윤　재미있어요?

유라　좀 **어렵지만** 재미있어요.

2

승윤　저도 외국어를 공부하고 **싶지만** 시간이 없어요.

유라　많이 바빠요?

승윤　네, 요즘 아르바이트를 해요. **힘들지만** 괜찮아요.

3

유라　아르바이트 끝났어요?

승윤　네. **끝났지만** 조금 정리해야 돼요.

4

승윤　밥 먹었어요? 밥 먹으러 갈까요?

유라　밥을 안 **먹었지만** 배가 안 고파요. 차 마시러 가요.

公式33

가다 / 읽다 / 공부하다	+	-지만	=	가지만 / 읽지만 / 공부하지만
예쁘다 / 좋다 / 귀엽다	+	-지만	=	예쁘지만 / 좋지만 / 귀엽지만

練習1　例のa～cの部分を(1)～(4)のa～cの語句と入れ替え、それぞれ適切な表現にして話す練習をしてみましょう。

例 [a]우리 언니는 [b]키가 크지만 [c]저는 작아요.

(1) [a]저 / [b]아침은 먹다 / [c]저녁은 안 먹다

(2) [a]제 동생 / [b]노래를 못하다 / [c]춤을 잘 추다

(3) [a]안나 씨 / [b]책을 좋아하다 / [c]저는 안 좋아하다

(4) [a]얀토 씨 / [b]탁구를 잘 치다 / [c]테니스를 못 치다

語彙 □외국어(ウェグゴ):外国語

② V-아/어 주세요　～してください

動詞の後に付いて、ある行動をしてくださいと丁寧に頼むときに使います。

17-3

1

민호 승윤 씨, 내일 발표 모임이 있어요.
5시까지 도서관에 **와 주세요**.

승윤 네, 5시까지 갈게요.

2

승윤 내일 뭘 준비해야 돼요?

민호 노트북을 **준비해 주세요**.

3

승윤 저 왔어요.

민호 왔어요?
승윤 씨, 이거 좀 **봐 주세요**.

4

민호 여기 좀 같이 **정리해 주세요**.

승윤 네, 좀 **기다려 주세요**.
다 정리했어요. 또 뭐 할까요?

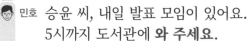

17課

公式34

가다	+	-아/어 주세요	=	가 주세요
읽다				읽어 주세요
청소하다				청소해 주세요

注意

주다 ＋ -아/어 주세요 ＝ 줘 주세요(×)／주세요(○)

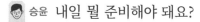

練習2 例のaの部分を(1)～(4)のaの語句と入れ替え、それぞれ適切な表現にして話す練習をしてみましょう。

例 에릭 씨, [a]55쪽 읽어 주세요.

(1) [a]자리에 앉다
(2) [a]떡볶이를 만들다
(3) [a]피아노를 좀 치다
(4) [a]주스를 주문하다

語彙 □노트북(ノトゥブク)：ノートパソコン　□자리(チャリ)：席

スピーキング練習

17-4 **1** **対話を聞いて質問に答えてください。**

(1) 音声を聞き、この課で習った表現を使って対話を完成させてください。

유라 민호 씨, 일본어 공부가 어때요?

민호 일본어 공부는 □□□□□ 좀 어려워요.
재미있다

유라 저는 일본어를 잘 못하지만 제 동생 윤오는 잘해요.

민호 그래요? 그럼 윤오 씨를 □□□□□□.
소개하다

유라 좋아요. 저도 같이 공부해요.

(2) 対話の内容と合っていれば○を、違っていれば×を付けてください。

- 민호 씨는 일본어를 공부해요. (　　)
- 유라 씨는 민호 씨랑 같이 일본어를 공부할 거예요. (　　)

(3) 対話をもう一度聞いて、発音とイントネーションに気を付けながら繰り返し読んでみましょう。

(4)「AI SPEAK」を使って正確に発音できているか確認しましょう。

語彙 □소개하다（ソゲハダ）：紹介する　例）친구를 소개해 주세요 友達を紹介してください

2 例のa～dの部分を(1)、(2)のa～dの語句と入れ替え、それぞれ適切な表現にして会話練習をしてみましょう。

例

지은 [a]한국어 공부가 어때요?
안나 [b]재미있지만 [c]어려워요.
지은 씨, [d]이 단어를 한국어로 읽어 주세요.

[a]한국어 공부
[b]재미있다 / [c]어렵다
[d]이 단어를 한국어로 읽다

(1)
[a]날씨
[b]날씨가 맑다 / [c]바람이 많이 불다
[d]문을 좀 닫다

(2)
[a]그 사람
[b]조용하다 / [c]잘 웃다
[d]그 사람 사진을 보다

3 以下の質問について友達や家族に尋ね、例を参考に文を作って話す練習をしてください。

	네.	아니요.
고기를 먹어요?	안나 씨, 쑤언 씨	에릭 씨
커피를 마셔요?		
공포 영화를 좋아해요?		
노래를 잘해요?		

例 안나 씨랑 쑤언 씨는 고기를 먹지만 에릭 씨는 안 먹어요.

語彙 □공포 영화（コンポ ヨンファ）：ホラー映画

17課

やってみよう

1 音声を聞いて、女性がする行動として適切なものを選んでください。

17-5

(1) ① 숙제를 해요.
② 단어 시험을 봐요.
③ 에릭 씨 집으로 가요.
④ 에릭 씨랑 학교에 가요.

(2) ① 단어를 외워요.
② 문법을 가르쳐요.
③ 문법을 공부해요.
④ 한국어를 연습해요.

2 音声を聞いて、内容と合っていれば○を、違っていれば×を付けてください。

17-6

(1) 남자는 열심히 공부했어요. (　　)

(2) 남자는 시험을 잘 못 봐서 기분이 안 좋아요. (　　)

(3) 남자는 게임을 해서 기분이 좋아요. (　　)

3 次の文を読んで質問に答えてください。

오늘 한국어로 발표를 했어요.
한국어는 재미있지만 어려워요. 발표 준비가 힘들었어요.
제 발표 주제는 '한국의 김치'였어요. 김치는 맵지만 맛있어요.
한국 사람들은 김치를 많이 먹어요.
"캐서린 씨, 정말 잘했어요."
발표가 끝나고 친구들이 말했어요. 기분이 좋았어요.

(1) 캐서린 씨는 오늘 뭐 했어요? ______________________.
キャサリンさんは今日何をしましたか？

(2) 한국의 김치는 어때요? ______________________.
韓国のキムチはどうですか？

(3) 발표가 끝나고 기분이 어땠어요? ______________________.
発表が終わって気分はどうでしたか？

語彙 □문법(ムンポプ)：文法　□설명하다(ソルミョンハダ)：説明する　例）한국어로 설명했어요 韓国語で説明しました　□주제(チュジェ)：主題、テーマ

4 次の質問に答えてください。

(1) 例のa～fの部分を①、②のa～fの語句と入れ替え、それぞれ適切な表現にして話す練習をしてみましょう。

例

저는 월요일부터 금요일까지 수업이 있어요.
[a]일본어랑 [b]과학을 배워요.
[c]일본어는 잘하지만 [d]과학은 잘 못해요.
[e]과학은 재미있지만 [f]어려워요.
더 열심히 할 거예요.

[a]일본어 / [b]과학
[c]일본어는 잘하다 / [d]과학은 잘 못하다
[e]과학은 재미있다 / [f]어렵다

①
[a]한국어 / [b]수학
[c]한국어는 재미있다 / [d]수학은 어렵다
[e]수학을 많이 공부하다 / [f]수학 시험은 잘 못 보다

②
[a]음악 / [b]영어
[c]음악은 힘들다 / [d]영어는 쉽다
[e]노래는 좋아하다 / [f]잘 못 부르다

(2) 何を習ったり学んだりしていますか？　そのレッスンはどうですか？　例を参考に文を作って話す練習をしてみましょう。

例

저는 월요일하고 목요일에 태권도를 배워요.
태권도는 힘들고 어려워요.
하지만 태권도를 잘하고 싶어요.
그래서 수업 시간에 선생님을 열심히 따라해요.

語彙 □과학(クァハク)：科学　□수학(スハク)：数学　□음악(ウマク)：音楽

17課

理解度チェック

語彙

1 この課で習った語彙です。覚えた語彙には✓を付けてください。

□ 수업 시간	□ 수업이 시작하다	□ 수업을 하다
□ 한국어를 가르치다	□ 단어를 외우다	□ 따라하다
□ 한국어로 말하다	□ 발표하다	□ 쉬는 시간
□ 휴대 전화를 보다	□ 화장실에 가다	□ 빵을 먹다
□ 수업이 끝나다		

分からない語彙が5つ以上あれば、語彙のページを復習してください。

表現

2 与えられた語句を、この課で習った適切な表現にして対話を完成させてください。

A 지은 씨는 영어를 잘해요?

B 아니요. 일본어는 □□□□（잘하다） 영어는 잘 못해요.

A 저는 일본어를 배우고 싶어요. 좀 □□□□□□（가르치다）.

・前の言葉と反対の内容を話せますか？ □

・ある行動を頼む表現ができますか？ □

分からない表現があれば、文法のページを復習してください。

18

マンナソ　ソンムルル
만나서 선물을
チュル　ッコエヨ
줄 거예요

会ってプレゼントをあげるつもりです

学習目標
- ある事柄の順序を話せる
- ある事柄が起こる期間やその時間を話せる

文法
- ～して（から）
- ～のとき、～するとき

語彙
約束

語彙

18-1

ヤクソク
약속 約束

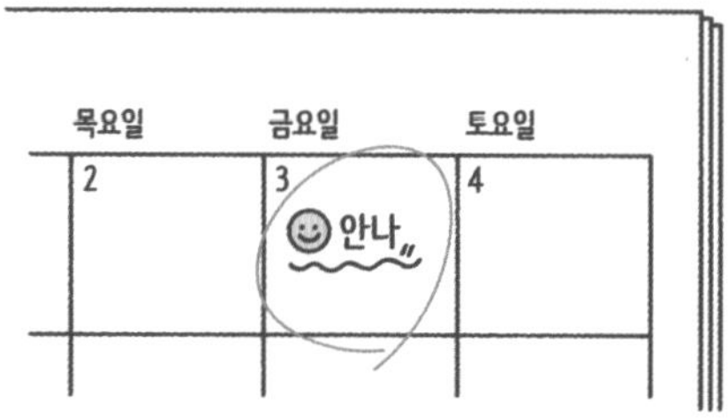

ヤクソッカダ　ヤクソギ　イッタ
약속하다 / 약속이 있다
約束する　約束がある

シャウォハダ
샤워하다
シャワーをあびる

オスル　イブッタ
옷을 입다
服を着る

ファジャンウル　ハダ
화장을 하다
化粧をする

アンギョンウル　ッキダ
안경을 끼다
眼鏡をかける

モジャルル　ッスダ
모자를 쓰다
帽子をかぶる

シンバルル　シンッタ
신발을 신다
履き物を履く

※第 18 課の答えと訳は p.271 から

1 次のそれぞれの表現が正しければ○を、違っていれば×を付けてください。

(1) 약속이 있아요.　(　　)

(2) 옷을 입었어요.　(　　)

(3) 모자를 썼어요.　(　　)

(4) 친구를 사귀아요.　(　　)

ヤㇰソグㇽ　チキダ
약속을 지키다
約束を守る

チングルㇽ　サグィダ
친구를 사귀다
友達と付き合う

チュカハダ
축하하다
祝う

チナダ
친하다
親しい

サランハダ
사랑하다
愛する

2 絵を見て適切な単語を書いてください。

(1) 

(　　　　　　　)

(2) 

(　　　　　　　)

(3) 

(　　　　　　　)

18課

文法

❶ V-아서 / 어서 ② ～して（から）

動詞の後に付けて、前の出来事が起きた後に後ろの出来事が起きることを表すときに使います。

過去のことを述べるときは、-아서 / 어서を過去形に変えるのではなく、文末を過去形にします。

18-2

1

유라 주말에 뭐 했어요?

민호 친구를 **만나서** 같이 쇼핑했어요.

2

유라 저는 미용실에 **가서** 파마했어요.

민호 예쁘네요.

유라 고마워요.

3

유라 오늘은 집에 **가서** 청소해야 돼요.

민호 친구들하고 같이 밥을 먹으러 갈 거예요. 유라 씨도 같이 **가서** 밥 먹고 가세요.

4

민호 친구들이 아직 안 왔어요. 여기 **앉아서** 기다릴까요?

유라 네, 친구들이 언제 와요?

민호 **전화해서** 물어볼게요.

公式35

가다	+	-아서/어서	=	가서
읽다				읽어서
전화하다				전화해서

練習 1 **例の a、b の部分を (1) ～ (4) の a、b の語句と入れ替え、それぞれ適切な表現にして話す練習をしてみましょう。**

例
A 뭐 했어요?
B [a]집에 가서 [b]드라마를 봤어요.

(1) [a]책을 사다 / [b]읽다
(2) [a]공원에 가다 / [b]운동하다
(3) [a]일찍 일어나다 / [b]밥을 먹다
(4) [a]수업이 끝나고 집에 가다 / [b]숙제를 하다

語彙 □물어보다（ムロボダ）：尋ねる、聞いてみる　例）전화해서 물어봤어요 電話して尋ねました

❷ V/A-(으)ㄹ 때　～のとき、～するとき

ある行動や状況が起こる期間やその時間を表すときに使います。
前の出来事と後ろの出来事は、互いに関連があります。

18-3

1

유라 지은 씨, 통화 괜찮아요?

지은 미안하지만 지금 좀 바빠요.
제가 다시 전화할게요.

유라 네, 시간 **될 때** 전화해 주세요.

2

지은 유라 씨, 지금 통화 괜찮아요?

유라 네. 잠깐 만날까요?

지은 네, 좋아요. **출발할 때** 전화할게요.

3

유라 지은 씨, 이거 선물이에요.

지은 이게 뭐예요?

유라 초콜릿이에요. **피곤할 때** 드세요.

4

유라 제가 **힘들 때** 지은 씨가 많이
도와주었어요.
그래서 너무 고마웠어요.

지은 고마워요. 잘 먹을게요.

18課

公式36

가다				갈 때
읽다	+	-(으)ㄹ 때	=	읽을 때
공부하다				공부할 때

예쁘다				예쁠 때
좋다	+	-(으)ㄹ 때	=	좋을 때
귀엽다				귀여울 때

練習 2 例のaの部分を(1)～(4)のaの語句と入れ替え、それぞれ適切な表現にして話す練習をしてみましょう。

例
A 언제 제일 기분이 좋아요?
B [a]친구를 만날 때 기분이 좋아요.

(1) [a]청소하다
(2) [a]영화를 보다
(3) [a]노래를 부르다
(4) [a]친구를 도와주다

語彙 □통화(トンファ)：通話　□출발하다(チュルバラダ)：出発する　例) 일찍 출발하세요 早めに出発してください　□초콜릿(チョコルリッ)：チョコレート
□제일(チェイル)：一番、最も　例) 제일 맛있어요 一番おいしいです

スピーキング練習

1 18-4 **対話を聞いて質問に答えてください。**

(1) 音声を聞き、この課で習った表現を使って対話を完成させてください。

승윤 지은 씨, 내일 학교에 □□ 같이 가요.
（가다）

지은 네, 좋아요. 그런데 내일 좀 일찍 가야 돼요.

승윤 왜요?

지은 빨리 가서 민호 씨를 만나야 돼요. □□□ 선물을 줄 거예요.
（만나다）

승윤 내일이 민호 씨 생일이에요?

지은 네, 맞아요.

(2) 対話の内容と合っていれば○を、違っていれば×を付けてください。

- 승윤 씨랑 지은 씨는 내일 학교에 같이 갈 거예요.　(　　)
- 내일이 민호 씨 생일이어서 선물을 줄 거예요.　(　　)

(3) 対話をもう一度聞いて、発音とイントネーションに気を付けながら繰り返し読んでみましょう。

(4)「AI SPEAK」を使って正確に発音できているか確認しましょう。

語彙 □맞다（マッタ）：正しい、その通りだ　例）네, 맞아요 はい、そうです

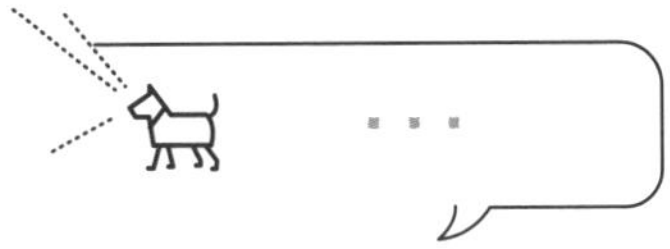

2 例のa～fの部分を(1)、(2)のa～fの語句と入れ替え、それぞれ適切な表現にして会話練習をしてみましょう。

例

안나 어제 [a]집에 가서 [b]바로 잤어요.

유라 [c]피곤했어요?

안나 [d]피곤했어요.
[e]집에 갈 때 [f]지하철에서 계속 잤어요.

[a]집에 가다 / [b]바로 자다
[c]피곤하다
[d]피곤하다
[e]집에 가다 /
[f]지하철에서 계속 자다

(1)
[a]공원에 가다 / [b]농구를 하다
[c]안 힘들다
[d]힘들다
[e]쉬다 / [f]물을 많이 마시다

(2)
[a]친구를 만나다 / [b]콘서트에 가다
[c]재미있다
[d]재미있다
[e]가수가 노래하다 / [f]너무 좋다

3 例を参考に、文を作って続けてください。

例

어제 승윤 씨를 만났어요. ➜ 승윤 씨를 **만나서** 같이 차를 마셨어요.
➜ 차를 마시고 같이 노래방에 갔어요. ➜ 노래방에 **가서** 노래를 했어요.
➜ 노래가 어렵지만 재미있었어요. ➜ **노래를 할 때** 승윤 씨도 같이 불렀어요. ➜ …

어제 백화점에 갔어요. ➜

친구를 만났어요. ➜

○(으)로 여행을 갔어요. ➜

일이 많아서 힘들어요. ➜

語彙 □바로(バロ)：すぐに、直ちに　例）바로 시작할게요 すぐ始めますね
□계속(ケソク)：続けて、ずっと　例）계속 잤어요 寝続けました　□콘서트(コンソトゥ)：コンサート

18課

やってみよう

1 音声を聞いて、内容と合っていれば○を、違っていれば×を付けてください。

18-5

(1) •유라 씨는 오늘 노래방에 갈 거예요. (　　)
　•유라 씨는 노래 부를 때 기분이 좋아요. (　　)

(2) •민호 씨는 오늘 모임에 못 가요. (　　)
　•지은 씨는 오늘 친구를 만나고 전화할 거예요. (　　)

2 女性は今日何をしますか？　適切なものをすべて選んでください。

18-6

①

②

③

④

3 次の文を読んで質問に答えてください。

한국에서는 생일을 가족들하고 축하해요.
그리고 친구들을 만나서 같이 놀아요.
생일에 케이크도 먹지만 생일 아침에는 보통 미역국을 먹어요.
미역국은 건강에 좋고 맛있어요. 그래서 꼭 먹어야 돼요.

(1) 한국에서 생일 아침에 뭘 먹어요? □□□
韓国では誕生日の朝に何を食べますか？

(2) 미역국은 어때요? ______________________.
ワカメスープはどうですか？

語彙 □미역국(ミヨックㇰ)：ワカメスープ　□건강(コンガン)：健康

4 例のa～fの部分を(1)、(2)のa～fの語句と入れ替え、それぞれ適切な表現にして話す練習をしてみましょう。

例
저는[a] 학교에 갈 때[b] 버스를 타요.
[c] 버스에서[d] 휴대 전화를 봐요.
[e] 휴대 전화를 보면[f] 재미있어요.

[a]학교에 가다 / [b]버스를 타다
[c]버스 / [d]휴대 전화를 보다
[e]휴대 전화를 보다 / [f]재미있다

(1)
[a]피곤하다 / [b]찜질방에 가다
[c]찜질방 / [d]식혜를 마시다
[e]찜질방에 가다 / [f]기분이 좋다

(2)
[a]기분이 안 좋다 / [b]노래를 하다
[c]노래방 / [d]노래를 많이 하다
[e]노래를 하다 / [f]행복하다

5 こんなとき皆さんはどうしますか？　以下のそれぞれの項目について考え、文を作って話す練習をしてみましょう。

피곤할 때

힘들 때

기분이 안 좋을 때

기분이 좋을 때

語彙 □찜질방(チムジルバン)：チムジルバン（サウナやスパ施設の一種）　□식혜(シケ)：シッケ（米を発酵させた飲料）　□행복하다(ヘンボカダ)：幸せだ

18課

理解度チェック

語彙

1 この課で習った語彙です。覚えた語彙には✓を付けてください。

- ☐ 약속하다
- ☐ 약속이 있다
- ☐ 샤워하다
- ☐ 옷을 입다
- ☐ 화장을 하다
- ☐ 안경을 끼다
- ☐ 모자를 쓰다
- ☐ 신발을 신다
- ☐ 약속을 지키다
- ☐ 친구를 사귀다
- ☐ 축하하다
- ☐ 친하다
- ☐ 사랑하다

分からない語彙が5つ以上あれば、語彙のページを復習してください。

表現

2 与えられた語句を、この課で習った適切な表現にして対話を完成させてください。

A 안나 씨는 한국에서 언제 제일 힘들어요?

B ☐☐☐（아프다） 제일 힘들어요. 어제도 아팠어요.

그래서 집에 ☐☐（가다） 계속 잤어요.

- ある事柄の順序を話せますか？ ☐
- ある事柄が起こっている期間やその時間を話せますか？ ☐

分からない表現があれば、文法のページを復習してください。

19

ヨギガ
여기가
クァンファムンニョギジヨ
광화문역이지요?

ここが光化門駅ですよね?

学習目標

- ㄷ変則とㄹ脱落（ㄹ語幹）を理解できる
- すでに知っている事実を確認して尋ねられる

文法

- ㄷ変則、ㄹ脱落（ㄹ語幹）
- ～ですよね？、～ますよね？、～でしょう？

語彙

交通手段

語彙

キョトン スダン
교통 수단 交通手段

コンハン
공항
空港

ピヘンギ
비행기
飛行機

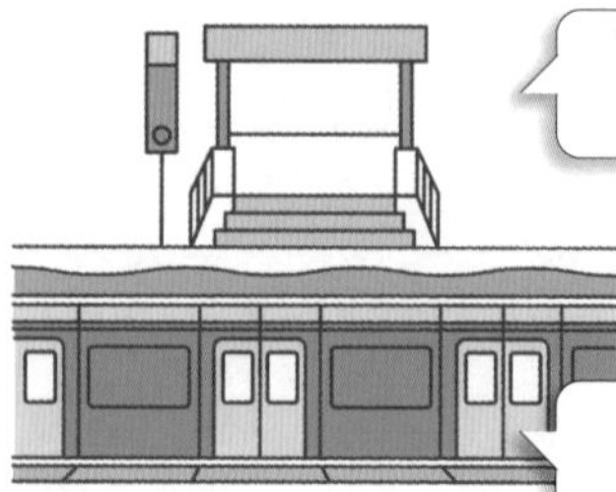

チハチョルリョク
지하철역
地下鉄の駅

チハチョル
지하철
地下鉄

ポス チョンニュジャン
버스 정류장
バスの停留所

ポス
버스
バス

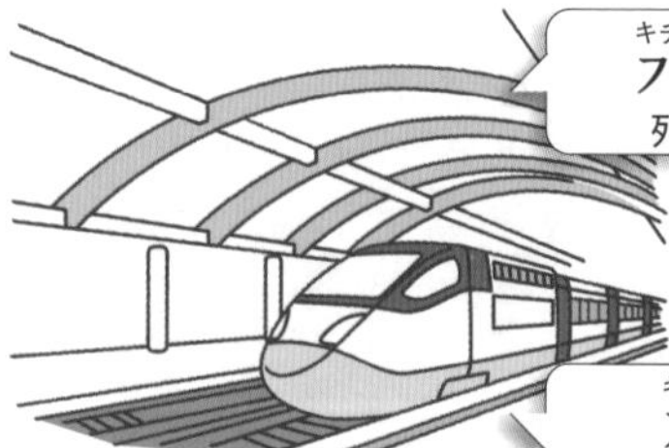

キチャヨク
기차역
列車の駅

キチャ
기차
汽車、列車

テクシ
택시
タクシー

オトバイ
오토바이
バイク

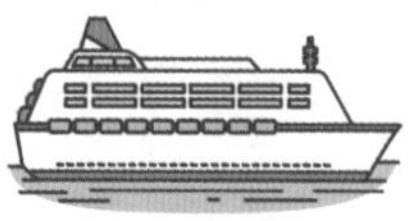

ペ
배
船

※第 19 課の答えと訳は p.273 から

1 絵を見て適切な単語を書いてください。

(1) 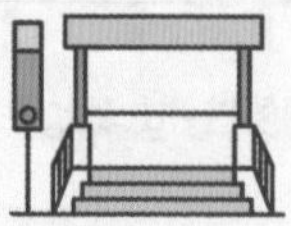
(　　　　　　　)

(2) 
(　　　　　　　)

(3) 
(　　　　　　　)

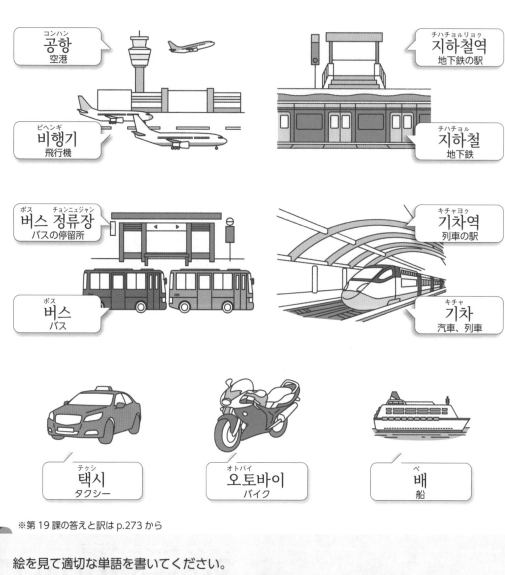

버스, 지하철 이용 バス、地下鉄利用

(ポス チハチョル イヨン)

2 次のそれぞれの表現が正しければ○を、違っていれば×を付けてください。

(1) 길이 막혔아요.　　　(　　　)

(2) 버스에서 내려요.　　　(　　　)

(3) 비행기를 탔어요.　　　(　　　)

(4) 지하철로 갈아타세요.　　　(　　　)

文法

1 ㄷ変則、ㄹ脱落（ㄹ語幹）

語幹末がㄷパッチムで終わる一部の動詞の後に아/어/으が来ると、ㄷがㄹに変わります。

語幹末がㄹパッチムで終わる動詞、形容詞の後にㄴ、ㅂ、ㅅが来ると、ㄹパッチムが脱落します。

19-2

1

승윤　유라 씨, 일찍 왔네요.

유라　아니에요. 저도 지금 왔어요.

승윤　버스 타고 왔어요?

유라　아니요. **걸어서** 왔어요.

2

승윤　무슨 노래 **들어요**?

유라　가수 리리 노래를 **들어요**.
노래가 좋아서 매일 **들어요**.

3

승윤　유라 씨도 그 가수를 **아네요**.
저도 그 가수 노래를 좋아해요.

유라　그래요?

4

유라　공원이 좀 **머네요**.

승윤　거의 다 왔어요.
조금만 더 가면 돼요.

公式37

ㄷ変則

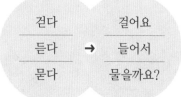

걷다	→	걸어요
듣다	→	들어서
묻다	→	물을까요?

公式38

ㄹ脱落（ㄹ語幹）

살다	→	사네요
만들다	→	만드세요
알다	→	아네요
멀다	→	머네요

練習 1　次のそれぞれの表現が正しければ○を、違っていれば×を付けてください。

(1) 매일 노래를 듣어요.　(　　)

(2) 피자를 잘 만들네요.　(　　)

(3) 학교까지 걸어서 갔어요.　(　　)

(4) 오늘부터 이 집에 사세요.　(　　)

語彙　□묻다（ムッタ）：尋ねる　例）전화해서 물었어요 電話して尋ねました

❷ V/A-지요?, N(이)지요?　～ですよね?、～ますよね?、～でしょう?

話し手がすでに知っている事実を確認しつつ尋ねるときに使います。

19-3

1
지은　여보세요? 민호 씨 **휴대 전화지요?**
민호　네, 지은 씨. 저예요.

2
지은　내일 학교에 **가지요?**
민호　네. 그런데 왜요?
지은　수업 끝나고 잠깐 만나요.

3
지은　민호 씨, 내일이 **생일이지요?**
　　　생일 선물이에요. 생일 축하해요.
민호　어떻게 알았어요? 고마워요.

4
지은　옷 어때요? **예쁘지요?**
민호　네. 고마워요. 잘 입을게요.

公式39

가다	+	-지요?	=	가지요?
읽다				읽지요?
공부하다				공부하지요?

예쁘다	+	-지요?	=	예쁘지요?
좋다				좋지요?
귀엽다				귀엽지요?

練習2　例のa、bの部分を(1)～(4)のa、bの語句と入れ替え、それぞれ適切な表現にして話す練習をしてみましょう。

例
A [a]길이 많이 막히지요?
B 네, [b]많이 막혀요.

(1) [a]요즘 바쁘다 / [b]좀 바쁘다
(2) [a]이 인형이 귀엽다 / [b]정말 귀엽다
(3) [a]유라 씨가 노래를 잘하다 / [b]잘하다
(4) [a]6월 10일은 수요일이다 / [b]수요일이다

スピーキング練習

1 対話を聞いて質問に答えてください。

19-4

(1) 音声を聞き、この課で習った表現を使って対話を完成させてください。

민호 길이 많이 막히네요.

승윤 지하철을 타고 갈까요?

민호 좋아요. 그런데 지하철을 타면 갈아타야 돼요.

승윤 여기가 ＿＿＿＿＿＿＿?（광화문역）

민호 네, 맞아요.

승윤 버스에서 내려서 조금 걸으면 청계천이에요. 우리 ＿＿＿（걷다） 가요.

(2) 対話の内容と合っていれば○を、違っていれば×を付けてください。

- 두 사람은 청계천으로 가요. (　　　)
- 두 사람은 지하철이랑 택시를 타고 갈 거예요. (　　　)

(3) 対話をもう一度聞いて、発音とイントネーションに気を付けながら繰り返し読んでみましょう。

(4)「AI SPEAK」を使って正確に発音できているか確認しましょう。

語彙 □청계천（チョンゲチョン）：清渓川

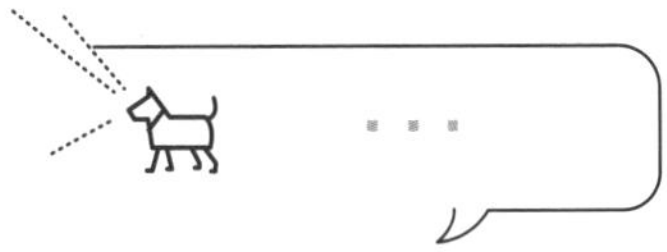

2 例のa～gの部分を(1)、(2)のa～gの語句と入れ替え、それぞれ適切な表現にして会話練習をしてみましょう。

例

승윤 저는 [a]공부할 때 [b]노래를 들어요.
[c]노래를 들으면 [d]공부가 잘돼요.
유라 씨도 [e]노래를 좋아하지요?

유라 네, 저도 좋아해요.
하지만 [f]공부할 때 [g]노래를 안 들어요.

[a]공부하다 / [b]노래를 듣다
[c]노래를 듣다 / [d]공부가 잘되다
[e]노래를 좋아하다
[f]공부하다 / [g]노래를 안 듣다

(1)
[a]시간이 있다 / [b]공원까지 걸어서 가다
[c]걷다 / [d]기분이 좋다
[e]산책을 좋아하다
[f]다리가 아프다 / [g]많이 안 걷다

(2)
[a]힘들다 / [b]춘천으로 여행을 가다
[c]여행을 가다 / [d]행복하다
[e]여행을 좋아하다
[f]시간이 없다 / [g]춘천은 너무 멀다

3 皆さんは友達のことをよく分かっていますか？ 以下のそれぞれの項目について、例を参考にして知っていることを確認する質問を作ってください。

例

A 안나 씨, 테니스를 좋아하지요?
B 네, 좋아해요.

A 에릭 씨, 매일 한국 노래를 듣지요?
B 네, 매일 들어요.

“어디에 살아요?”

“무엇을 좋아해요?”

“무엇을 싫어해요?”

“학교에 무엇을 타고 와요?”

“주말에 무엇을 할 거예요?”

“수업이 끝나면 무엇을 할 거예요?”

語彙 □공부가(コンブガ) 잘되다(チャルデダ)：勉強がはかどる □춘천(チュンチョン)：春川（地名）

19課

やってみよう

1 音声を聞いて、女性の返答として適切なものを選んでください。

19-5

(1) ① 버스를 타고 가요.
② 명동에서 쇼핑해요.
③ 명동에 가고 싶어요.
④ 길이 많이 막혔어요.

(2) ① 버스에서 내려요.
② 기차를 탈 거예요.
③ 호텔을 예약할게요.
④ 부산에 잘 도착했지요?

2 音声を聞いて、内容と合っていれば○を、違っていれば×を付けてください。

19-6

(1) 남자는 여의도에 있어요. (　　　)
(2) 여자는 지하철을 타고 가요. (　　　)
(3) 남자는 지하철역에 도착했어요. (　　　)

3 次の文を読んで質問に答えてください。

저는 어제 친구하고 여의도에 갔어요.
여의도에서 벚꽃 축제를 했어요.
버스에 사람이 너무 많았어요. 그리고 길도 많이 막혔어요.
그래서 지하철을 타고 갔어요. 지하철에도 사람이 정말 많았어요.
벚꽃은 정말 아름다웠어요. 사람이 많아서 복잡했지만 기분이 좋았어요.

(1) 이 사람은 어디에 갔어요? □□□
この人はどこへ行きましたか？

(2) 거기에 어떻게 갔어요? ________________.
そこへどうやって行きましたか？

(3) 벚꽃은 어땠어요? ________________.
桜はどうでしたか？

語彙 □명동（ミョンドン）：明洞（地名）　□벚꽃 축제（ポッコッ チュクチェ）：桜祭り

4 友達や家族とスピードゲームをしてみましょう。

ゲームの進め方

①

３人１チームになります。メンバー同士で相談し、この課で習った単語を３つ、それぞれ紙に書いてください。

②

単語を書いた紙を別のチームと交換します。

③

チーム内で１人ずつ順番に、紙に書かれた単語について説明していきます。１人が説明しているときは、ほかの２人が何の単語かを当てます。

④ 先に３つの単語すべてを当てられたチームの勝ちです。

理解度チェック

語彙

1 この課で習った語彙です。覚えた語彙には✓を付けてください。

▢ 공항	▢ 지하철역	▢ 버스 정류장	▢ 기차역
▢ 택시	▢ 오토바이	▢ 배	▢ 교통 카드
▢ 걷다	▢ 길이 막히다	▢ 지하철로 갈아타다	▢ 도착하다

分からない語彙が5つ以上あれば、語彙のページを復習してください。

表現

2 与えられた語句を、この課で習った適切な表現にして対話を完成させてください。

A 여보세요? 에릭 씨 ▢▢▢▢▢▢ ?（휴대 전화）

B 네. 캐서린 씨? 무슨 일이에요?

A 내일 숙제가 뭐예요? 수업 시간에 제가 못 ▢▢▢ 전화했어요.（듣다）

・ㄷ変則とㄹ脱落を理解できますか？ ▢

・すでに知っている事実を確認する質問ができますか？ ▢

分からない表現があれば、文法のページを復習してください。

20

ウンジョン　ミョノッチュンウル
운전 면허증을
ッタリョゴヨ
따려고요

運転免許証を取ろうと思います

学習目標
- 自分の意図や計画を話せる
- ある事柄が行われる時間や期間を言える

文法
- ～しようと思います
- ～間、～の間

語彙
- 学校
- 留学
- 就職の準備

語彙

학교（ハッキョ） 学校

초등학교（チョドゥンハッキョ）
小学校

중학교（チュンハッキョ）
中学校

고등학교（コドゥンハッキョ）
高校

대학교（テハッキョ）
大学

학교에（ハッキョエ） 입학하다（イッパカダ）
学校に入学する

학교를（ハッキョルル） 졸업하다（チョロッパダ）
学校を卒業する

유학（ユハク） 留学

유학을（ユハグル） 준비하다（ジュンビハダ）
留学の準備をする

유학을（ユハグル） 가다（カダ）
留学に行く

유학하다（ユハカダ）
留学する

※第 20 課の答えと訳は p.274 から

1 それぞれ適切な表現の組み合わせを選んでください。

(1) 학교에 •　　　　• ① 따다
(2) 유학을 •　　　　• ② 입학하다
(3) 운전 면허증을 •　　　　• ③ 준비하다

취직 준비 就職の準備
チュィジク ジュンビ

チェグル ピルリダ
책을 빌리다
本を借りる

ウェグゴルル コンブハダ
외국어를 공부하다
外国語を勉強する

コムピュトルル コンブハダ
컴퓨터를 공부하다
コンピューターを勉強する

ウンジョン ミョノッチュンウル ッタダ
운전 면허증을 따다
運転免許証を取得する

チュィジカダ
취직하다
就職する

2 絵を見て適切な単語を書いてください。

(1)

(　　　　　　　)

(2)

(　　　　　　　)

(3)

(　　　　　　　)

20課

文法

1 V-(으)려고요　～しようと思います

動詞の後に付いて、ある動作をする意図や計画があることを表すときに使います。

動詞の語幹末にパッチムがあれば -으려고요が、パッチムがない場合とㄹパッチムの場合は -려고요が付きます。

20-2

1

지은 방학에 뭐 할 거예요?

승윤 취직 준비를 해야 돼요.
그래서 컴퓨터를 좀 **공부하려고요.**

2

지은 저는 운동을 할 거예요.

승윤 무슨 운동을 할 거예요?

지은 몸이 안 좋아서 테니스를 **배우려고요.**

3

지은 민호 씨는 졸업하면 뭐 할 거예요?

민호 저는 독일로 유학을 **가려고요.**
공부를 좀 더 하고 싶어요.

4

승윤 저도 유학을 가고 싶지만 먼저 취직해서 일을 **하려고요.**

민호 어디로 유학을 가고 싶어요?

公式40

가다	+	-(으)려고요	=	가려고요
읽다				읽으려고요
공부하다				공부하려고요

注意

만들다 + -(으)려고요 = 만들을려고요(×) / 만들려고요(○)

練習1

例のa、bの部分を (1)～(4) のa、bの語句と入れ替え、それぞれ適切な表現にして話す練習をしてみましょう。

例
A [a]도서관에 가요?
B 네, [b]가서 책을 빌리려고요.

(1) [a]은행에 가다 / [b]가서 돈을 찾다
(2) [a]꽃을 사다 / [b]사서 안나 씨 주다
(3) [a]공원에 가다 / [b]가서 사진을 찍다
(4) [a]김밥을 만들다 / [b]친구하고 같이 먹다

② N 동안 ～間、～の間

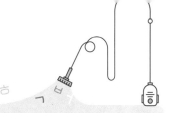

時間や期間に関連する名詞の後に使い、その名詞の間（期間）を表します。

20-3

1
지은 **방학 동안** 잘 지냈어요?
민호 네. 아르바이트도 하고 공부도 했어요.

2
지은 저는 **한 달 동안** 여행을 했어요.
민호 **한 달 동안**요? 여행이 어땠어요?

3
지은 여행은 재미있었지만 힘들었어요. 여행하고 집에 와서 **삼 일 동안** 아팠어요.
민호 많이 힘들었어요?
지은 네, 하지만 즐거웠어요.

4
민호 지은 씨, **지난 학기 동안** 정말 고마웠어요. 이번 학기에도 잘 부탁해요.
지은 저도 잘 부탁해요. 우리 같이 열심히 공부해요.

公式41

일 년 / 휴가 ＋ 동안 ＝ 일 년 동안 / 휴가 동안

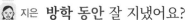

練習2
例のa～cの部分を(1)～(4)のa～cの語句と入れ替え、それぞれ適切な表現にして話す練習をしてみましょう。

例
A [a]노래를 연습했어요?
B 네, [b]일주일 동안 [c]연습했어요.

(1) [a]밥을 먹다 / [b]30분 / [c]먹다
(2) [a]책을 읽다 / [b]삼 일 / [c]읽다
(3) [a]춤을 배우다 / [b]한 달 / [c]배우다
(4) [a]에릭 씨를 못 보다 / [b]방학 / [c]못 보다

語彙 □한 달（ハン ダル）：ひと月　□즐겁다（チュルゴァタ）：楽しい　例）아주 즐거워요 とても楽しいです　□학기（ハッキ）：学期

20課

スピーキング練習

1 対話を聞いて質問に答えてください。

20-4

(1) 音声を聞き、この課で習った表現を使って対話を完成させてください。

유라 방학하면 뭐 할 거예요?

민호 운전 면허증을 □□□□.（따다）

유라 저도 운전 면허증을 따고 싶어요. 같이 준비해요.

민호 네, 좋아요.

유라 또 뭐 하고 싶어요?

민호 □□□□（방학） 여행도 다녀오고 외국어 공부도 할 거예요.

(2) 対話の内容と合っていれば○を、違っていれば×を付けてください。

- 유라 씨는 방학 동안 여행을 할 거예요. (　　　)
- 민호 씨는 방학에 운전 면허증을 딸 거예요. (　　　)

(3) 対話をもう一度聞いて、発音とイントネーションに気を付けながら繰り返し読んでみましょう。

(4)「AI SPEAK」を使って正確に発音できているか確認しましょう。

語彙 □다녀오다（タニョオダ）：行ってくる　例）여행 다녀왔어요 旅行に行ってきました

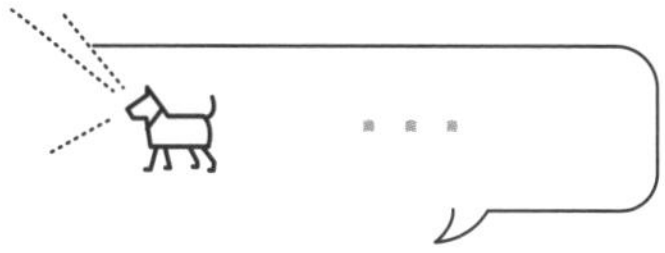

2 例のa～dの部分を(1)、(2)のa～dの語句と入れ替え、それぞれ適切な表現にして会話練習をしてみましょう。

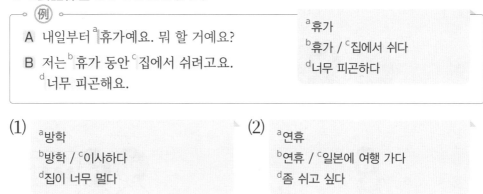

例

A 내일부터 [a]휴가예요. 뭐 할 거예요?

B 저는 [b]휴가 동안 [c]집에서 쉬려고요.
[d]너무 피곤해요.

[a]휴가
[b]휴가 / [c]집에서 쉬다
[d]너무 피곤하다

(1)
[a]방학
[b]방학 / [c]이사하다
[d]집이 너무 멀다

(2)
[a]연휴
[b]연휴 / [c]일본에 여행 가다
[d]좀 쉬고 싶다

3 以下に示した単語から1つを選び、例を参考にして勧誘や宣伝の広告を考えて話す練習をしてください。

취미	공부	여행	운동

例

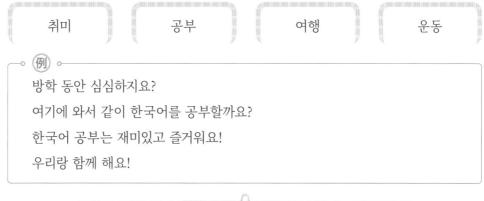

방학 동안 심심하지요?
여기에 와서 같이 한국어를 공부할까요?
한국어 공부는 재미있고 즐거워요!
우리랑 함께 해요!

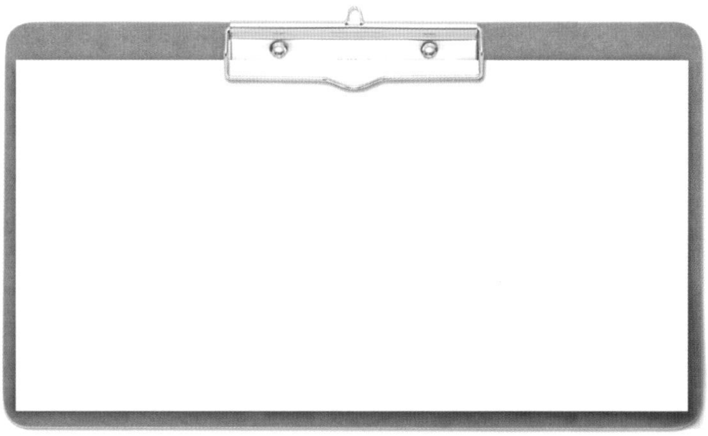

語彙 □연휴(ヨニュ)：連休

やってみよう

1 音声を聞いて、内容に合う絵を選んでください。

①

②

③

④

2 音声を聞いて質問に答えてください。

(1) 남자는 오늘 무엇을 했어요? ______________________.

(2) 남자는 운전이 어때요? ______________________.

(3) 남자는 내일 어디로 갈 거예요? ______________________.

3 次の文を読んで質問に答えてください。

오늘은 『비상 한국어 초급 1』이 끝나요. 마지막 날이에요.
"한국에서는 책 한 권 공부가 끝나면 '책거리'를 해요."
선생님이 말했어요. 그래서 파티를 했어요.
한국어는 어렵지만 재미있어요. 그래서 저는 계속 공부하려고요.

語彙 □마지막（マジマク）：最後　□책거리（チェッコリ） チェッコリ（本を1冊学習し終えた後に開くお祝いパーティー）

(1) 한국에서 책 한 권이 끝나면 무엇을 해요? □□□
韓国で本１冊（の学習）が終わったら何をしますか？

(2) 이 사람은 뭐 할 거예요? ＿＿＿＿＿＿＿＿.
この人は（今後）何をするつもりですか？

4 次の質問に答えてください。

(1) 例のa～fの部分を①、②のa～fの語句と入れ替え、それぞれ適切な表現にして話す練習をしてみましょう。

例
저는 [a]사 년 동안 독일에서 살았어요.
대학교를 졸업하고 [b]독일로 유학을 갔어요.
[c]독일에서 더 공부하고 [d]친구도 많이 사귀었어요.
힘들지만 정말 재미있었어요.
이제 [e]한국에서 취직하고 싶어요.
그래서 오늘부터 [f]취직 준비를 하려고요.

[a]사 년 동안 독일에서 살다
[b]독일로 유학을 가다
[c]독일에서 더 공부하다 /
[d]친구도 많이 사귀다
[e]한국에서 취직하다
[f]취직

①
[a]이 년 동안 회사에서 일하다
[b]취직하다
[c]회사에서 열심히 일하다 /
[d]일도 많이 배우다
[e]한국에서 공부하다
[f]유학

②
[a]일 년 동안 한국에서 살다
[b]한국에 일하러 오다
[c]회사에서 일을 많이 배우다 /
[d]한국어도 배우다
[e]고향에 돌아가서 취직하다
[f]취직

(2) 皆さんはこれまで何をしてきましたか？　これから何をするつもりですか？
(1)の内容を参考に文を作ってみましょう。

語彙 □돌아가다（トラガダ）：帰る　例）일찍 집에 돌아갔어요 早めに家に帰りました

20課

理解度チェック

語彙

1 この課で習った語彙です。覚えた語彙には✓を付けてください。

□ 초등학교	□ 중학교	□ 고등학교
□ 대학교	□ 학교에 입학하다	□ 학교를 졸업하다
□ 유학을 준비하다	□ 유학을 가다	□ 유학하다
□ 책을 빌리다	□ 외국어를 공부하다	□ 컴퓨터를 공부하다
□ 운전 면허증을 따다	□ 취직하다	

分からない語彙が5つ以上あれば、語彙のページを復習してください。

表現

2 与えられた語句を、この課で習った適切な表現にして対話を完成させてください。

A 캐서린 씨, 오랜만이에요. 잘 지냈어요?

B 에릭 씨, 잘 지냈어요? 지금 어디에 가요?

A 저는 도서관에 가요. 책을 □□□□□(빌리다).

□□□□(방학) 책을 많이 못 읽었어요.

・自分の意図や計画を話せますか？ □

・ある事柄が行われる時間や時期を言えますか？ □

分からない表現があれば、文法のページを復習してください。

復習 2

ヨギガ
여기가
トンデムニエヨ
동대문이에요

ここが東大門です

- ミノさんは今日何をしますか?
- ミノさんはどこへ行きますか?

復習 2

復習2

音声を聞きながら、11 ～ 20 課で習った文法と語彙を復習してください。

민호 여러분 안녕하세요? 저는 이민호예요.

저는 학생이에요.

아침 7시에 **일어나서** 아침을 먹었어요.

그리고 버스를 **타고** 학교에 갔어요.

그런데 길이 너무 **막혀서** 학교에 늦었어요.

1시에 수업이 끝났어요.

수업이 **끝나고 친구들하고** 학생 식당에서 밥을 먹었어요.

밥을 **먹고** 지금 쉬어요.

여러분은 지금 뭐 해요? **말해 주세요.**

저는 오늘 지은 씨를 **만나서** 같이 동대문에 **갈 거예요.**

1. 민호 씨는 아침에 왜 학교에 늦었어요?
2. 민호 씨는 점심에 어디에서 밥을 먹었어요?

・동대문(トンデムン) 東大門

동대문

여러분, 지은 씨 **알지요**?

지은 여러분 안녕하세요? 오늘은 **민호 씨하고** 같이 **놀려고요**. 날씨가 **따뜻하고** 좋네요. 그럼 **우리하고** 같이 동대문으로 갈까요?

민호 길이 **복잡해서** 지하철을 타고 **갈 거예요**. 지하철에서 **내려서** 조금 **걸어야 돼요**.

지은 **멀어서** 조금 **힘드네요**.

민호 자, 여러분 여기가 바로 동대문이에요. 사람도 **많고 복잡하지만** 저는 동대문을 좋아해요. 동대문에서 **쇼핑할 거예요**. 물건도 **싸고** 좋아요. 옷을 **사고** 야시장에 **갈 거예요**.

지은 여러분 여기 좀 보세요. 청계천이에요. 정말 **예쁘지요**? 우리도 사진을 찍을까요?

민호 여러분, 여기가 야시장이에요. 야시장에는 음식도 **많고** 물건도 많아요.

3. 민호 씨와 지은 씨는 왜 지하철을 탔어요?

4. 민호 씨와 지은 씨는 어디에 갔어요?

・야시장(ヤシジャン) 夜市

청계천 야시장

지은 여기 음식들 좀 보세요. 여러분 **먹고 싶지요**?
여기에 오면 많이 **먹어야 돼요**. 아주 맛있어요.

민호 커피를 한 잔 마실까요? 지은 씨, 제가 **살게요**.
여기요, 커피 **한 잔하고** 주스 한 잔 주세요.

지은 주스가 맛있어요!

민호 커피도 **맛있네요**!
배불러서 이제 **못 먹어요**.

지은 저도요.
저는 야시장에 처음 왔어요. **재미있네요**. 야시장은 **언제까지** 해요?

민호 보통 **3월부터 10월까지 7개월 동안** 해요.

지은 그래요? 시간이 **있으면** 또 **오고 싶어요**.

민호 **심심할 때** 말하세요. 같이 와요.
여러분 오늘은 **지은 씨랑** 같이 **동대문이랑** 청계천에 왔어요. 어땠어요?
재미있었지요? 여러분도 시간이 **있으면** 꼭 오세요.

5. 민호 씨랑 지은 씨는 뭘 마셨어요?
6. 야시장은 보통 얼마 동안 해요?

P. 34

1 저는 학생이에요 私は学生です

1-5

2 音声を聞き、名前、国、職業を聞き取って空欄に適切な単語を書いてください。

女 안녕하세요 ? 저는 이유라예요 . 한국 사람이에요 . 저는 회사원이에요 .

男 안녕하세요 ? 저는 이민호예요 . 한국 사람이에요 . 저는 선생님이 아니에요 . 저는 학생이에요 .

女 안녕하세요 ? 저는 안나예요 . 저는 미국 사람이 아니에요 . 독일 사람이에요 . 저는 학생이에요 .

女 こんにちは。私はイ・ユラです。韓国人です。私は会社員です。

男 こんにちは。私はイ・ミノです。韓国人です。私は先生ではありません。私は学生です。

女 こんにちは。私はアンナです。私はアメリカ人ではありません。ドイツ人です。私は学生です。

P. 44

2 그 사람은 제 동생이에요 その人は私の弟(妹)です

2-5

1 対話を聞いて、内容と合っていれば○を、違っていれば×を付けてください。

(1) 男 유라 씨, 이 사람은 누구예요?

女 제 친구 에릭 씨예요.

男 에릭 씨는 독일 사람이에요?

女 아니요, 독일 사람이 아니에요. 미국 사람이에요.

男 ユラさん、この人は誰ですか？

女 私の友達のエリックさんです。

男 エリックさんはドイツ人ですか？

女 いいえ、ドイツ人ではありません。アメリカ人です。

(2) 男 여기는 어디예요? 여의도예요?

女 아니요, 여의도가 아니에요. 부산이에요.

男 이 사람은 누구예요?

女 그 사람은 제 언니예요.

男 ここはどこですか？　汝矣島ですか？

女 いいえ、汝矣島ではありません。釜山です。

男 この人は誰ですか？

女 その人は私の姉です。

(3) 女 에릭 씨, 안녕하세요? 이 사람은 제 동생이에요.

男1 안녕하세요? 저는 에릭이에요.

男2 안녕하세요? 저는 윤오예요.

男1 윤오 씨는 학생이에요?

男2 네, 저는 학생이에요.

女 エリックさん、こんにちは。この人は私の弟です。

男1 こんにちは。私はエリックです。

男2 こんにちは。私はユノです。

男1 ユノさんは学生ですか？

男2 はい、私は学生です。

P. 54

3 수업이 재미있어요? 授業が面白いですか？

3-5

1 音声を聞いて、内容に合う絵を選んでください。

(1) 케이크가 맛있어요. ケーキがおいしいです。

(2) 조금 힘들어요. 少し大変です。

3-6

2 今日は何曜日ですか？　よく聞いて書き取ってください。

(1) 오늘은 수요일이에요. 今日は水曜日です。

(2) 오늘은 금요일이에요. 今日は金曜日です。

3-7

3 音声を聞いて、内容と合っていれば○を、違っていれば×を付けてください。

女 오늘도 날씨가 좋아요.

男 네, 그런데 안나 씨, 생일이 무슨 요일이에요?

女 금요일이에요. 파티가 있어요.

男 저는 한국어 수업이 있어요.

女 수업이 매일 있어요?

男 네, 매일 있어요.

女 今日も天気がいいです。

男 はい、ところでアンナさん、誕生日は何曜日ですか？

女 金曜日です。パーティーがあります。

男 私は韓国語の授業があります。

女 授業が毎日ありますか？

男 はい、毎日あります。

P. 64

4 내일 저녁에 뭐 해요? 明日の夜、何しますか？

4-5

1 誰がいつ何をするか聞き取って、線で結んでください。

女 에릭 씨, 주말에 보통 뭐 해요?
男1 영화를 봐요. 민호 씨는 뭐 해요?
男2 지금 일해요. 일이 많아요.
女 승윤 씨는 일요일에 뭐 해요?
男3 저는 요리해요.
女 エリックさん、週末はふだん何をしますか？
男1 映画を見ます。ミノさんは何をしますか？
男2 今、仕事をしています。仕事が多いです。
女 スンユンさんは日曜日に何をしますか？
男3 私は料理します。

4-6

2 アンナさんは何をしますか？　よく聞いて順序どおりに番号を付けてください。

女 저는 보통 아침에 운동해요. 힘들어요. 그리고 밥을 먹어요. 점심에 친구를 만나요. 친구가 좋아요. 저녁에 책을 읽어요. 책이 재미있어요.
女 私はふだん、朝運動します。大変です。そしてごはんを食べます。お昼に友達に会います。友達が好きです。夕方に本を読みます。本が面白いです。

P. 74

5 도서관에 있어요 図書館にいます

5-5

1 音声を聞いて質問に答えてください。

男 지금 뭐 해요?
女 떡볶이를 먹어요.
男 맛있어요?
女 좀 매워요.
男 今、何してますか？
女 トッポッキを食べています。
男 おいしいですか？
女 ちょっと辛いです。

5-6

2 音声を聞いて、内容と合っていれば○を、違っていれば×を付けてください。

오늘은 금요일이에요. 오늘 아침에 운동해요. 그리고 밥을 먹어요. 책도 읽어요. 한국어를 공부해요. 한국어 공부는 어려워요. 하지만 재미있어요. 저녁에 마트에 가요. 마트는 커요. 아이스크림, 주스, 케이크를 사요.

今日は金曜日です。今日の朝、に運動します。そしてごはんを食べます。本も読みます。韓国語を勉強します。韓国語の勉強は難しいです。でも面白いです。夕方、マートへ行きます。マートは大きいです。アイスクリーム、ジュース、ケーキを買います。

P. 84

6 토요일에 노래방에 갈까요? 土曜日にカラオケに行きましょうか？

6-5

1 対話を聞いて質問に答えてください。

(1) 女 언제 여행을 가요?
男 7월 19일에 가요.
女 어디에 가요?
男 부산에 가요.
女 いつ旅行に行きますか？
男 7月19日に行きます。
女 どこに行きますか？
男 釜山に行きます。

(2) 女 사무실 전화번호가 뭐예요?
男 567에 2674예요.
女 네, 고마워요.
女 事務室の電話番号は何ですか（何番ですか）？
男 567の2674です。
女 はい、ありがとうございます。

(3) 女 이 가방 얼마예요?
男 38000원이에요.
女 비싸요.
女 このかばん、いくらですか？
男 38,000ウォンです。
女 高いです。

6-6

2 対話を聞いて質問に答えてください。

男 유라 씨, 우리 같이 식당에 갈까요?
女 네, 좋아요. 뭐 먹을까요?
男 피자 어때요?
女 피자는 별로예요. 냉면 어때요?
男 네, 좋아요.
男 ユラさん、一緒に食堂に行きましょうか？
女 ええ、いいですよ。何を食べましょうか？
男 ピザどうですか？
女 ピザはいまいちです。冷麺はどうですか？
男 ええ、いいですよ。

P. 94

7 공원에서 자전거도 탔어요 公園で自転車にも乗りました

7-5

1 音声を聞いて空欄に適切な語を書いてください。

(1) 男 어제 어디에 갔어요?
女 어제 친구 집에 갔어요.
男 뭐 했어요?
女 같이 공부했어요. 그리고 같이 게임을 했어요.
男 昨日、どこに行きましたか？
女 昨日、友達の家に行きました。
男 何をしましたか？
女 一緒に勉強しました。そして一緒にゲームをしました。

(2) 女 주말에 뭐 했어요?
男 빨래했어요. 그리고 친구를 만났어요.
女 어디에서 만났어요?
男 학교에서 만났어요.
女 週末、何をしましたか？
男 洗濯しました。そして友達に会いました。
女 どこで会いましたか？
男 学校で会いました。

7-6

2 ユラさんは昨日何をしましたか？ よく聞いて順番どおりに番号を付けてください。

저는 어제 도서관에 갔어요. 도서관에서 공부했어요. 그리고 안나 씨를 만났어요. 같이 차를 마셨어요. 그리고 우리는 노래방에 갔어요. 안나 씨는 한국 노래를 잘해요. 우리는 같이 노래했어요. 정말 재미있었어요.

私は昨日、図書館に行きました。図書館で勉強しました。そしてアンナさんに会いました。一緒にお茶を飲みました。そして私たちはカラオケに行きました。アンナさんは韓国の歌が上手です。私たちは一緒に歌いました。本当に面白かったです。

P. 104

8 약을 드세요 薬を飲んでください

8-5

1 ジウンさんは何をしなければなりませんか？ 音声を聞いて適切なものを選んでください。

(1) 男 지은 씨, 어디 아파요?
女 아니요, 안 아파요. 그냥 피곤해요.
男 지은 씨, 매일 운동하세요.
男 ジウンさん、どこか具合が悪いですか？
女 いいえ、具合が悪くありません。ただ疲れています。
男 ジウンさん、毎日運動してください。

(2) 男 지은 씨, 지금 전화 괜찮아요?
女 미안해요. 조금 바빠요.
男 아, 그럼 저녁에 전화하세요.
男 ジウンさん、今、電話大丈夫ですか？
女 ごめんなさい。少し忙しいです。
男 あ、それでは夜電話してください。

8-6

2 スンユンさんはどこが具合が悪いですか？ 音声をよく聞いて適切なものを選んでください。

女 승윤 씨, 어디 아파요?
男 네, 열이 나요. 콧물도 나요. 그리고 기침도 많이 해요.
女 아, 빨리 병원에 가세요.
男 네, 너무 걱정하지 마세요.
女 スンユンさん、どこか具合が悪いですか？
男 はい、熱が出ています。鼻水も出ます。そして咳もたくさん出ます。
女 あ、早く病院に行ってください。
男 はい、あまり心配しないでください。

P. 114

9 우리 밥 먹으러 갈까요? 私たち、ごはん食べに行きましょうか？

9-5

1 音声を聞いて質問に答えてください。

(1) 女 어제 뭐 했어요?
男 책을 읽었어요. 그리고 자전거를 타러 공원에 갔어요.
女 昨日、何をしましたか？
男 本を読みました。そして自転車に乗りに公園に行きました。

(2) 女 내일 시간이 있어요? 제 친구가 우리 학교로 놀러 와요. 같이 만날까요?
男 네, 좋아요. 어디로 갈까요?
女 明日、時間がありますか？ 私の友達がうちの学校へ遊びに来ます。一緒に会いましょうか？
男 ええ、いいですよ。どこへ行きましょうか？

9-6

2 ここはどこですか？　音声をよく聞いて適切なものを選んでください。

(1) 저는 어제 파마를 하러 여기에 갔어요. 머리도 자르고 파마도 했어요. 기분이 좋았어요.

私は昨日、パーマをかけにここに行きました。髪も切ってパーマもかけました。気分がよかったです。

(2) 우리 집은 독일에 있어요. 멀어요. 그래서 저는 오늘 여기에 가요. 집으로 택배를 보내러 가요. 그리고 여기에서 편지도 보내요.

私の家はドイツにあります。遠いです。だから私は今日ここに行きます。家に宅配を送りに行きます。そしてここで手紙も送ります。

P. 124

10 냉면 한 그릇 주세요 冷麺を1杯下さい

10-5

1 男性は何を買いましたか？　音声を聞いて適切なものを選んでください。

(1) 女 뭘 드릴까요?

男 커피 하나 주세요. 그리고 빵도 한 개 주세요.

女 何を差し上げましょうか（何になさいますか）？

男 コーヒー1つ下さい。それからパンも1個下さい。

(2) 女 뭘 드릴까요?

男 저 구두 주세요. 그런데 운동화도 있어요?

女 아니요, 없어요.

女 何を差し上げましょうか（何になさいますか）？

男 あの革靴、下さい。ところで、運動靴もありますか？

女 いいえ、ありません。

10-6

2 音声を聞いて、内容と合うものを選んでください。

男 여보세요? 유라 씨, 제가 어제 전화했어요. 왜 안 받았어요?

女 어제 몇 시에 전화했어요?

男 8시에 전화했어요.

女 미안해요. 어제 8시에 요리했어요. 바빴어요.

男 もしもし。ユラさん、私、昨日電話しました。なぜ出なかったのですか？

女 昨日、何時に電話しましたか？

男 8時に電話しました。

女 ごめんなさい。昨日8時に料理していました。忙しかったです。

P. 138

11 시장을 구경할 거예요 市場を見物するつもりです

11-5

1 音声を聞いて、内容と合っていれば○を、違っていれば×を付けてください。

(1) 女 승윤 씨, 저녁에 뭐 먹을까요?

男 불고기 어때요?

女 불고기가 좋아요? 그럼 불고기 먹으러 가요.

女 スンユンさん、夕食に何を食べましょうか？

男 プルコギどうですか？

女 プルコギがいいですか？　それではプルコギを食べに行きましょう。

(2) 男 지은 씨, 내일 뭐 할까요?

女 동물원을 구경하러 가요.

男 그럼 동물원 옆 놀이공원도 가요.

女 그래요. 놀이공원도 좋아요.

男 ジウンさん、明日何をしましょうか？

女 動物園を見物しに行きましょう。

男 それでは動物園の隣の遊園地にも行きましょう。

女 そうですね。遊園地もいいです。

11-6

2 女性は何をする予定ですか？　音声をよく聞いて適切なものを選んでください。

男 토요일에 뭐 할 거예요?

女 집에 있을 거예요. 왜요?

男 그럼 저하고 같이 영화를 보러 가요.

女 네, 좋아요. 무슨 영화를 볼 거예요?

男 코미디 영화를 봐요. 우리 몇 시에 만날까요?

女 오후에 만날까요? 숙제가 많아요. 그래서 오전에 숙제를 할 거예요.

男 좋아요. 저도 오전에 운동할 거예요. 그럼 4시에 극장 앞에서 만나요.

男 土曜日に何しますか？

女 家にいるつもりです。なぜですか？

男 それでは私と一緒に映画を見に行きましょう。

女 ええ、いいですよ。何の映画を見ますか？

男 コメディー映画を見ましょう。私たち、何時に会いましょうか？

女 午後に会いましょうか？ 宿題が多いです。だから午前中に宿題をするつもりです。
男 いいですよ。私も午前中に運動するつもりです。それでは4時に劇場（映画館）の前で会いましょう。

P. 148

12 언제부터 기다렸어요? いつから待っていましたか？

12-6

1 音声を聞いて質問に答えてください。

(1) 男 내일부터 휴가예요. 우리 놀러 갈까요?
女 네, 좋아요. 휴가는 언제까지예요?
男 목요일까지예요.
男 明日から休暇です。私たち、遊びに行きましょうか？
女 ええ、いいですよ。休暇はいつまでですか？
男 木曜日までです。

(2) 男 안나 씨, 오후에 뭐 할 거예요?
女 도서관에 갈 거예요. 왜요?
男 우리 같이 영화 보러 가요.
女 미안해요. 내일부터 시험이 있어요.
男 アンナさん、午後、何をしますか？
女 図書館に行くつもりです。
男 私たち、一緒に映画を見に行きましょう。
女 ごめんなさい。明日から試験があります。

12-7

2 ユンスさん、ジノさんはどれでしょう？ 音声を聞いて当てはまる番号を書いてください。

女 이 사람은 누구예요?
男 제 동생 윤수예요. 키도 크고 멋있고 성격도 활발해요.
女 이 사람은요?
男 제 친구 진호예요. 눈이 커요. 키는 좀 작아요. 잘 웃어요.
女 この人は誰ですか？
男 私の弟のユンスです。背も高くてカッコよくて性格も活発です。
女 この人は？
男 私の友達のジノです。目が大きいです。背は少し小さいです。よく笑います。

P. 158

13 저도 여행 가고 싶어요 私も旅行に行きたいです

13-5

1 音声を聞いて質問に答えてください。

男 여행 가고 싶어요.
女 어디로 가고 싶어요?
男 산에 가고 싶어요. 등산을 하고 싶어요.
女 등산은 힘들어요. 저는 바다에 가고 싶어요.
男 그래요? 그럼 같이 바다로 가요.
男 旅行に行きたいです。
女 どこへ行きたいですか？
男 山に行きたいです。登山をしたいです。
女 登山は大変です。私は海に行きたいです。
男 そうですか？ それでは一緒に海へ行きましょう。

13-6

2 音声を聞いて、内容と合っていれば○を、違っていれば×を付けてください。

女 민호 씨, 많이 피곤해요?
男 네. 지난주부터 일이 많아요.
女 힘들면 여행은 다음에 가요.
男 아니에요. 괜찮아요. 저도 바다를 구경하고 푹 쉬고 싶어요.
女 ミノさん、とても疲れていますか？
男 はい。先週から仕事が多いです。
女 大変なら旅行は次に行きましょう。
男 いいえ。大丈夫です。私も海を見てしっかり休みたいです。

P. 168

14 매일 운동해야 돼요 毎日運動しなければなりません

14-5

1 音声を聞いて女性ができることを選んでください。

(1) 男 바이올린을 켜요?
女 아니요, 못 켜요. 저는 피아노를 쳐요. 학교에서 배웠어요.
男 그래요? 안 어려워요?
男 バイオリンを弾きますか？
女 いいえ。弾けません。私はピアノを弾きます。学校で習いました。
男 そうなんですか？ 難しくないですか？

(2) 男 테니스를 배우고 싶어요. 저는 테니스를 못 쳐요.
女 저는 조금 쳐요. 작년부터 배웠어요. 같이 배울까요?
男 네, 좋아요. 같이 연습해요.
男 テニスを習いたいです。私はテニスができません。

女 私は少し（テニスを）します。去年から習っています。一緒に習いますか？
男 ええ、いいですよ。一緒に練習しましょう。

14-6

2 音声を聞いて、内容と合っていれば○を、違っていれば×を付けてください。

저는 농구를 좋아해요. 하지만 잘 못해요. 매일 연습해야 돼요. 그래서 매일 저녁 6시부터 7시까지 친구하고 같이 연습해요. 힘들어요. 하지만 재미있어요.

私はバスケットボールが好きです。でもうまくできません。毎日練習しなければなりません。だから毎日夕方6時から7時まで、友達と一緒に練習しています。大変です。でも面白いです。

P. 178

15 비가 오네요 雨が降っていますね

15-5

1 天気はどうですか？　音声を聞いて適切な絵を選んでください。

(1) 女 오늘은 날씨가 춥네요.
男 어, 눈이 오네요. 빨리 집에 가요.
女 今日は寒いですね。
男 お、雪が降っていますね。早く家に帰りましょう。

(2) 男 지금 비가 와요?
女 아니요, 안 와요. 조금 흐려요.
男 今、雨が降っていますか？
女 いいえ、降っていません。少し曇っています。

(3) 男 날씨가 좋네요.
女 네, 비도 안 오고 날씨가 맑아요.
男 그럼 저랑 같이 커피 마시러 가요.
男 天気がいいですね。
女 ええ、雨も降っていないし晴れています。
男 それでは私と一緒にコーヒーを飲みに行きましょう。

15-6

2 音声を聞いて、キャサリンさんが今日する事柄と合っていれば○を、違っていれば×を付けてください。

오늘은 날씨가 좋아요. 저는 오늘 제 친구 수언 씨랑 유라 씨를 만날 거예요. 우리는 밥을 먹으러 식당에 갈 거예요. 밥을 먹고 영화를 볼 거예요. 영화관에서 팝콘도 먹을 거예요.

今日は天気がいいです。私は今日、私の友達のスオンさんとユラさんに会います。私たちはごはんを食べに食堂に行くつもりです。ごはんを食べて映画を見るつもりです。映画館でポップコーンも食べます。

P. 188

16 도와줘서 고마워요 手伝ってくれてありがとうございます

16-5

1 音声を聞いて、男性の返答として適切なものを選んでください。

(1) 女 시험 잘 봤어요?
男 아니요, 잘 못 봤어요.
女 다음에는 더 열심히 공부하세요.
女 試験はよくできましたか？
男 いいえ、よくできませんでした。
女 次はもっと一生懸命勉強してください。

(2) 女 내일 동물원에 갈 거예요.
男 그래요? 저도 가고 싶어요.
女 좋아요. 같이 가요. 10시에 지하철역 앞에서 만나요. 늦지 마세요.
女 明日、動物園に行くつもりです。
男 そうですか？　私も行きたいです。
女 いいですよ。一緒に行きましょう。10時に地下鉄の駅の前で会いましょう。遅れないでください。

16-6

2 音声を聞いて質問に答えてください。

男 저 다음 주에 이사를 해요.
女 어디로 이사를 해요?
男 회사 근처로 이사를 가요. 회사가 멀어서 힘들었어요.
女 시간이 괜찮으면 제가 도와줄게요.
男 고마워요.
男 私、来週引っ越します。
女 どこへ引っ越しますか？
男 会社の近くに引っ越します。会社が遠くて大変でした。
女 時間が大丈夫なら（都合が合えば）私が手伝いますよ。
男 ありがとうございます。

P. 198

17 윤오 씨를 소개해 주세요 ユノさんを紹介してください

17-5

1 音声を聞いて、女性がする行動として適切なものを選んでください。

(1) 女 여보세요? 에릭 씨, 오늘 숙제가 뭐예요?
男 숙제는 없지만 단어 시험이 있어요.
女 그래요? 몇 과부터 공부해야 돼요?
男 6과부터 10과까지예요. 같이 공부해요. 우리 집으로 와 주세요.
女 네, 좋아요.
女 もしもし。エリックさん、今日の宿題は何ですか？
男 宿題はありませんが、単語試験があります。
女 そうですか？　何課から勉強しなければなりませんか？
男 6 課から 10 課までです。一緒に勉強しましょう。私の家に来てください。
女 ええ、いいですよ。

(2) 女 자, 여러분.
男 네, 선생님.
女 한국어로 말해야 돼요. 많이 연습하세요.
男 선생님, 이 문법이 어려워요. 가르쳐 주세요.
女 네, 다시 설명할게요.
女 さあ、皆さん。
男 はい、先生。
女 韓国語で話さなくていけません。たくさん練習してください。
男 先生、この文法が難しいです。教えてください。
女 はい、もう一度説明します。

17-6

2 音声を聞いて、内容と合っていれば○を、違っていれば×を付けてください。

오늘 시험을 봤어요. 열심히 공부했지만 시험을 잘 못 봤어요. 기분이 안 좋아서 친구하고 같이 게임을 했어요. 게임을 했지만 기분이 안 좋았어요. 이제 더 열심히 공부할 거예요.

今日、試験を受けました。一生懸命勉強しましたが、試験はよくできませんでした。気分がよくなくて友達と一緒にゲームをしました。ゲームをしましたが、気分が悪かったです。これからもっと一生懸命勉強します。

P. 208

18 만나서 선물을 줄 거예요 会ってプレゼントをあげるつもりです

18-5

1 音声を聞いて、内容と合っていれば○を、違っていれば×を付けてください。

(1) 男 유라 씨, 오늘 약속이 있어요?
女 아니요, 오늘은 약속이 없어요.
男 친구들하고 노래방에 갈 거예요. 시간 괜찮아요?
女 네, 좋아요. 저는 노래 부를 때 제일 기분이 좋아요.
男 ユラさん、今日約束がありますか？
女 いいえ、今日は約束がありません。
男 友達とカラオケに行くつもりです。時間、大丈夫ですか？
女 ええ、いいですよ。私は歌を歌っているときが一番気分がいいです。

(2) 女 민호 씨, 오늘 모임에 올 거예요?
男 미안하지만 오늘은 약속이 있어요.
女 그래요? 오늘 모임에 지은 씨도 올 거예요.
男 그럼 친구를 만나고 모임에 갈게요. 모임에 갈 때 전화할게요.
女 ミノさん、今日、集まりに来ますか？
男 すみませんが、今日は約束があります。
女 そうですか？　今日の集まりにジウンさんも来ますよ。
男 それでは友達に会ってから集まりに行きます。集まりに行くときに電話しますね。

18-6

2 女性は今日何をしますか？　適切なものをすべて選んでください。

오늘은 제 생일이에요. 약속이 있어요. 안나 씨를 만날 거예요. 아침에 일어나서 샤워하고 화장을 했어요. 안나 씨하고 사진도 찍고 영화도 볼 거예요. 저는 사진을 찍을 때 기분이 좋아요. 안나 씨가 있어서 너무 좋아요.

今日は私の誕生日です。約束があります。アンナさんに会う予定です。朝起きてシャワーして（浴びて）、お化粧をしました。アンナさんと写真も撮って映画も見るつもりです。私は写真を撮るとき気分がいいです。アンナさんがいてとてもうれしいです。

P. 218

19 여기가 광화문역이지요? ここが光化門駅ですよね？

19-5

1 音声を聞いて、女性の返答として適切なものを選んでください。

(1) 女 오늘 수업이 없지요?
男 네, 그래서 집에서 쉴 거예요.
女 수업이 없으면 저랑 명동에 쇼핑하러 가요.
男 명동에 어떻게 가요?
女 今日、授業ないですよね？
男 ええ、だから家で休むつもりです。
女 授業がないなら私と明洞にショッピングしに行きましょう。
男 明洞にどうやって行きますか？

(2) 男 이번 주말에 여행을 가지요? 어디로 가요?
女 부산에 갈 거예요.
男 부산에 어떻게 가요?
男 今週末、旅行に行きますよね？　どこへ行きますか？
女 釜山に行きます。
男 釜山にどうやって行きますか？

19-6

2 音声を聞いて、内容と合っていれば○を、違っていれば×を付けてください。

女 여보세요? 에릭 씨, 지금 어디예요?
男 지금 지하철역에 도착했어요. 안나 씨는 어디예요?
女 저는 지금 여의도예요. 택시를 탔어요.
男 네. 빨리 오세요.
女 빨리 갈게요. 조금 기다려 주세요. 미안해요.
女 もしもし。エリックさん、今どこですか？
男 今、地下鉄の駅に着きました。アンナさんはどこですか？
女 私は今、汝矣島です。タクシーに乗りました。
男 はい。早く来てください。
女 早く行きますね。少し待ってください。ごめんなさい。

P. 228

20 운전 면허증을 따려고요 運転免許証を取ろうと思います

20-5

1 音声を聞いて適切な絵を選んでください。

女 이게 뭐예요?
男 김밥을 만들었어요. 같이 먹으려고요. 두 시간 동안 만들었어요.
女 정말요? 고마워요. 잘 먹을게요.
女 これ何ですか？
男 キンパ（のり巻き）を作りました。一緒に食べようと思いまして。2時間（かけて）作りました。
女 本当ですか？　ありがとうございます。いただきます。

20-6

2 音声を聞いて質問に答えてください。

오늘 운전 면허증을 땄어요. 두 달 동안 운전을 열심히 배웠어요. 운전은 어렵지만 재미있어요. 면허증을 따서 기분이 정말 좋아요. 내일 친구하고 바다로 놀러 갈 거예요. 제가 운전할 거예요.

今日、運転免許証を取得しました。2カ月間、運転を一生懸命習いました。運転は難しいですが面白いです。免許証を取得して気分が本当にいいです。明日、友達と海へ遊びに行くつもりです。私が運転します。

答えと訳

ハングル 子音・母音

1 母音 ①_P.15

1 (1) ㅏ (2) ㅡ (3) ㅗ (4) ㅜ

2 子音 ①_P.16

1 (1) 그 (2) 스 (3) 느 (4) 므

3 母音 ②_P.17

1 (1) 야 (2) 여 (3) 유 (4) 요
(5) 와 (6) 위

4 子音 ②_P.18

1 (1) 르 (2) 브 (3) 드 (4) 즈

5 母音 ③_P.19

1 (1) 얘 (2) 의 (3) 에 (4) 외

6 子音 ③_P.20

1 (1) 크 (2) 브 (3) 트 (4) 츠

7 子音 ④_P.21

1 (1) 그 (2) 쁘 (3) 뜨 (4) 즈

8 パッチム_P.24

1 (1) 발 (2) 밑 (3) 상 (4) 옷

1 저는 학생이에요 私は学生です

語彙 P. 28~29

1 (1) 선생님 先生 (2) 회사원 会社員
(3) 프랑스 フランス

2 (1) 베트남 ベトナム (2) 미국 アメリカ
(3) 독일 ドイツ (4) 한국 韓国

文法 P. 30~31

1ユラ：こんにちは。私はイ・ユラです。
エリック：こんにちは。私はエリックです。

2ユラ：エリックさんはアメリカ人ですか？
エリック：はい、私はアメリカ人です。

3スンユン：こんにちは。私はキム・スンユンです。韓国人です。
アンナ：こんにちは。私はアンナです。ドイツ人です。

4スンユン：アンナさんは学生ですか？
アンナ：はい、私は学生です。

1 (1) 안녕하세요? 저는 리에예요. 저는 일본 사람이에요.
こんにちは。私はりえです。私は日本人です。
(2) 안녕하세요? 저는 캐서린이에요.
こんにちは。私はキャサリンです。
저는 호주 사람이에요.
私はオーストラリア人です。
(3)안녕하세요? 저는 박지은이에요. 저는 선생님이에요.
こんにちは。私はパク・ジウンです。私は先生です。
(4) 안녕하세요? 저는 이유라예요. 저는 회사원이에요.
こんにちは。私はイ・ユラです。私は会社員です。

1アンナ：スンユンさんは日本人ですか？
スンユン：いいえ、私は日本人ではありません。韓国人です。

2スンユン：ジウンさんは学生ですか？
ジウン：私は学生ではありません。私は韓国語の先生です。

3ジウン：スンユンさんは会社員ですか？
スンユン：いいえ。私は会社員ではありません。私は学生です。

4ジウン：ミノさん！
スンユン：私はミノではありません。私はスンユンです。
ジウン：あ、ごめんなさい。

2 (1) 저는 선생님이 아니에요
私は先生ではありません
(2) 리나 씨는 회사원이 아니에요
リナさんは会社員ではありません
(3) 민호 씨는 선생님이 아니에요
ミノさんは先生ではありません
(4) 에릭 씨는 독일 사람이 아니에요
エリックさんはドイツ人ではありません

スピーキング練習 P. 32~33

1 ジウン：こんにちは。私はパク・ジウンです。
ミノ：こんにちは。私はイ・ミノです。
ジウン：ミノさんは学生ですか？
ミノ:はい、私は学生です。ジウンさんは学生ですか？
ジウン：いいえ、私は学生ではありません。私は先生です。

(1) 학생이에요 / 학생이에요 / 학생이 아니에요 / 선생님이에요

(2) × / ×

2 ㊎ エリックA：こんにちは。私はエリックです。
アンナB：こんにちは。私はアンナです。
エリックA：アンナさんは会社員ですか？
アンナB：私は会社員ではありません。学生です。

(1) A 안녕하세요? 저는 이유라예요.
こんにちは。私はイ・ユラです。
B 안녕하세요? 저는 쑤언이에요.
こんにちは。私はスオンです。
A 쑤언 씨는 인도네시아 사람이에요?
スオンさんはインドネシア人ですか？
B 저는 인도네시아 사람이 아니에요. 베트남 사람이에요.
私はインドネシア人ではありません。ベトナム人です。

(2) A 안녕하세요? 저는 김승윤이에요.
こんにちは。私はキム・スンユンです。
B 안녕하세요? 저는 얀토예요.
こんにちは。私はヤントです。
A 얀토 씨는 선생님이에요?
ヤントさんは先生ですか？
B 저는 선생님이 아니에요. 학생이에요.
私は先生ではありません。学生です。

3 ㊎ A 名前は何ですか？
B スオンです。
A スオンさんは日本人ですか？
B いいえ。日本人ではありません。ベトナム人です。

<解答は省略>

やってみよう P. 34~35

1 ㊎アメリカ人 1. 프랑스 フランス 2. 한국 韓国 3. 선생님 先生 4. 회사원 会社員 5. 독일 ドイツ 6. 일본 日本 7. 인도네시아 インドネシア ※順序不問

2 (1) 회사원 会社員 (2) 한국 韓国 (3) 학생 学生 (4) 독일 ドイツ (5) 학생 学生

3 こんにちは。私はキム・スンユンです。私は日本人ではありません。韓国人です。私は会社員ではありません。学生です。

(1) 한국 韓国
(2) 학생 学生

4 (1) ㊎ こんにちは。私はエリックです。アメリカ人です。私はフランス人ではありません。私は会社員です。

① 안녕하세요? 저는 쑤언이에요. 베트남 사람이에요. 저는 프랑스 사람이 아니에요. 저는 선생님이에요.
こんにちは。私はスオンです。ベトナム人です。私はフランス人ではありません。私は先生です。

② 안녕하세요? 저는 윌리엄이에요. 영국 사람이에요. 저는 프랑스 사람이 아니에요. 저는 학생이에요.
こんにちは。私はウィリアムです。イギリス人です。私はフランス人ではありません。私は学生です。

③ 안녕하세요? 저는 루이스예요. 브라질 사람이에요. 저는 프랑스 사람이 아니에요. 저는 회사원이에요.
こんにちは。私はルイスです。ブラジル人です。私はフランス人ではありません。私は会社員です。

(2) こんにちは。私は________________

<解答は省略>

理解度チェック P. 36

2 A こんにちは。私はアンナです。私は学生です。
B こんにちは。私はスオンです。私はベトナム人です。インドネシア人ではありません。

학생이에요 / 인도네시아 사람이 아니에요

2 그 사람은 제 동생이에요 その人は私の弟（妹）です

語彙 P. 38~39

1 (1) 엄마 お母さん (2) 오빠 お兄さん

2 (1) 텔레비전 テレビ (2) 책 本 (3) 신문 新聞

文法 P. 40~41

①ユラ：この本は何ですか？
スンユン：日本語の本です。

②ユラ：これはスンユンさんの本ですか？
スンユン：いいえ、友達の本です。

③ユラ：この人は誰ですか？ スンユンさんの妹ですか？
スンユン：いいえ、姉です。

④ユラ：あの人は誰ですか？
スンユン：あの人は日本の歌手です。

1 ㊎ A この人は誰ですか？
B お父さんです。

(1) A 이 사람은 누구예요? この人は誰ですか？
B 쑤언 씨예요. スオンさんです。
(2) A 저거는 뭐예요? あれは何ですか？
B 시계예요. 時計です。
(3) A 그 책은 누구 책이에요? その本は誰の本ですか？
B 에릭 씨 책이에요. エリックさんの本です。

1ユラ：スンユンさん、ここはどこですか？
スンユン：タイです。
2ユラ：ここはどこですか？
スンユン：江陵です。
3ユラ：あそこはどこですか？
スンユン：汝矣島です。
4ユラ：そこはどこですか？
スンユン：ここはドイツです。

2 (1) ここはベトナムです。(○)
(2) そこは先生です。(×)
(3) あそこはインドネシアです。(○)
(4) ここは母です。(×)

スピーキング練習 P. 42~43

ミノ：ここは釜山です。
ユラ：わあ！　この人は誰ですか？
ミノ：うちの兄です。うちの兄は韓国語の先生です。
ユラ：では、この人は誰ですか？
ミノ：その人は私の弟（妹）です。

1 (1) 이 사람은 / 그 사람은
(2) ミノさんのお兄さんは韓国語の先生です。(○)
ユラさんはお姉さんです。(×)

2 例 スンユン A アンナさん、この人は誰ですか？
アンナ B うちの姉です。
スンユン A ここはどこですか？
アンナ B ベルリンです。

(1) A 안나 씨, 저 사람은 누구예요? アンナさん、あの人は誰ですか？
B 제 동생이에요. 私の弟（妹）です。
A 거기는 어디예요? そこはどこですか？
B 서울이에요. ソウルです。
(2) A 안나 씨, 그 사람은 누구예요? アンナさん、その人は誰ですか？
B 우리 엄마예요. うちの母です。
A 여기는 어디예요? ここはどこですか？
B 프랑스예요. フランスです。

3 例 ここはアメリカです。ニューヨークです。ここは私の故郷です。
(1) 여기는 프랑스예요. 파리예요. ここはフランスです。パリです。
여기는 다니엘 씨 고향이에요. ここはダニエルさんの故郷です。
(2) 이 사람은 우리 언니예요. この人はうちの姉です。
우리 언니는 학생이에요. うちの姉は学生です。
(3) 저 책은(저거는) 한국어 책이에요. あの本は（あれは）韓国語の本です。
저거는(저 책은) 제 책이에요. あれは（あの本は）私の本です。

やってみよう P. 44~45

1 (1) ユラさんの友達はドイツ人です。(×)
(2) ここは釜山です。(○)
(3) 女性の弟（妹）は会社員です。(×)

2 私はアンナです。私はドイツ人です。私は学生です。私の故郷はベルリンです。ここは私の故郷です。ここは私の故郷の家です。
(1) 독일 ドイツ　(2) 학생 学生
(3) 독일 베를린 ベルリン

3 例 この人はチェ・ジヘさんです。私の友達です。チェ・ジヘさんは中国人ではありません。韓国人です。
チェ・ジヘさんは学生です。
ここは日本ではありません。中国です。

理解度チェック P. 46

2 A エリックさん、これは何ですか？
B 私の韓国語の本です。
A この人は誰ですか？　エリックさんのお兄さんですか？
B いいえ、私の弟です。
제 한국어 책이에요 / 제 동생이에요

3 수업이 재미있어요? 授業が面白いですか？

語彙 P. 48~49

1 (1) 책상 机　(2) 침대 ベッド　(3) 가방 かばん
2 어제 昨日 / 내일 明日 / 주말 週末

文法 P. 50~51

1ミノ：天気がいいですか？
スンユン：はい、天気がいいです。
2ミノ：この本、面白いですか？
スンユン：はい、面白いです。
3スンユン：ここにジュースがあります。
ミノ：ありがとうございます。ジュースがおいしいです。
4スンユン：ミノさん、大丈夫ですか？
ミノ：はい、大丈夫です。ちょっと大変です。

1 (1) 날씨가 좋아요. 天気がいいです。
날씨가 좋아요? 天気がいいですか？
(2) 케이크가 맛있어요. ケーキがおいしいです。
케이크가 맛있어요? ケーキがおいしいですか？
(3) 이 책이 재미없어요. この本が面白くないです。
이 책이 재미없어요? この本が面白くないですか？
(4) 그 주스가 맛없어요. そのジュースがまずいです。
그 주스가 맛없어요? そのジュースがまずいですか？

1ユラ：スンユンさん、お兄さんがいますか？
スンユン：はい、弟（妹）もいます。この人は私の弟（妹）です。
2ユラ：スンユンさんのお兄さんも学生ですか？
スンユン：はい、学生です。弟（妹）も学生です。
3ユラ：この人は誰ですか？
スンユン：私の友達です。アメリカ人です。この友達もアメリカ人です。
4ユラ：私の友達もアメリカ人です。
スンユン：そうですか？

2 例 私は会社員です。うちの姉も会社員です。
(1) 저는 학생이에요. 제 동생도 학생이에요.
私は学生です。私の弟（妹）も学生です。
(2) 저는 미국 사람이에요. 에릭 씨도 미국 사람이에요.
私はアメリカ人です。エリックさんもアメリカ人です。
(3) 이 연필은 좋아요. 저 연필도 좋아요.
この鉛筆はいいです。あの鉛筆もいいです。
(4) 이 책은 재미있어요. 그 책도 재미있어요.
この本は面白いです。その本も面白いです。

スピーキング練習 P. 52~53

ジウン：今日は何曜日ですか？
ミノ：月曜日です。今日はドイツ語の授業があります。
ジウン：ドイツ語の授業が面白いですか？
ミノ：はい。そして友達も多いです。

1 (1) 있어요 / 재미있어요 / 친구도
(2) ミノさんは今日ドイツ語の授業があります。（○）
ジウンさんはドイツ語の授業が面白いです。（×）

2 例 スンユン A これもミノさんのボールペンですか？
ミノ B はい、私のボールペンです。
スンユン A このボールペンがいいですか？
ミノ B はい、いいです。
(1) A 이것도 주스예요? これもジュースですか？
B 네, 주스예요. はい、ジュースです。
A 주스가 맛있어요? ジュースがおいしいですか？
B 네, 맛있어요. はい、おいしいです。
(2) A 저것도 만화책이에요? あれもマンガ本ですか？
B 네, 만화책이에요. はい、マンガ本です。
A 저 책이 재미있어요? あの本が面白いですか？
B 네, 재미있어요. はい、面白いです。

3 例 私のカバンです。ボールペンがあります。このボールペンはいいです。韓国語の本もあります。韓国語の本は面白いです。眼鏡もあります。マンガ本はありません。

やってみよう P. 54~55

1 (1) ①　(2) ②

2 (1) 수요일 水曜日　(2) 금요일 金曜日

3 (1) 今日は天気がいいです。（○）
(2) アンナさんの誕生日が木曜日です。（×）
(3) 金曜日にパーティーがあります。（○）
(4) 韓国語の授業は毎日あります。（○）

4 今日は土曜日です。天気がいいです。気分もいいです。日曜日はキャサリンさんの誕生日です。キャサリンさんはオーストラリア人です。私たちは友達です。
(1) 토요일 土曜日　(2) 호주 オーストラリア

5 例 今日は金曜日です。今日は韓国語の授業があります。明日も韓国語の授業があります。韓国語の授業が面白いです。私は韓国語の授業が好きです。
(1) ① 오늘은 일요일이에요. 오늘 파티가 있어요. 내일도 파티가 있어요. 파티가 재미있어요. 저는 파티가 좋아요.
今日は日曜日です。今日パーティーがあります。明日もパーティーがあります。パーティーが面白いです。私はパーティが好きです。

② 오늘은 화요일이에요. 오늘 아르바이트가 있어요. 내일도 아르바이트가 있어요. 아르바이트가 재미있어요. 저는 아르바이트가 좋아요.

今日は火曜日です。今日アルバイトがあります。明日もアルバイトがあります。アルバイトが面白いです。私はアルバイトが好きです。

(2) <解答は省略>

理解度チェック P. 56

2 A このケーキどうですか？
B ケーキが本当においしいです。
A この本はどうですか？
B 面白いです。あの本も面白いです。

맛있어요 / 재미있어요 / 재미있어요

4 내일 저녁에 뭐 해요? 明日の夜、何しますか？

語彙 P. 58~59

1 (1) 요리하다 料理する　(2) 영화를 보다 映画を見る
(3) 노래하다 歌う

2 (1) 공부하다 勉強する　(2) 일하다 仕事する
(3) 일어나다 起きる

文法 P. 60~61

1 スンユン：ジウンさん、今、何していますか？
ジウン：映画を見ています。
2 ジウン：スンユンさんは何していますか？
スンユン：私は本を読んでいます。
3 スンユン：ジウンさん、明日、何しますか？
ジウン：勉強します。明日試験があります。
4 ジウン：スンユンさん、明日、何しますか？
スンユン：私も勉強します。そして友達に会います。

1 (1) 자요 寝ます　(2) 책을 읽어요 本を読みます
(3) 세수해요 洗顔します　(4) 운동해요 運動します

1 ミノ：ユラさん、今日の夜、何しますか？
ユラ：友達に会います。
2 ミノ：週末にたいてい何しますか？
ユラ：運動します。
3 ミノ：私も週末に運動します。
ユラ：そうですか？　私は週末に本も読みます。
4 ユラ：ミノさんはいつ本を読みます。
ミノ：私はたいてい、夜、本を読みます。

2 例 A 週末、何しますか？ B 掃除をします。

(1) A 밤에 뭐 해요? 夜、何しますか？
B 영화를 봐요. 映画を見ます。
(2) A 아침에 뭐 해요? 朝、何しますか？
B 밥을 먹어요. ごはんを食べます。
(3) A 금요일에 뭐 해요? 金曜日に何しますか？
B 친구를 만나요. 友達に会います。
(4) A 토요일에 뭐 해요? 土曜日に何しますか？
B 한국어를 공부해요. 韓国語を勉強します。

スピーキング練習 P. 62~63

1 ミノ：ユラさん、最近忙しいですか？
ユラ：はい、忙しいです。
ミノ：明日の夜、何しますか？
ユラ：明日も仕事します。大変です。ミノさんは何しますか？
ミノ：私はアンナさんに会います。

(1) 저녁에 / 일해요 / 만나요
(2) ユラさんは忙しいです。(○)
ミノさんは明日仕事します (×)

2 例 スンユン A いつエリックさんに会いますか？
ユラ B 今日の夜、会います。
スンユン A 週末、何しますか？
ユラ B 週末もエリックさんに会います。

(1) A 언제 청소해요? いつ掃除しますか？
B 아침에 청소해요. 朝、掃除します。
A 금요일에 뭐 해요? 金曜日に何しますか？
B 금요일에도 청소해요. 金曜日にも掃除します。
(2) A 언제 한국어를 공부해요? いつ韓国語を勉強しますか？
B 매일 공부해요. 毎日勉強します。
A 일요일에 뭐 해요? 日曜日に何しますか？
B 일요일에도 한국어를 공부해요. 日曜日にも韓国語を勉強します。

3 <解答は省略>

やってみよう P. 64~65

1 (1) 에릭 씨 エリックさん - 주말 週末 - ③
(2) 민호 씨 ミノさん - 지금 今 - ②
(3) 승윤 씨 スンユンさん - 일요일 日曜日 - ①

2 (3)、(1)、(2)、(4)

3 今日は金曜日です。天気がいいです。今日のお昼にユラさんに会いました。ユラさんが韓国の食べ物を作ります。その食べ物を一緒に食べます。食べ物がとてもおいしいです。

(1) 오늘 점심 今日のお昼

(2) 한국 음식 韓国の食べ物

4 (1) 例 今日は金曜日です。夜、タイの食べ物を作ります。タイの食べ物がおいしいです。

① 오늘은 토요일이에요. 오후에 한국 노래를 배워요. 한국 노래가 좋아요.
今日は土曜日です。午後、韓国の歌を習います。韓国の歌が好きです。

② 오늘은 일요일이에요. 아침에 태권도를 해요. 태권도가 재미있어요.
今日は日曜日です。朝、テコンドーをします。テコンドーが面白いです。

(2) <解答は省略>

理解度チェック P. 66

2 A いつスンユンさんに会いますか？
B 今日の午後、スンユンさんに会います。ミノさんは今日、何しますか？
A 勉強します。試験があります。

오후에 / 만나요 / 공부해요

5 도서관에 있어요 図書館にいます

語彙 P. 68~69

1 (1) 쉽다 易しい (2) 춥다 寒い (3) 작다 小さい (4) 무겁다 重い

2 (1) 맵다 辛い (2) 마시다 飲む (3) 많다 多い

文法 P. 70~71

1ミノ：ユラさん、どこに行きますか？
ユラ：マートへ行きます。

2ユラ：ジウンさんはどこにいますか？
ミノ：学校にいます。

3ユラ：もしもし。ジウンさん、ドイツ語の本はどこにありますか？
ジウン：ドイツ語の本は私のかばんにあります。

4ユラ：いつ家に来ますか（帰りますか）？
ジウン：今家に行きます（帰ります）。

1 例 A 今、どこに行きますか？ B 図書館に行きます。

(1) A 지금 어디에 가요? 今、どこに行きますか？
B 학교에 가요. 学校に行きます。

(2) A 지금 어디에 가요? 今、どこに行きますか？
B 식당에 가요. 食堂に行きます。

(3) A 지금 어디에 있어요? 今、どこにいますか？
B 마트에 있어요. マートにいます。

(4) A 지금 어디에 있어요? 今、どこにいますか？
B 친구 집에 있어요. 友達の家にいます。

1スンユン：暑いです。私は家に帰ります。ジウンさんも家に行きますか（帰りますか）？
ジウン：はい、私も家に行きます（帰ります）。

2スンユン：ジウンさんの家は近いですか？
ジウン：いいえ、ちょっと遠いです。

3ジウン：そのかばんが本当にかわいいです。
スンユン：ありがとうござます。私もこのかばんが好きです。

4ジウン：かばんに本が多いです（たくさんあります）。そのかばん、重いですか？
スンユン：いいえ、軽いです。

2 (1) A 날씨가 어때요? 天気はどうですか？
B 추워요. 寒いです。

(2) A 떡볶이가 어때요? トッポッキはどうですか？
B 매워요. 辛いです。

(3) A 이 영화가 어때요? この映画はどうですか？
B 무서워요. 怖いです。

(4) A 저 인형이 어때요? あの人形はどうですか？
B 귀여워요. かわいいです。

スピーキング練習 P. 72~73

1 ミノ：もしもし。スンユンさん、今どこですか？
スンユン：図書館にいます。
ミノ：試験がありますか？
スンユン：はい、来週試験があります。試験がちょっと難しいです。
ミノ：私は今、食堂に行きます。一緒に行きましょう。

(1) 도서관에 / 어려워요 / 식당에

(2) スンユンさんは食堂にいます。(×)
ミノさんは来週試験を受けます。(×)

2 (1) A 지금 어디에 가요? 今どこに行きますか？
B 집에 가요. 家に行きます（帰ります）。
A 뭐 해요? 何しますか？
B 책을 읽어요. 책이 좀 쉬워요.
本を読みます。本がちょっと易しいです。
(2) A 지금 어디에 가요? 今どこに行きますか？
B 학교에 가요. 学校に行きます。
A 뭐 해요? 何しますか？
B 영어를 공부해요. 영어 공부가 어려워요.
英語を勉強します。英語の勉強が難しいです。

3 ［カードに書かれた単語］青色：かばん、図書館、本、天気、授業　赤色：②難しい、易しい、遠い、近い、寒い、暑い、大きい、小さい

やってみよう P. 74~75

1 (1) 女性は今何をしますか？
떡볶이를 먹어요. トッポッキを食べます。
(2) トッポッキはどうですか？
좀 매워요. ちょっと辛いです。

2 (1) 今日の朝、マートに行きます。(×)
(2) 韓国語の勉強は難しいです。(○)
(3) アイスクリーム、ジュース、ケーキを買います。(○)

3 今日は土曜日です。寒いです。明日、試験があります。試験は難しいです。だから図書館に行きます。図書館に本が多いです。勉強します。そして食堂に行きます。ごはんを食べます。そして家に行きます（帰ります）。
(1) 날씨가 추워요 寒いです
(2) 시험이 어려워요 試験は難しいです

4 ［各マスに書かれた単語］始め▶家／行く、エリックさん／本／読む、アンナさん／図書館／行く、テコンドー／習う、気分／良い、トッポッキ／辛い、英語／易しい、月曜日／韓国語／勉強する、週末／友達／会う、アイスクリーム／おいしい、パーティー／行く、弟（妹）／かわいい、キャサリンさん／どこ／いる、ユラさん／今／料理する、今日／天気／暑い▶到着

理解度チェック P. 76

2 A ジウンさん、いつマートに行きますか？
B 今、マートに行きます。
A マートは遠いですか？
B いいえ、マートは近いです。
마트에 / 가까워요

6 토요일에 노래방에 갈까요? 土曜日にカラオケに行きましょうか？

語彙 P. 78~79

1 (1) 삼 / 오　(2) 유 / 십이　(3) 시 / 삼십
2 (1) 이백 2百　(2) 사천 4千　(3) 삼만 3万

文法 P. 80~81

①スンユン：ユラさん、週末一緒に映画を見ましょうか？
ユラ：ええ、いいですよ。
②スンユン：ユラさん、どんな映画を見ましょうか？
ユラ：この映画どうですか？
スンユン：ええ、いいですよ。
③スンユン：ユラさん、ジュース飲みますか？
ユラ：いいえ。けっこうです。
④スンユン：トッポッキ食べますか？
ユラ：トッポッキはちょっと辛いです。冷麺を食べましょうか？
スンユン：ええ、いいですよ。

1 (1) A 주말에 같이 집을 청소할까요?
週末、一緒に家を掃除しましょうか？
B 네, 좋아요. ええ、いいですよ。
(2) A 주말에 같이 음식을 만들까요?
週末、一緒に食べ物を作りましょうか？
B 네, 좋아요. ええ、いいですよ。
(3) A 주말에 같이 태권도를 배울까요?
週末、一緒にテコンドーを習いましょうか？
B 네, 좋아요. ええ、いいですよ。
(4) A 주말에 같이 안나 씨를 만날까요?
週末、一緒にアンナさんに会いましょうか？
B 네, 좋아요. ええ、いいですよ。

①スンユン：今日は何月何日ですか？
ユラ：10月21日です。
②スンユン：エリックさんの誕生日はいつですか？
ユラ：25日、水曜日です。
③スンユン：このかばん、いくらですか？
店員：85,000ウォンです。
スンユン：ちょっと高いです。
④スンユン：トイレはどこですか？
店員：2階にあります。

2 (1) 구월 삼십 일 9月31日　(2) 팔 층 8階
(3) 오천 육백 원 5,600ウォン

スピーキング練習 P. 82~83

1 ミノ：ジウンさん、私たち土曜日にカラオケに行きましょうか？
ジウン：9月17日ですか？　いいですよ。昼食も一緒に食べましょうか？
ミノ：ええ、いいですよ。ところで、ジウンさんの電話番号はどうなっていますか（何番ですか）？
ジウン：010-2345-3789です。

(1) 갈까요 / 십칠 / 먹을까요
(2) ミノさん、ジウンさんは、土曜日に映画を見ます。(×)
ミノさん、ジウンさんは、土曜日に一緒に昼食を食べます。(○)

2 例 スンユンA ジウンさん、今何していますか？
ジウンB 日本語を勉強しています。でも、難しいです。
スンユンA では一緒に勉強しましょうか？
ジウンB いいですよ。一緒にしましょう。

(1) A 지은 씨, 지금 뭐 해요?
ジウンさん、今何していますか？
B 청소해요. 그런데 힘들어요.
掃除しています。でも大変です。
A 그럼 같이 청소할까요?
では一緒に掃除しましょうか？
B 좋아요. 같이 해요.
いいですよ。一緒にしましょう。

(2) A 지은 씨, 지금 뭐 해요?
ジウンさん、今何していますか？
B 숙제해요. 그런데 어려워요.
宿題しています。でも難しいです。
A 그럼 같이 숙제할까요?
では一緒に宿題しましょうか？
B 좋아요. 같이 해요.
いいですよ。一緒にしましょう。

3 例 誕生日はいつですか？／電話番号は何（何番）ですか？
＜解答は省略＞

やってみよう P. 84~85

1 (1) 男性はいつ旅行に行きますか？
7월 19일(칠월 십구 일) 7月19日
(2) 事務室の電話番号は何（何番）ですか？
567 - 2674(오육칠에 이육칠사)
(3) かばんはいくらですか？
38000원(삼만 팔천 원) 38,000ウォン

2 (1) 女性と男性はどこに行きますか？
식당 食堂
(2) 女性と男性は何を食べますか？
냉면 冷麺

3 一緒に韓国語を勉強しましょうか？
こんにちは。私はアンナです。ドイツ人です。私は韓国語を勉強しています。韓国語の勉強が面白いです。一緒に勉強しましょうか？　私の電話番号は010-9898-××××です。

(1) 한국어　(2) 재미있어요
(3) 解答例：<예시> 안나 씨, 우리 같이 공부해요.
アンナさん、私たち一緒に勉強しましょう。

4 ＜解答は省略＞

理解度チェック P. 86

2 A 夜、キャサリンさんの家に行きましょうか？
B なぜですか？　何かありましたか？
A キャサリンさんの誕生日です。
B キャサリンさんの誕生日は今日ではないです。4月16日です。

갈까요 / 사월 십육 일

7 공원에서 자전거도 탔어요 公園で自転車にも乗りました

語彙 P. 88~89

1 (1) ×(쉬어요 (○)) 休みます　(2) ○ 洗濯します
(3) ○ケーキを作ります

2 (1) 설거지를 하다 皿洗いをする
(2) 산책하다 散歩する
(3) 쇼핑하다 ショッピングする

文法 P. 86~87

1 スンユン：水曜日に何しましたか？
ジウン：友達に会いました。一緒にカラオケに行きました。
2 ジウン：スンユンさんは何しましたか？

スンユン：私は映画を見ました。映画が面白かったです。

③スンユン：ジウンさん、夕食よく食べました（ごちそうさまでした）。本当においしかったです。ありがとうございます。

ジウン：いいえ。私もよく食べました。

④スンユン：ジウンさん、皿洗い全部しました（終わりました）。

ジウン：ありがとうございます。私も掃除全部しました（終わりました）。

1 ㊀ A 昨日何しましたか？
B 友達に会いました。面白かったです。

(1) A 어제 뭐 했어요? 昨日、何しましたか？
B 요리했어요 . 힘들었어요 .
料理しました。大変でした。

(2) A 어제 뭐 했어요? 昨日、何しましたか？
B 운동했어요. 날씨가 좋았어요.
運動しました。天気が良かったです。

(3) A 어제 뭐 했어요? 昨日、何しましたか？
B 책을 읽었어요. 책이 재미있었어요.
本を読みました。本が面白かったです。

(4) A 어제 뭐 했어요? 昨日、何しましたか？
B 아르바이트를 했어요. 일이 많았어요.
アルバイトをしました。仕事が多かったです。

①ユラ：ミノさん、週末しっかり休みましたか？

ミノ：はい、家で休みました。ユラさんもしっかり休みましたか？

ユラ：はい、私は家で本を読みました。

②ユラ：何しましょうか？　あの食堂でごはんを食べましょうか？

ミノ：ええ、いいですよ。行きましょう。

③ユラ：ミノさんは、金曜日に普段何していますか？

ミノ：学校で勉強しています。

④ミノ：ユラさんは金曜日に何しますか？

ユラ：家でテレビを見ます。

2 ㊀ A 午前中､何しましたか？ B 家で宿題しました。

(1) A 아침에 뭐 했어요? 朝、何しましたか？
B 집에서 공부했어요. 家で勉強しました。

(2) A 오후에 뭐 했어요? 午後、何しましたか？
B 제 방에서 게임을 했어요.
自分の部屋でゲームをしました。

(3) A 주말에 뭐 했어요? 週末、何しましたか？
B 친구 집에서 영화를 봤어요.
友達の家で映画を見ました。

(4) A 어제 저녁에 뭐 했어요?
昨日の夜、何をしましたか？
B 노래방에서 노래했어요.
カラオケで歌いました。

スピーキング練習

P. 92~93

1 ジウン：旅行、面白かったですか？
ミノ：はい、面白かったです。
ジウン：釜山で何しましたか？
ミノ：友達に会いました。そして公園で自転車にも乗りました。

(1) 재미있었어요 / 했어요 / 만났어요 / 탔어요

(2) ミノさんは釜山で旅行をしました。(○)
ミノさんは家で自転車に乗りました。(×)

2 ㊀ スンユン A ジウンさん、今何してますか？
ジウン B 日本語を勉強しています。でも、難しいです。
スンユン A では、一緒に勉強しましょうか？
ジウン B いいですよ。一緒にしましょう。

(1) A 어제 저녁에 어디에 갔어요?
昨日の夜、どこに行きましたか？
B 친구 집에 갔어요. 友達の家に行きました。
A 친구 집에서 뭐 했어요?
友達の家で何しましたか？
B 케이크를 만들었어요. 맛있었어요.
ケーキを作りました。おいしかったです。

(2) A 화요일에 어디에 갔어요?
火曜日、どこに行きましたか？
B 공원에 갔어요. 公園に行きました。
A 공원에서 뭐 했어요? 公園で何しましたか？
B 운동했어요. 좀 힘들었어요.
運動しました。ちょっと大変でした。

3 ㊀ 朝8時に起きました。ごはんを食べました。おいしかったです。昼に友達に会いました。一緒に百貨店で服を買いました。面白かったです。夕方家に帰りました。家で休みました。夜、本を読みました。本が少し難しかったです。

＜解答は省略＞

やってみよう
P. 94~95

1 (1)・女性はどこに行きましたか？
友達の家
・女性は何をしましたか？
一緒に勉強しました。一緒にゲームをしました。

(2)・男性は週末、何をしましたか？
洗濯しました。友達に会いました。
・男性はどこで友達に会いましたか？
学校で会いました。

(1) 친구 집 / 공부, 게임 (2) 빨래, 친구 / 학교

2 (4), (2), (3), (1)

3 私は最近、韓国料理を習っています。韓国料理は面白いです。しかし、難しいです。10月31日に、うちに友達が来ました。それで、私が韓国料理を準備しました。一緒にごはんを食べました。おいしかったです。

(1) 한국 요리 韓国料理
(2) 10월 31일(시월 삼십일 일)에 왔어요
10月31日に来ました
(3) 같이 밥을 먹었어요 一緒にごはんを食べました

4 (1) ここで何をしましたか？
(2) いつしましたか？
(3) 気分はどうでしたか？
<解答は省略>

理解度チェック
P. 96

2 A エリックさん、ごはん食べましたか？ 一緒にごはんを食べましょうか？
B ごめんなさい。ごはんを食べました。
A そうですか？ では、明日の昼食を一緒に食べましょうか？
B いいですよ。明日、あの食堂で会いましょう。

먹었어요 / 저 식당에서

8 약을 드세요 薬を飲んでください

語彙
P. 98~99

1 (1) 기침이 나다 咳が出る
(2) 배가 아프다 おなかが痛い
(3) 콧물이 나다 鼻水が出る

2 (1) ②薬を飲む (2) ①熱が出る (3) ④風邪をひく
(4) ③ のどが痛い

文法
P. 100~101

1ミノ：ユラさん、どこか具合が悪いですか？ 顔がどうしてそうなんですか？（顔色が悪いですよ：顔色や表情などから具合を尋ねるときの表現）
ユラ：おなかがとても痛いです。
ミノ：早く病院へ行ってください。

2ユラ：先生、おなかがとても痛いです。
医者：この薬を飲んでください。そして家で休んでください。

3ミノ：もしもし。ユラさん、ちょっと（具合は）どうですか？ 今も痛いですか？
ユラ：今は大丈夫です。ありがとうございます。心配しないでください。

4ミノ：週末、映画「愛」、見ましょうか？
ユラ：私はその映画を見ました。面白くないです。見ないでください。

1 일어나다 起きる
• 일어나세요. / 일어나지 마세요.
요리하다 料理する
• 요리하세요. / 요리하지 마세요.
공부하다 勉強する
• 공부하세요. / 공부하지 마세요.
이야기하다 話す
• 이야기하세요. / 이야기하지 마세요.
책을 읽다 本を読む
• 책을 읽으세요. / 책을 읽지 마세요.
집에 가다 家に行く（帰る）
• 집에 가세요. / 집에 가지 마세요.
물을 사다 水を買う
• 물을 사세요. / 물을 사지 마세요.
밥을 먹다 ごはんを食べる
• 밥을 드세요. / 밥을 드시지 마세요.

1スンユン：ミノさん、最近忙しいですか？
ミノ：いいえ、忙しくないです。

2ミノ：スンユンさん、昼食、食べましたか？
スンユン：いいえ、食べていません。
ミノ：一緒に食べましょうか？

3ミノ：スンユンさんは肉を食べませんか？
スンユン：いいえ、食べます。

④スンユン：ミノさん、宿題しましたか？
ミノ：いいえ、宿題していません。
スンユン：早くしてください。

2 ㊫ A 最近忙しいですか？ B いいえ、忙しくないです。

(1) A 지금 힘들어요? 今、大変ですか？
B 아니요, 안 힘들어요.
いいえ、大変ではありません。

(2) A 오늘 날씨가 좋아요?
今日、天気がいいですか？
B 아니요, 안 좋아요. いいえ、よくありません。

(3) A 매일 운동해요? 毎日運動しますか？
B 아니요, 운동 안 해요. いいえ、運動しません。

(4) A 어제 영화를 봤어요?
昨日、映画を見ましたか？
B 아니요, 안 봤어요. いいえ、見ませんでした。

スピーキング練習 P. 102~103

1 ジウン：先生、のどがとても痛いです。
医者：咳は出ませんか？
ジウン：せきもたくさん出ます。
医者：風邪をひきました。家でしっかり休んでください。お酒は飲まないでください。そして薬を飲んでください。

(1) 안 나요 / 쉬세요 / 마시지 마세요
(2) ジウンさんは咳が出ます。(○)
ジウンさんはお酒を飲みました。(×)

2 ㊫ スンユン A 明日パーティーをします。
ユラ B ええ、知っています。
スンユン A パーティーに来ますか？
ユラ B いいえ、行きません。ちょっと忙しいです。
スンユン A どうしてですか？　ぜひ来てください。

(1) A 내일 모임이 있어요. 明日、集まりがあります。
B 네, 알아요. ええ、知っています。
A 모임에 가요? 集まりに行きますか？
B 아니요, 안 가요. 좀 바빠요.
いいえ、行きません。ちょっと忙しいです。
A 왜요? 꼭 가세요.
どうしてですか？　ぜひ行ってください。

(2) A 내일 학교에 가수가 와요.
明日、学校に歌手が来ます。
B 네, 알아요. ええ、知っています。
A 학교에 와요? 学校に来ますか？
B 아니요, 안 가요. 좀 바빠요.
いいえ、行きません。ちょっと忙しいです。
A 왜요? 꼭 오세요.
どうしてですか？　ぜひ来てください。

3 (1)

물	을	갈
마	시	푹
권	세	요
숙	평	미

(2)

자	프	타
전	아	세
거	콧	요
를	물	격

(3)

많	노	알
집	래	윤
하	지	오
마	세	요

(4)

섭	업	비
연	습	하
상	실	세
학	교	요

(5)

이	야	기
병	하	감
침	지	원
마	세	요

물을 마시세요 水を飲んでください / 자전거를 타세요 自転車に乗ってください / 노래하지 마세요 歌わないでください / 연습하세요 練習してください / 이야기 하지 마세요 話さないでください /

やってみよう P. 104~105

1 (1) ②　(2) ①

2 ①、③、⑤

3 アンナ：今日の夕食、何食べましょうか？
ミノ：肉を食べましょうか？
アンナ：キャサリンさんが肉を食べません。
ミノ：では、韓国の食べ物（韓国料理）を食べましょうか？
アンナ：ええ、いいですよ。

(1) (캐서린 씨는 고기를) 안 먹어요
（キャサリンさんは肉を）食べません
(2) 한국 음식을 먹어요
韓国の食べ物（韓国料理）を食べます

4 ㊫ 風邪をひきました。のどがとても痛いです。
お茶をたくさん飲んでください。

(1) 仕事が多いです。ストレスが多いです。
(2) 私は最近、頭がとても痛いです。
<解答は省略>

理解度チェック P. 106

2 A エリックさん、この映画見ましょうか？
B その映画、つまらないです。見ないでください。
A そうですか？　では、あの映画はどうですか？
私はあの映画を見ていません。

B 私も見ていません。あの映画を見ましょうか？

보지 마세요 / 안 봤어요

9 우리 밥 먹으러 갈까요? 私たち、ごはん食べに行きましょうか？

語彙 P. 108~109

1 (1) 은행 銀行　(2) 영화관 映画館
(3) 편의점 コンビニ、コンビニエンスストア

2 (1) ②コーヒーを飲む　(2) ①髪を切る
(3) ④お金をおろす　(4) ③宅配を送る

文法 P. 110~111

1ミノ：ユラさん、ここはどこですか？
ユラ：アメリカです。去年、友達に会いにアメリカに行きました。

2ユラ：私のアメリカの友達が、韓国語を習いに韓国に来ました。
ミノ：そうですか？　私もアメリカに友達がいます。

3ユラ：ミノさんは家に行きますか（帰りますか）？
ミノ：いいえ、服を買いに百貨店に行きます。

4ミノ：ユラさんはどこに行きますか？
ユラ：私は郵便局に手紙を送りに行きます。

1 例 A ミノさん、どこに行きますか？
B 勉強しに図書館に行きます。

(1) A 민호 씨, 어디에 가요?
ミノさん、どこに行きますか？
B 저금하러 은행에 가요.
貯金しに銀行に行きます。

(2) A 민호 씨, 어디에 가요?
ミノさん、どこに行きますか？
B 파마하러 미용실에 가요.
パーマしに（かけに）美容室に行きます。

(3) A 민호 씨, 어디에 가요?
ミノさん、どこに行きますか？
B 택배를 보내러 우체국에 가요.
宅配を送りに郵便局に行きます。

(4) A 민호 씨, 어디에 가요?
ミノさん、どこに行きますか？
B 커피를 마시러 커피숍에 가요.
コーヒーを飲みにコーヒーショップに行きます。

1ジウン：散歩しに行きましょうか？
スンユン：いいですよ。どこへ行きましょうか？

2ジウン：汝矣島どうですか？
スンユン：いいですよ。でも、汝矣島はちょっと混雑しています。ソウルの森公園へ行きましょう。

3ジウン：スンユンさん、こちらへ来てください。ここ、本当にいいです。
スンユン：はい、行きます。

4ジウン：今日は本当に面白かったです。スンユンさんは家に行きますか（帰りますか）？
スンユン：はい。ジウンさんも家に行きますか（帰りますか）？
ジウン：はい。スンユンさん、さようなら。

2 例 A ジウンさん、どこへ行きますか？
B 釜山へ行きます。

(1) A 지은 씨, 어디로 가요?
ジウンさん、どこへ行きますか？
B 4층으로 가요.
4階へ行きます。

(2) A 지은 씨, 어디로 가요?
ジウンさん、どこへ行きますか？
B 회사로 가요.
会社へ行きます。

(3) A 지은 씨, 어디로 가요?
ジウンさん、どこへ行きますか？
B 여기로 와요. ここへ来てください。

(4) A 지은 씨, 어디로 가요?
ジウンさん、どこへ行きますか？
B 영화관 앞으로 와요.
映画館の前に来てください。

スピーキング練習 P. 112~113

1 ミノ：ユラさん、私がちょっと遅れました。ごめんなさい。
ユラ：大丈夫です。私たち、ごはん食べに行きましょうか？
ミノ：はい、キムチチゲどうですか？
ユラ：いいですよ。では会社の前の食堂へ行きましょう。ところでスンユンさんは来ませんか？
ミノ：ちょっと待ってください。もしもし。スンユンさん、私たち会社の前の食堂へ行きます。そこ

へ来てください。

(1) 먹으러 / 식당으로 / 거기로

(2) ユラさんは遅れました（×）

スンユンさんは来ていませんでした（○）

2 例 ミノA 私たち、映画見に行きましょうか？

ジウンB ええ、いいですよ。どこへ行きましょうか？

ミノA 銀行の横に映画館があります。そこへ行きましょうか？

ジウンB はい。そこへ行きましょう。

(1) A 우리 커피를 마시러 갈까요?

私たち、コーヒー飲みに行きましょうか？

B 네, 좋아요. 어디로 갈까요?

ええ、いいですよ。どこへ行きましょうか？

A 회사 근처에 커피숍이 있어요. 거기로 갈까요?

会社の近所にコーヒーショップがあります。そこへ行きましょうか？

B 네. 거기로 가요.

はい。そこへ行きましょう。

(2) A 우리 모자를 사러 갈까요?

私たち、帽子を買いに行きましょうか？

B 네, 좋아요. 어디로 갈까요?

ええ、いいですよ。どこへ行きましょうか？

A 우체국 뒤에 백화점이 있어요. 거기로 갈까요?

郵便局の裏に百貨店があります。そこへ行きましょうか？

B 네. 거기로 가요.

はい。そこへ行きましょう。

3 例 (週末に／水曜日に／明日) 忙しいですか？

(週末に／水曜日に／明日) 何しますか？

(週末に／水曜日に／明日) 会いましょうか？

↓

何しましょうか？

～しましょうか？

↓

いつ会いましょうか？

どこで会いましょうか？

↓

一緒に～しに行きましょう。

やってみよう P. 114~115

1 (1) 男性は昨日どこに行きましたか？

공원 公園

なぜ行きましたか？

자전거를 타러 갔어요 自転車に乗りに行きました。

(2) 女性の友達はどこに来ますか？

학교 学校

なぜ来ますか？

놀러 와요 遊びに来ます。

2 (1) ② (2) ①

3 私は昨日、友達に会いました。映画を見に映画館に行きました。映画が面白かったです。そして、ご飯を食べに食堂へ行きました。

(1) 저는 어제 배가 아팠어요. 약을 사러 약국에 갔어요. 약을 먹었어요. 그리고 친구를 만나러 커피숍으로 갔어요.

私は昨日、おなかが痛かったです。薬を買いに薬局に行きました。薬を飲みました。そして、友達に会いにコーヒーショップへ行きました。

(2) 저는 어제 쇼핑했어요. 운동화를 사러 백화점에 갔어요. 운동화를 샀어요. 그리고 돈을 찾으러 은행에 갔어요.

私は昨日、ショッピングしました。運動靴を買いに百貨店に行きました。運動靴を買いました。そして、お金をおろしに銀行に行きました。

4 <解答は省略>

理解度チェック P. 116

2 A 明日、髪を切りに美容室に行きます。

B そうですか？ 私も一緒に行きます。

A ええ、では 12 時にコンビニの前へ来てください。そこで会いましょう。

머리를 자르러 / 편의점 앞으로

10 냉면 한 그릇 주세요 冷麺を1杯下さい

語彙 P. 118~119

1 (1) 운동화 運動靴 (2) 티셔츠 Tシャツ

(3) 배추 白菜

2 (1) 네 시 4時 (2) 여덟 시 8時 (3) 열두 시 12時

文法 P. 120~121

1 ジウン：あのスカート、いくらですか？

店主：30,000 ウォンです。

ジウン：あれ下さい。

②ジウン：あの帽子がかわいいです。あの帽子、下さい。
ユラ：私も1つ下さい。
③ジウン：大変です。私たち何かちょっと食べましょうか？
ユラ：ええ、いいですよ。
すみません、メニュー表下さい。
④ジウン：ここのプルコギ、本当においしいです。
ユラ：ええ。でもキムチがないです。
すみません、キムチもう少し下さい。

1 ㊞ A 何を差し上げましょうか（何になさいますか）？
B すいか1つ下さい。

(1) A 뭘 드릴까요? 何になさいますか？
B 귤 주세요. みかん下さい。
(2) A 뭘 드릴까요? 何になさいますか？
B 저 구두 주세요. あの靴下さい。
(3) A 뭘 드릴까요? 何になさいますか？
B 이 바지 주세요. このズボン下さい。
(4) A 뭘 드릴까요? 何になさいますか？
B 이거 하나 주세요. これ一つ下さい。

①ジウン：すいか1ついくらですか？
店主：25,000ウォンです
②ジウン：なしはいくらですか？
店主：1個千ウォンです。
ジウン：なし10個下さい。
③ジウン：今日、授業は何時ですか？
ミノ：2時にあります。
④ジウン：今、何時ですか？
ミノ：1時50分です。早く行きましょう。

2 (1) 일 시 → 한 시 今日、1時に会いましょう。
(2) 열하나 시 → 열한 시 授業が11時にあります。
(3) 셋 마리 → 세 마리 うちに子犬3匹がいます。
(4) 넷 명 → 네 명
うちのクラスにアメリカの友達が4人います。

スピーキング練習

P. 122~123

1 店主：いらっしゃいませ。こちらへお座りください。
ミノ：冷麺1杯いくらですか？
店主：6,000ウォンです。
ミノ：1杯下さい。それから、ぎょうざも下さい。

(1) 한 그릇 / 한 그릇 주세요 / 주세요
(2) 冷麺1杯は6,000ウォンです。(○)
ミノさんは冷麺を食べません。(×)

2 ㊞ ユラ A おじさん、りんごありますか？
店主 B はい。こちらへ来てください（こちらへどうぞ）。
ユラ A りんご1個いくらですか？
店主 B 1個1,000ウォンです。
ユラ A 5個下さい。

(1) A 아저씨, 생선 있어요?
おじさん、魚ありますか？
B 네. 이쪽으로 오세요. はい。こちらへどうぞ。
A 생선 한 마리에 얼마예요?
魚1尾いくらですか？
B 한 마리에 2500원이에요.
1尾2,500ウォンです。
A 세 마리 주세요. 3尾下さい。
(2) A 아저씨, 오이 있어요?
おじさん、きゅうりありますか？
B 네. 이쪽으로 오세요. はい。こちらへどうぞ。
A 오이 하나에 얼마예요?
きゅうり1つ（1本）いくらですか？
B 하나에 700원이에요. 1つ700ウォンです。
A 네 개 주세요. 4個（本）下さい。

3 ㊞ コーヒーショップ／コーヒー1杯 4,500ウォン／ジュース1杯5,000ウォン／ケーキ1個5,500ウォン

やってみよう

P. 124~125

1 (1) ② (2) ①

2 ② 女性は昨日8時に忙しかったです。

3 韓国の会社は普通9時に仕事を始めます。そして6時に終わります。一日に8時間程度仕事します。1週間に1、2回会議をします。そして土曜日、日曜日には仕事をしません。

(1) 아홉 시 9時
(2) 토요일, 일요일에 (회사에) 안 가요
土曜日、日曜日に（会社に）行きません。

4 ㊞ 私は毎日、朝7時に起きます。7時にごはんを食べます。9時に会社に行きます。会社で仕事します。夕方6時に仕事が終わります。そして家に帰ります。家でドラマを見ます。私は普通夜10時半に

寝ます。

<解答は省略>

理解度チェック P. 126

2 A すみません。なし 2 個下さい。
B はい、ここにあります（どうぞ）。
A それからすいかも 1 つ下さい。

두 개 주세요 / 하나 주세요

復習 1 P. 128~130

スンユン：ユラさん、来ましたよ。
ユラ：スンユンさん、来ましたか？　今日、ミノさんは来ませんか？
スンユン：来ます。今、何時ですか？
ユラ：3 時です。
スンユン：ミノさんをちょっと待ちましょうか？
ユラ：はい。
スンユン：ところで、ユラさん疲れていますか？
ユラ：ええ、疲れています。会社で仕事が多かったです。でも大丈夫です。
ミノ：ユラさん、スンユンさん。ごめんなさい。ちょっと遅れました。
スンユン：ミノさん、来ましたか？
ユラ：私たち、これから景福宮に入りましょうか？
ミノ：ここが景福宮ですか？　私はここに初めて来ました。
スンユン：この門は光化門です。景福宮の門です。
ミノ：まずチケットを買いましょう。チケットはいくらですか？
ユラ：3,000 ウォンです。私がチケットを買いました。
ミノ：ありがとうございます、ユラさん。
ユラ：では、入りましょう。
ミノ：ユラさん、かばん重くないですか？　かばん下さい。
ユラ：大丈夫です。ありがとうございます。
スンユン：天気がいいです。
ミノ：ええ。だから景福宮に人が多いです。
ユラ：スンユンさん、ミノさん、こちらへ来てください。ここ、ちょっと見てください。
スンユン：うわ、景福宮に動物がいます。
ユラ：あそこにもいます。
ミノ：1 頭ではないですか？　何頭いますか？
ユラ：4 頭います。
ミノ：本当にかわいいです。
スンユン：景福宮が本当に大きいです。
ミノ：はい。ちょっと大変です。
ユラ：では私たち、あそこで少し休みましょう。
スンユン：今日、どうでしたか？
ユラ：本当によかったです。私は景福宮が好きです。
ミノ：面白かったです。でも、おなかがすきました。私たち、ごはん食べに行きましょう。
スンユン：ええ。景福宮の隣に食堂があります。その食堂へ行きましょう。
ユラ：スンユンさん、ミノさん。景福宮は夜も開いています。夜にまた景福宮を見に来ましょうか？
スンユン：いいですよ。
ミノ：私もいいですよ。

1 今、何時ですか？
3시예요. 3時です。

2 ユラさんは今日、気分がどうですか？
피곤해요. 하지만 괜찮아요.
疲れています。でも大丈夫です。

3 景福宮のチケットはいくらですか？
3000원(삼천 원)이에요. 3,000ウォンです。

4 ユラさん、スンユンさん、ミノさんは、景福宮で何を見ましたか？
동물을 봤어요. 動物を見ました。

5 ユラさん、スンユンさん、ミノさんは、ごはんを食べにどこへ行きますか？
경복궁 옆 식당으로 가요.
景福宮の隣の食堂へ行きます。

11 시장을 구경할 거예요 市場を見物するつもりです

語彙 P. 132~133

1 (1) ○ 地下鉄に乗ります。
(2) ×（팔아요(○)）服を売ります。
(3) ×（박물관에서(○)）博物館で降ります。
(4) ○ 動物園を見物します。

2 (1) 왼쪽 左側　(2) 오른쪽 右側
(3) 극장 劇場、映画館　(4) 동물원 動物園

文法 P. 134~135

1ユラ：昨日友達と動物園に行きました。
スンユン：動物園はどこにありますか？
ユラ：果川（クァチョン）にあります。

2ユラ：スンユンさんは何をしましたか？
スンユン：私は弟（妹）とショッピングしました。百貨店で帽子と靴を買いました。

3ジウン：私はアンナさんと一緒にカラオケに行きました。アンナさんが韓国の歌をしました（歌いました）。
スンユン：次は私と一緒に行きましょう。

4ミノ：私もジウンさんとアンナさんと一緒にカラオケに行きました。本当に面白かったです。
ユラ：次は、私たちみんな一緒に行きましょう。

1 A 金曜日に何しましたか？
B 友達と一緒に映画を見ました。

(1) A 금요일에 뭐 했어요? 金曜日に何しましたか？
B 언니하고 같이 숙제를 했어요.
姉と一緒に宿題をしました。

(2) A 금요일에 뭐 했어요? 金曜日に何しましたか？
B 승윤 씨하고 이야기를 했어요.
スンユンさんと話をしました。

(3) A 금요일에 뭐 했어요? 金曜日に何しましたか？
B 안나 씨하고 같이 공원에 갔어요.
アンナさんと一緒に公園に行きました。

(4) A 금요일에 뭐 했어요? 金曜日に何しましたか？
B 쑤언 씨하고 캐서린 씨하고 극장에 갔어요.
スオンさんとキャサリンさんと劇場に行きました。

1スンユン：ジウンさん、明日何する予定ですか？
ジウン：友達と三清洞（サムチョンドン）に行くつもりです。

2ジウン：スンユンさんは何する予定ですか？
スンユン：私は図書館で勉強するつもりです。試験があります。

3ジウン：試験、終わりましたか？
スンユン：いいえ、終わっていません。だから今日も図書館に行くつもりです。

4ジウン：私と一緒に行きましょう。私は図書館で本を読むつもりです。
スンユン：ええ、一緒に行きましょう。

2 例 A 週末、何する予定ですか？
B 姉と旅行に行くつもりです。

(1) A 주말에 뭐 할 거예요?
週末、何する予定ですか？
B 백화점에서 쇼핑할 거예요.
百貨店でショッピングするつもりです。

(2) A 주말에 뭐 할 거예요?
週末、何する予定ですか？
B 카페에서 차를 마실 거예요.
カフェでお茶を飲むつもりです。

(3) A 주말에 뭐 할 거예요?
週末、何する予定ですか？
B 물건을 사러 마트에 갈 거예요.
物を買いに（買い物しに）マートに行くつもりです。

(4) A 주말에 뭐 할 거예요?
週末、何する予定ですか？
B 친구하고 케이크를 만들 거예요.
友達とケーキを作るつもりです。

スピーキング練習 P. 136~137

1 スンユン：週末、何しましたか？
ユラ：友達と一緒に公園に行きました。スンユンさんは？
スンユン：私は家にいました。とても暇でした。今週末、何する予定ですか？
ユラ：エリックさんに会うつもりです。市場を見物するつもりです。一緒に行きましょう。
スンユン：ええ、いいですよ。

(1) 친구하고 / 할 거예요 / 만날 거예요 / 구경할 거예요
(2) ユラさんは公園でエリックさんに会いました。(×)
スンユンさんは今週末、家にいるつもりです。(×)

2 例 ユラ A 金曜日、何をする予定ですか？
スンユン B 友達に会うつもりです。ユラさんは？
ユラ A 私は友達と服を買いに行くつもりです。

(1) A 오늘 오후에 뭐 할 거예요?
金曜日、何をする予定ですか？
B 편지를 보내러 우체국에 갈 거예요. 유라 씨는요?
手紙を送りに郵便局に行くつもりです。ユラさんは？
A 저는 안나 씨 한국어 공부를 도와줄 거예요.
私はアンナさんの韓国語の勉強を手伝うつもり

です。

(2) A 내일 뭐 할 거예요? 明日、何する予定ですか？
B 동생하고 자전거를 탈 거예요. 유라 씨는요?
弟(妹)と自転車に乗るつもりです。ユラさんは？
A 저는 머리를 자르러 미용실에 갈 거예요.
私は髪を切りに美容室に行くつもりです。

3 例 私は学校の休みにヤントさんとリエさんと一緒に博物館に行く予定です。博物館を見物するつもりです。

＜解答は省略＞

やってみよう P. 138~139

1 (1) スンユンさんはプルコギを食べるつもりです。(○)
(2) ジウンさんは博物館に行くつもりです。(×)

2 (1) ① 土曜日の午前に…
(2) ② 土曜日の午後に…

3 ここはショッピングモールです。ショッピングモールを見物します。そして服とかばんを買います。このショッピングモールの左側に劇場もあります。友達と一緒によく行きます。明日も友達と一緒にショッピングモールに行くつもりです。本当にいい(楽しい)です。
(1) 옷하고 가방을 사요 服とかばんを買います
(2) 쇼핑몰 왼쪽에 있어요
ショッピングモールの左側にあります。

4 例 私は韓国の食べ物（韓国料理）が好きです。韓国料理を習いに韓国に来ました。今週末、ビビンバを作りに行く予定です。友達と一緒に作るつもりです。私はビビンバが好きです。ビビンバは本当においしいです。

(1) 저는 한국 노래를 좋아해요. 한국 노래를 배우러 한국에 왔어요. 이번 주말에 노래방에서 노래할 거예요. 동생하고 같이 노래할 거예요. 저는 한국 가수를 좋아해요. 한국 가수는 정말 노래를 잘해요.
私は韓国の歌が好きです。韓国の歌を習いに韓国に来ました。今週末、カラオケで歌うつもりです。弟（妹）と一緒に歌うつもりです。私は韓国の歌手が好きです。韓国の歌手は本当に歌がうまいです。

(2) 저는 한국 문화를 좋아해요. 한국 문화를 보러 한국에 왔어요. 이번 주말에 경복궁을 구경할 거예요. 가족하고 같이 갈 거예요. 저는 경복궁을 좋아해요. 한국 문화는 정말 재미있어요.
私は韓国文化が好きです。韓国文化を見に韓国に来ました。今週末、景福宮を見物する予定です。家族と一緒に行くつもりです。私は景福宮が好きです。韓国文化は本当に面白いです。

5 例 月曜日の午後、郵便局に行くつもりです。木曜日にジウンさんと一緒にマートに行くつもりです。

＜解答は省略＞

理解度チェック P. 140

2 A キャサリンさん、明日何する予定ですか？
B 南大門市場に行くつもりです。
A 私と一緒に行きましょう。私もショッピングするつもりです。

할 거예요 / 저하고

12 언제부터 기다렸어요? いつから待っていましたか？

語彙 P. 142~143

1 머리 (어깨) 무릎 발 무릎 발
머리 (어깨) 무릎 발 무릎 발
머리 (어깨) 발 무릎 발
머리 (어깨) 무릎 (귀) 코 (귀)
머리 頭／어깨 肩／무릎 膝／발 足／귀 耳／코 鼻

2 (1) 웃다 笑う（よく笑う）
(2) 울다 泣く（よく泣く）
(3) 많다 多い（おしゃべりだ）

文法 P. 144~145

1 スンユン：エリックさんの誕生日パーティーはどうでしたか？
ユラ：面白かったです。友達と話もたくさんして、食べ物もたくさん食べました。

2 スンユン：パーティーに友達がたくさん来ましたか？
ユラ：はい、エリックさんは性格が良くて活発です。だから友達も多いです。

3 スンユン：パーティーが終わって家に無事に帰りましたか？
ユラ：はい、11時に家に帰りました。そして家で宿題をして寝ました。

4 ユラ：スンユンさんはなぜ来ませんでしたか？
スンユン：昨日、仕事も多く忙しかったです。私も家に11時に帰りました。

1 例 A その人、どうですか？
B 背も高く、素敵です。

(1) A 그 사람 어때요? その人、どうですか？
B 멋있고 잘생겼어요. 素敵で、ハンサムです。

(2) A 그 사람 어때요? その人、どうですか？
B 친절하고 활발해요. 親切で活発です。

例 A 昨日、何しましたか？
B 家で宿題して寝ました。

(3) A 어제 뭐 했어요? 昨日、何しましたか？
B 운동하고 집을 청소했어요.
運動して家を掃除しました。

(4) A 어제 뭐 했어요? 昨日、何しましたか？
B 친구를 만나고 집에 갔어요.
友達に会って家に行きました（帰りました）。

1 スンユン：ミノさん、最近とても忙しいですか？
ミノ：はい、月曜日から木曜日までアルバイトをしています。

2 ミノ：韓国語教室で働いています。
スンユン：何時から何時まで働きますか？
ミノ：1時から6時まで働きます。面白いです。

3 ミノ：スンユンさんはアルバイトをしませんか？
スンユン：私はコンビニで働いています。午後5時から夜12時までしています（働いています）。ちょっと大変です。

4 ミノ：いつから働いていますか？
スンユン：6月から働いています。

2 例 A いつ授業をしますか？
B 月曜日から金曜日までします。

(1) A 회의를 언제 해요? いつ会議をしますか？
B 2시부터 3시까지 해요.
2時から3時までします。

(2) A 방학을 언제 해요?
いつ学校が休みになりますか？
B 7월부터 8월까지 해요.
7月から8月までです。

(3) A 여행을 언제 해요? いつ旅行しますか？
B 11일부터 17일까지 해요.
11日から17日までします。

(4) A 아르바이트를 언제 해요?
アルバイトをいつしますか？
B 10시부터 4시까지 해요.
10時から4時までします。

スピーキング練習 P. 146~147

1 スンユン：ユラさん、ここで何していますか？
ユラ：友達を待っています。アンナさんの友達です。私も初めて会います。
スンユン：そうですか？ いつから待っていますか？
ユラ：30分前から待っています。
スンユン：その人は背が高くてハンサムですか？ あそこのあの人ではないですか？

(1) 언제부터 / 크고
(2) ユラさんはスンユンさんを待っていました。（×）
スンユンさんは背が高いです。（×）

2 例 ジウン A 昨日、授業が終わって何しましたか？
アンナ B 友達に会いました。一緒にごはんを食べてお茶も飲みました。友達と話をたくさんしました。ジウンさんは？
ジウン A 授業が終わって家に行きました（帰りました）。

(1) A 어제 일이 끝나고 뭐 했어요?
昨日、仕事が終わって何しましたか？
B 친구를 만났어요. 같이 커피를 마시고 옷을 사러 갔어요. 친구하고 이야기를 많이 했어요. 지은 씨는요?
友達に会いました。一緒にコーヒーを飲んで服を買いに行きました。友達と話をたくさんしました。ジウンさんは？
A 저는 일이 끝나고 도서관에 갔어요.
私は仕事が終わって図書館に行きました。

(2) A 어제 아르바이트가 끝나고 뭐 했어요?
昨日、アルバイトが終わって何しましたか？
B 친구를 만났어요. 같이 영화를 보고 노래방에 갔어요. 친구하고 이야기를 많이 했어요. 지은 씨는요?
友達に会いました。一緒に映画を見てカラオケに行きました。話をたくさんしました。ジウンさんは？
A 저는 아르바이트가 끝나고 백화점에 갔어요.
私はアルバイトが終わって百貨店に行きました。

3 例 私は歌手のララさんが好きです。ララさんは背が高くて目が大きいです。きれいでかわいいです。性格も活発です。そして歌がうまいです。私は去年からララさんの歌が好きでした。歌がとてもいいです。

<解答は省略>

やってみよう P. 148~149

1 (1) 休暇はいつからいつまでですか？
내일부터 목요일까지예요 明日から木曜日までです
(2) アンナさんは明日何がありますか？
시험이 있어요 試験があります

2 (1) ① (2) ③

3 (上の段から順に)
月曜日から／運動するつもりです／勉強するつもりです／会議しました／８時まで
バスに乗りました／お茶を飲んで／友達を待っていました／明日まで／話をしました
日曜日から／４時から／水曜日まで／友達と／５時まで
宿題して／洗顔して／家で／７月から／２時まで
※答えは省略

4 例 私は弟（妹）がいます。弟（妹）は 18 歳です。弟（妹）は背が高く素敵です。それから性格も良く活発です。私は私の弟（妹）が好きです。
(1) 저는 형이 있어요. 형은 33살이에요.
형은 멋있고 잘생겼어요.
그리고 활발하고 친절해요.
저는 형이 좋아요.
私は兄がいます。兄は 33 歳です。兄は素敵でハンサムです。それから、活発で親切です。私は兄が好きです。
(2) 저는 한국 친구가 있어요. 한국 친구는 20살이에요.
한국 친구는 머리가 짧고 귀여워요.
그리고 잘 웃고 말도 잘해요.
저는 그 친구가 좋아요.
私は韓国の友達がいます。韓国の友達は 20 歳です。韓国の友達は髪が短くてかわいいです。それから、よく笑って話も上手です。私はその友達が好きです。

5 <解答は省略>

理解度チェック P. 150

2 A キャサリンさん、昨日何しましたか？
B 授業が終わって友達に会いました。友達とコーヒーショップで勉強しました。明日から韓国語の試験があります。

수업이 끝나고 / 내일부터

13 저도 여행 가고 싶어요 私も旅行に行きたいです

語彙 P. 152~153

1 (1) 여권 旅券、パスポート (2) 우산 傘
(3) 선글라스 サングラス

2 (1) ② ホテルを予約する (2) ③ 景色が美しい
(3) ④ 写真を撮る
(4) ① チケットを予約する（予約買いする）

文法 P. 154~155

1 ジウン：来週から学校の休みです。休みに何したいですか？
スンユン：済州島へ旅行に行きたいです。
ジウン：私も旅行したいです。旅行がすきです。

2 スンユン：ジウンさんはどこへ旅行に行きたいですか？
ジウン：フランスに行きたいです。

3 スンユン:映画、見たいです。映画、見に行きましょう。
ジウン：ええ、いいですよ。

4 ジウン：おなかがすきました。プルコギが食べたいです。
スンユン：そうですか？ 映画を見てプルコギを食べにいきましょう。

1 例 A 散歩したいです。
B いいですよ。一緒に散歩しに行きましょう。
(1) A 운동하고 싶어요. 運動したいです。
B 좋아요. 같이 운동하러 가요.
いいですよ。一緒に運動しにいきましょう。
(2) A 가방을 사고 싶어요. かばんを買いたいです。
B 좋아요. 같이 사러 가요.
いいですよ。一緒に買いに行きましょう。
(3) A 커피를 마시고 싶어요.
コーヒーを飲みたいです。
B 좋아요. 같이 마시러 가요.
いいですよ。一緒に飲みに行きましょう。
(4) A 비빔밥을 먹고 싶어요.
ビビンバを食べたいです。
B 좋아요. 같이 먹으러 가요.
いいですよ。一緒に食べに行きましょう。

①ミノ：時間があったら普通何をしますか？
ジウン：私は普通、友達に会います。ミノさんは？
ミノ：私は時間があれば登山をします。
②ジウン：今週末、天気が良ければ一緒に登山しに行きましょうか？
ミノ：ええ、いいですよ。スンユンさんも登山が好きです。一緒に行きましょうか？
③ミノ：もしもし。スンユンさん、今週末、時間がありますか？ よければ一緒に登山しましょうか？
スンユン：ええ、いいですよ。
④スンユン：雨が降ったらどうしますか？
ミノ：天気が良くなければ家で休みましょう。

2 例 A お金がたくさんあれば何したいですか？
B 旅行に行きたいです。

(1) A 시간이 있으면 뭐 하고 싶어요?
時間があったら何したいですか？
B 바다에 가고 싶어요. 海へ行きたいです。

(2) A 수업이 없으면 뭐 하고 싶어요?
授業がなければ何したいですか？
B 친구하고 놀고 싶어요. 友達と遊びたいです。

(3) A 머리가 길면 뭐 하고 싶어요?
髪が長ければ何したいですか？
B 미용실에서 파마하고 싶어요.
美容室でパーマしたいです（かけたいです）。

(4) A 수업이 끝나면 뭐 하고 싶어요?
授業が終わったら何したいですか？
B 쇼핑몰에서 쇼핑하고 싶어요.
ショッピングモールでショッピングしたいです。

スピーキング練習

P. 156~157

1 スンユン：来週、オーストラリアに旅行に行く予定です。
ユラ：本当ですか？ 飛行機のチケットは予約しましたか？
スンユン：はい、飛行機のチケットも予約して、ホテルも予約しました。
ユラ：私も旅行に行きたいです。オーストラリアのどこに行きますか？
スンユン：シドニーです。サーフィンもするつもりです。
ユラ：わあ！ オーストラリアに行ったら私のお土産も必ず買ってきてください。

(1) 가고 싶어요 / 가면
(2) スンユンさんはオーストラリアに行きました。(×)
ユラさんは旅行をしたいです。(○)

2 例 ジウン A 明日から学校の休みです。休みになったら何する予定ですか？
エリック B 故郷に行くつもりです。
ジウン A 故郷に行ったら何するつもりですか？
エリック B 故郷の食べ物もたくさん食べて、弟（妹）と一緒に遊びたいです。

(1) A 내일부터 방학이에요. 방학을 하면 뭐 할 거예요?
明日から学校の休みです。休みになったら何する予定ですか？
B 산에 갈 거예요. 山に行くつもりです。
A 산에 가면 뭐 할 거예요?
山に行ったら何するつもりですか？
B 등산을 하고 경치도 구경하고 싶어요.
登山をして、景色も見物したいです。

(2) A 내일부터 방학이에요. 방학을 하면 뭐 할 거예요?
明日から学校の休みです。休みになったら何する予定ですか？
B 한국에 갈 거예요.
韓国に行くつもりです。
A 한국에 가면 뭐 할 거예요?
韓国に行ったら何するつもりですか？
B 친구를 만나고 한국 음식도 많이 먹고 싶어요.
友達に会って韓国の食べ物もたくさん食べたいです。

3 （左上から順に）市場に行けばケーキもあるし。→市場に行けばケーキもあるし、傘もあるし。→市場に行けばケーキもあるし、傘もあるし、帽子もあるし。→市場に行けばケーキもあるし、傘もあるし、帽子もあるし、みかんもあるし。

やってみよう

P. 158~159

1 (1) 2人はどこへ行く予定ですか？
바다 海
(2) 男性は何したいですか？
등산을 하고 싶어요 登山をしたいです

2 (1) 男性は疲れています。(○)
(2) 男性は旅行に行きたくありません。(×)
(3) 男性は海を見物したいです。(○)

3 (1) ※以下はすべて解答例
(자동차를 사면) 자동차를 타고 친구들하고 같이 놀러 가고 싶어요./놀러 갈 거예요.
(自動車を買ったら) 自動車に乗って友達と一緒に遊びに行きたいです。／遊びに行くつもりです。
(2) (운동을 안 하면) 몸이 아플 거예요.
(運動をしなければ) 体が (の) 具合が悪いでしょう。
(3) (쇼핑몰에 가면) 옷하고 모자를 많이 사고 싶어요./살 거예요.
(ショッピングモールに行ったら) 服と帽子をたくさん買いたいです。／買うつもりです。
(4) (열심히 공부하면) 한국어 시험을 잘 볼 거예요.
(一生懸命勉強すれば) 韓国語の試験がよくできるでしょう。
(5) (여행을 가면) 사진을 많이 찍고 싶어요./찍을 거예요.
(旅行に行ったら) 写真をたくさん撮りたいです。／撮るつもりです。
(6) 친구가 한국에 오면 친구하고 한국 음식을 먹고 싶어요./먹을 거예요.
友達が韓国に来たら、友達と韓国の食べ物を食べたいです。／食べるつもりです。

4 ㊝ 私は時間があったら束草に行きたいです。束草に山もあるし海もあります。束草で登山をして水泳もしたいです。束草は景色も美しく、食べ物もおいしいです。束草に必ず行くつもりです。

(1) ① 저는 날씨가 좋으면 부산에 가고 싶어요.
부산에 해운대가 있어요.
부산에서 시장을 구경하고 친구하고 놀고 싶어요.
부산은 경치도 아름답고 음식도 맛있어요.
부산에 꼭 갈 거예요.
私は天気が良ければ釜山に行きたいです。釜山に海雲台があります。釜山で市場を見物して友達と遊びたいです。釜山は景色も美しくて食べ物もおいしいです。釜山に必ず行くつもりです。
② 저는 돈이 있으면 하와이에 여행 가고 싶어요.
하와이에 바다가 있어요.
하와이에서 푹 쉬고 사진을 많이 찍고 싶어요.
하와이는 경치도 아름답고 음식도 맛있어요.
하와이에 꼭 갈 거예요.
私はお金があったらハワイに旅行に行きたいです。ハワイに海があります。ハワイでたっぷり休んで写真をたくさん撮りたいです。ハワイは景色も美しくて食べ物もおいしいです。ハワイに必ず行くつもりです。

(2) ①どこへ行きたいですか？
②なぜそこへ行きたいですか？
③誰と行きたいですか？
④そこで何したいですか？
＜解答は省略＞

理解度チェック P. 160

2 A キャサリンさん、今、時間があったら一緒に映画見に行きましょう。
B ごめんなさい。私もユラさんと映画を見たいです。でも今日は忙しいです。明日はどうですか？
A ええ、いいですよ。明日電話してください。

있으면 / 보고 싶어요

14 매일 운동해야 돼요 毎日運動しなければなりません

語彙 P. 162~163

1 (1) ① 野球する (2) ② 卓球する
(3) ③ スキーする (4) ② テニスする

2 (1) 바이올린 (バイオリンを弾く)
(2) 춤 (ダンスを踊る) (3) 치다 (ピアノを弾く)

文法 P. 164~165

1ユラ：スンユンさんはゴルフをしますか？
スンユン：いいえ、できません。
ユラ：私もできません。

2ユラ：私は運動が好きではありません。だからスキーもできません。でも習いたいです。
スンユン：学校が休みになったら、スキーをしに行きましょうか？

3ユラ：すごく疲れています。昨日、寝られませんでした。
スンユン：なぜですか？
ユラ：仕事が多かったです。

4ユラ：キンパがおいしいです。でもスンユンさん、きゅうりをなぜ食べないのですか？
スンユン：私はきゅうりを食べられません。きゅうりを食べるとおなかが痛いです (痛くなります)。

1 例 A 昨日パーティーに行きましたか？
B いいえ、行けませんでした。

(1) A 밥을 먹었어요? ごはんを食べましたか？
B 아니요, 못 먹었어요.
いいえ、食べられませんでした。

(2) A 숙제를 했어요? 宿題をしましたか？
B 아니요, 못 했어요.
いいえ、できませんでした。

(3) A 그 책을 다 읽었어요?
その本を全部読みましたか？
B 아니요, 못 읽었어요.
いいえ、読めませんでした。

(4) A 집을 청소했어요? 家を掃除しましたか？
B 아니요, 청소 못 했어요.
いいえ、掃除できませんでした。

1 ユラ：明日、早く起きなければなりません。
ミノ：何かありますか？
ユラ：明日、会社に（で）仕事があります。朝から準備しなければなりません。

2 ユラ：家にかばんないですか？　かばんがないといけません。大きくないといけません。
ミノ：このかばん、どうですか？

3 ユラ：頭がとても痛いです。
ミノ：痛ければ薬を飲まなければなりません。薬を飲んでください。

4 ミノ：仕事も重要です。でも、健康がもっと重要です。つらければ休まなければなりません。
ユラ：ええ、ありがとうございます。

2 (1) A 무엇을 사야 돼요?
何を買わなければいけませんか？
B 책을 사야 돼요. 本を買わなければいけません

(2) A 뭘 해야 돼요? 何をしなくてはいけませんか？
B 설거지를 해야 돼요.
皿洗いをしなくてはいけません。

(3) A 방에 뭐가 있어야 돼요?
部屋に何があるべきですか（なくてはいけませんか）？
B 시계가 있어야 돼요.
時計がなくてはいけません。

(4) A 어디로 가야 돼요?
どこへ行かなければいけませんか？
B 도서관으로 가야 돼요.
図書館へ行かなくてはいけません。

スピーキング練習 P. 166~167

1 スンユン：ジウンさんは時間があったら何をしますか？
ジウン：私はピアノを弾きます。スンユンさんはピアノを弾きますか？
スンユン：いいえ、弾けません。私は運動が好きです。バスケットボールもして、スケートもします。
ジウン：本当ですか？　私はスケートができません。習いたいです。
スンユン：一緒にしに行きましょう。毎日運動しなければなりません。

(1) 못 쳐요 / 못 타요 / 운동해야 돼요
(2) スンユンさんはピアノが好きです。(×)
ジウンさんはスケートができません。(○)

2 例 スンユン A 今、家に行きますか（帰りますか）？
キャサリン B いいえ、今、帰れません。卓球の練習をしないといけません。大会があります。
スンユン A 頑張ってください。

(1) A 오늘 파티에 갈 거예요?
今日、パーティーに行くつもりですか？
B 아니요, 못 가요. 내일 아침 8시까지 출근해야 돼요. 회의가 있어요.
いいえ、行けません。明日朝８時までに出勤しないといけません。会議があります。
A 힘내세요. 頑張ってください。

(2) A 오늘 비빔밥을 만들 거예요?
今日、ビビンバを作るつもりですか？
B 아니요, 못 만들어요. 케이크를 만들어야 돼요. 안나 씨 생일이에요.
いいえ、作れません。ケーキを作らなければなりません。アンナさんの誕生日です。
A 잘 만드세요.
うまく作ってください（頑張って作ってください）。

3 例 私はバスケットボールができません。習わないといけません。私は踊りを上手に踊ります。でも、歌をうまく歌えません。

<解答は省略>

やってみよう
P. 168~169

1 (1) ②　(2) ①

2 (1) 男性はバスケットボールが嫌いです。(×)
(2) 男性はバスケットボールを毎日練習します。(○)

3 私の友達のエリックさんは、バイオリンを上手に弾きます。ピアノも上手に弾き、歌も上手に歌います。私はエリックさんがうらやましいです。私は歌がうまく歌えません。踊りも踊れません。私もピアノを習いたいです。踊りも習いたいです。

(1) (에릭 씨는) 바이올린을 잘 켜요. 피아노도 잘 치고 노래도 잘 불러요.
（エリックさんは）バイオリンを上手に弾きます。ピアノも上手に弾き、歌も上手に歌います。

(2) 피아노 ピアノ / 춤 踊り

4 <解答は省略>

理解度チェック
P. 170

2 A エリックさん、どんな運動が好きですか？
B 私は卓球が好きです。でも、うまくできません。私たち、一緒に卓球をしに行きましょうか？
A ええ、いいですよ。私も運動しなくてはいけません。

못 쳐요 / 운동해야 돼요

15 비가 오네요 雨が降っていますね

語彙
P. 172~173

1 (1) ×(더워요(○)) 今日は暑いです。
(2) ○ 雨がたくさん降っています。
(3) ×(맑아요(○)) (天気が) 晴れています。
(4) ○ (天気が) 肌寒いです。

2 (1) 흐리다(흐려요) 天気が曇っている／曇っています
(2) 눈이 雪が降っています。
(3) 불다(불어요) 風が吹く／吹きます
(4) 영하 零下5度

文法
P. 174~175

①ユラ：今日、天気がいいですね。
ミノ：はい、空も本当に青いですね。

②ユラ：ミノさん、ここが明洞です。
ミノ：わあ、人が多いですね。

③ユラ：ミノさんは歌が本当に上手ですね。
ミノ：いえいえ。ただ歌が好きです。

④ユラ：もう7時ですね。
ミノ：そうですね。私たち、ごはん食べに行きましょうか？

1 例 A 今日、天気はどうですか？
B 寒いですね。

(1) A 이 음식이 어때요? この食べ物、どうですか？
B 맛있네요. おいしいですね。

(2) A 저 가방이 어때요? あのかばん、どうですか？
B 예쁘네요. かわいいですね。

(3) A 그 영화가 어때요? その映画はどうですか？
B 재미있네요. 面白いですね。

例 A ヤントさん、韓国語が本当に上手ですね。
B ハハ、ありがとうございます。

(4) A 얀토 씨, 동생이 잘생겼네요.
ヤントさん、弟（妹）がハンサムですね。
B 하하, 고마워요.
ハハ、ありがとうございます。

(5) A 얀토 씨, 자전거를 잘 타네요.
ヤントさん、自転車に上手に乗りますね（自転車に乗るのが上手ですね）。
B 하하, 고마워요.
ハハ、ありがとうございます。

(6) A 얀토 씨, 음식을 잘 만드네요.
ヤントさん、食べ物を上手に作りますね（料理を作るのが上手ですね）。
B 하하, 고마워요.
ハハ、ありがとうございます。

①ユラ：スンユンさんは誰と住んでいますか？
スンユン：弟（妹）と住んでいます。

②ユラ：弟（妹）は学生ですか？
スンユン：はい、私とこの学校に通っています。

③スンユン：朝食に何を食べましたか？
ユラ：パンと牛乳を食べました。

④ユラ：昼食にはキンパとトッポッキを食べましょうか？
スンユン：いいですよ。アンナさんと一緒に行きましょう。

2 例 A 誰とごはんを食べますか？
B 友達と一緒に食べます。

(1) A 누구하고 영화를 봐요? 誰と映画を見ますか？
B 누나랑 같이 봐요. 姉と一緒に見ます。
(2) A 누구하고 같이 살아요?
誰と一緒に住んでいますか？
B 부모님이랑 같이 살아요.
両親と一緒に住んでいます。
(3) A 누구하고 여행을 가요?
誰と旅行に行きますか？
B 친구들이랑 같이 가요.
友達と一緒に行きます。

例 A 何を買うつもりですか？
B 履き物とスカートを買うつもりです。

(4) A 뭘 살 거예요? 何を買うつもりですか？
B 가방이랑 셔츠를 살 거예요.
カバンとシャツを買うつもりです。
(5) A 뭘 살 거예요? 何を買うつもりですか？
B 과자랑 주스를 살 거예요.
お菓子とジュースを買うつもりです。
(6) A 뭘 살 거예요? 何を買うつもりですか？
B 케이크랑 커피를 살 거예요.
ケーキとコーヒーを買うつもりです。

スピーキング練習 P. 176~177

1 スンユン：外で雨が降っていますね。
ユラ：本当ですか？　雨がたくさん降っていますか？
スンユン：ええ、雨がたくさん降っていて、風もすごく吹いていますね。傘がありますか？
ユラ：傘がないです。天気予報を見られませんでした。
スンユン：では、私と一緒に使いましょう（傘をさしましょう）。家まで一緒に行きましょう（帰りましょう）。

(1) 오네요 / 저랑
(2) 今、雨が降っています。(○)
ユラさんは傘があります。(×)

2 例 ユラ A スンユンさん、かばんが素敵ですね。
スンユン B そうですか？　昨日、百貨店で買いました。
ユラ A 百貨店に行ったんですか？
スンユン B はい、百貨店でこのかばんとズボンを買いました。

(1) A 승윤 씨, 사과가 맛있네요.
スンユンさん、りんごがおいしいですね。
B 그래요? 어제 마트에서 샀어요.
そうですか？　昨日マートで買いました。
A 마트에 갔어요? マートに行ったんですか？
B 네, 마트에서 포도랑 사과를 샀어요.
はい、マートでぶどうとりんごを買いました。
(2) A 승윤 씨, 우산이 예쁘네요.
スンユンさん、傘がかわいいですね。
B 그래요? 어제 편의점에서 샀어요.
そうですか？　昨日コンビニで買いました。
A 편의점에 갔어요? コンビニに行ったんですか？
B 네, 편의점에서 이 우산이랑 음료수를 샀어요.
はい、コンビニでこの傘と飲み物を買いました。

3 例 A かばんに何がありますか？
B 本とノートがあります。

A この人は韓国の歌手です。
B 本当に素敵ですね。
（質問訳）かばんに何がありますか？／昨日誰と遊びましたか？／夜、誰とごはんを食べますか？／この歌手の歌はどうですか？／トッポッキの味はどうですか？

やってみよう P. 178~179

1 (1) ①　(2) ③　(3) ②

2 (1) 友達と食堂に行かないつもりです。(×)
(2) 映画館でポップコーンを食べるつもりです。(○)
(3) 映画を見てごはんを食べるつもりです。(×)

3 例 わが国は雨がよく降ります。春には雨が降りません。夏には雨がたくさん降り、暑いです。わが国には冬がありません。だから雪を見られません。雪が降ったら友達とスキーをしに行きたいです。

(1) 우리 나라는 따뜻해요.
봄에는 날씨가 맑아요.
가을에는 바람이 많이 불어요.
わが国は暖かいです。春は（天気が）晴れています。
秋には風がたくさん吹きます。
(2)우리 나라는 비가 많이 와요.
여름에는 많이 더워요.
가을에는 하늘이 파랗고 따뜻해요.
わが国は雨がよく降ります。夏はとても暑いです。
秋は空が青く暖かいです。

4 語彙：（左上から順に）私、肌寒い、きれいだ、両親、友達、寒い、ごはん／キムチ、忙しい、お兄さん、読む、雪が降る、弟（妹）、先生、りんご／すいか、かばん／靴、風が吹く、おいしい、曇っている、暖かい、晴れている、朝、天気が良い、零下７度、（天気が）暑い、雨が降る

㊞ 私：私と一緒に行きましょう。／肌寒い：(天気が) 肌寒いです。りんご／すいか、おいしい：りんごとすいかがおいしいですね。

理解度チェック P. 180

2 A かばん買いましたか？　本当にかわいいですね。
B 昨日友達と百貨店に行きました。百貨店で買いました。
A ところで、今日（天気が）ちょっと暑いですね。
B ええ、暑いです。アイスクリームが食べたいですね。
예쁘네요 / 친구랑 / 덥네요

16 도와줘서 고마워요 手伝ってくれてありがとうございます

語彙 P. 182~183

1 (1) 냉장고 冷蔵庫　(2) 의자 椅子　(3) 거울 鏡

2 (1) ○ 引っ越しをします。
(2) ○ 荷造りをしました。
(3) ×(정리했어요(○)) 荷物を整理しました。
(4) ○ 友達を手伝いました。

文法 P. 184~185

1ユラ：明日、会社に行けません。
スンユン：なぜですか？　何かありますか？
ユラ：引っ越しをしたので荷物を整理しなければなりません。

2スンユン：ユラさん、荷物の整理は全部しましたか（終わりましたか）？
ユラ：はい、友達が手伝ってくれたので早く終わりました。

3スンユン：手伝えなくてごめんなさい。とても忙しくて行けませんでした。
ユラ：いえいえ。構いません。忙しくなければうちに遊びに来てください。

4スンユン：とても大変ですか？
ユラ：疲れています。でも、明日仕事があるので休めません。

1 ㊞ A 昨日、パーティーになぜ来なかったのですか？
B アルバイトがあっていけませんでした。

(1) A 어제 파티에 왜 안 왔어요?
昨日、パーティになぜ来なかったのですか？
B 숙제가 많아서 못 갔어요.
宿題が多くて行けませんでした。

(2) A 어제 파티에 왜 안 왔어요?
昨日、パーティになぜ来なかったのですか？
B 배가 아파서 못 갔어요.
おなかが痛くて行けませんでした。

(3) A 어제 파티에 왜 안 왔어요?
昨日、パーティになぜ来なかったのですか？
B 부산에 가야 돼서 못 갔어요.
釜山に行かなければならなくて行けませんでした。

(4) A 어제 파티에 왜 안 왔어요?
昨日、パーティになぜ来なかったのですか？
B 고향에서 친구가 와서 못 갔어요.
故郷から友達が来たので行けませんでした。

1ジウン：ミノさん、どうしてこんなに遅れましたか？
ミノ：ごめんなさい。仕事があって遅れました。次から必ず早く来ます。

2ミノ：ジウンさん、ごはん食べましたか？
ジウン：いいえ。食べていません。
ミノ：それなら私がごはんを買います（おごります）。

3ジウン：いただきます。
ミノ：味はどうですか？
ジウン：本当においしいですね。コーヒーは私がごちそうします。

4ジウン：もう家に帰ります。
ミノ：家についたら電話してください。
ジウン：はい、電話します。

2 ㊞ A 明日から早く来てください。
B はい、早く来ます。

(1) A 내일부터 춤을 연습하세요.
明日から踊りを練習してください。
B 네, 춤을 연습할게요.
はい、踊りを練習します。

(2) A 내일부터 숙제를 꼭 하세요.
明日から宿題を必ずしてください。
B 네, 숙제를 꼭 할게요.
はい、宿題を必ずします。

(3) A 내일부터 열심히 공부하세요.
明日から一生懸命勉強してください。
B 네, 열심히 공부할게요.
はい、一生懸命勉強します。
(4) A 내일부터 매일 테니스를 치세요.
明日から毎日テニスをしてください。
B 네, 매일 테니스를 칠게요.
はい、毎日テニスをします。

スピーキング練習 P. 186~187

1 ミノ：ユラさん、引っ越しを手伝いに来ました。何をしましょうか？　部屋を掃除しましょうか？
ユラ：私が掃除します。ベッドが重いです。手伝ってください。
ミノ：荷物は全部整理しましたか？
ユラ：はい。全部しました。手伝ってくれてありがとうございます。私と一緒に夕食を食べましょう。

(1) 청소할게요 / 도와줘서
(2) ユラさんは今日引っ越しました。(〇)
ミノさんはユラさんを手伝いました。(〇)

2 例 ジウンA 私の本、全部読みましたか（読み終わりましたか）？
スンユンB 忙しくてまだ全部読めていません。
ジウンA いつ（返して）くれますか？
スンユンB 明日あげます（返します）。

(1) A 그 영화 DVD 봤어요?
その映画のDVD、見ましたか？
B 시간이 없어서 아직 못 봤어요.
時間がなくてまだ見られていません。
A 언제 볼 거예요?
いつ見るんですか？
B 금요일까지 보고 줄게요.
金曜日までに見て返します。
(2) A 안나 씨를 만났어요?
アンナさんに会いましたか？
B 일이 많아서 아직 못 만났어요.
仕事が多くてまだ会えていません。
A 언제 만날 거예요?
いつ会うんですか？
B 다음 주에 만나러 갈게요.
来週、会いに行きます。

3 例 誰がケーキを準備しますか？／私がケーキを作ります。

やってみよう P. 188~189

1 (1) ③ はい。一生懸命勉強します。
(2) ① はい。早く行きます。

2 (1) 男性はいつ引っ越しをしますか？
다음 주에 이사를 해요 来週引っ越しをします
(2) 男性はどこへ引っ越しをしますか？
회사 근처로 이사를 해요
会社の近所へ引っ越しをします
(3) 男性はなぜ引っ越しをしますか？
회사가 멀어서 힘들었어요
会社が遠くて大変でした

3 私は先週、釜山へ引っ越しました。スンユンさんがたくさん手伝ってくれました。私たちは引っ越しを全部して（終えて）、チャジャン麺を食べました。韓国では引っ越しが終わると普通チャジャン麺を食べます。釜山は気候が暖かく、海もきれいです。しかし、私の友達はソウルにいます。友達に会いたいです.

(1) 부산 釜山
(2) 짜장면을 먹었어요 チャジャン麺を食べました
(3) 날씨가 따뜻하고 바다도 아름다워요
気候が暖かくて海もきれいです

4 私は韓国に住んでいます。友達が多い（たくさんいる）ので韓国が好きです。食べ物がおいしいので好きです。春に花が多いので好きだし、冬に雪が降るので好きです。

(1) ① 저는 스페인에서 살고 싶어요.
축구를 좋아해서 스페인이 좋아요.
사람들이 친절해서 좋아요.
경치가 아름다워서 좋고, 날씨가 따뜻해서 좋아요.
私はスペインに住みたいです。サッカーが好きなのでスペインが好きです。人が親切で好きです。景色が美しくて好きだし、気候が暖かくて好きです。
② 저는 일본에서 살고 싶어요.
스시가 맛있어서 일본이 좋아요.
일본 만화가 재미있어서 좋아요.
일본어가 쉬워서 좋고, 물건이 귀여워서 좋아요.
私は日本に住みたいです。寿司がおいしいので日本が好きです。日本のマンガが面白くて好きです。日本語が簡単なので好きだし、品物がかわいくて好きです。

(2) どこに住みたいですか？／なぜそこに住みたいですか？

<解答は省略>

理解度チェック P. 190

2 A もしもし。キャサリンさん、明日市場を見物しに行きましょうか？

B 試験があるので明日は行けません。週末はどうですか？

A いいですよ。ではまた電話します。

있어서 / 전화할게요

17 윤오 씨를 소개해 주세요 ユノさんを紹介してください

語彙 P. 192~193

1 (1) ③ 授業が始まる (2) ② 単語を覚える
(3) ④ 韓国語で話す (4) ① 韓国語を教える

2 (1) 발표하다 発表する
(2) 따라하다 まねする（リピートする）
(3) 휴대 전화를 보다 携帯電話を見る

文法 P. 194~195

1ユラ：私は最近、ドイツ語を勉強しています。
スンユン：面白いですか？
ユラ：少し難しいですが面白いです。

2スンユン：私も外国語を勉強したいですが、時間がありません。
ユラ：とても忙しいですか？
スンユン：はい、最近アルバイトをしています。大変ですが、大丈夫です。

3ユラ：アルバイト、終わりましたか？
スンユン：はい。終わりましたが、少し整理しなければなりません。

4スンユン：ごはん食べましたか？　ごはん食べに行きましょうか？
ユラ：ごはんを食べていませんが、おなかがすいていません。お茶を飲みに行きましょう。

1 例 うちの姉は背が高いですが、私は小さいです。

(1) 저는 아침은 먹지만 저녁은 안 먹어요.
私は朝食を食べますが、夕食は食べません。

(2) 제 동생은 노래를 못하지만 춤을 잘 춰요.
私の弟（妹）は歌がへたですが、踊りが上手です。

(3) 안나 씨는 책을 좋아하지만 저는 안 좋아해요.
アンナさんは本が好きですが、私は好きではありません。

(4) 얀토 씨는 탁구를 잘 치지만 테니스를 못 쳐요.
ヤントさんは卓球が上手ですが、テニスがへたです。

1ミノ：スンユンさん、明日、発表の集まりがあります。5時までに図書館に来てください。
スンユン：はい、5時までに行きます。

2スンユン：明日、何を準備しないとなりませんか？
ミノ：ノートパソコンを準備してください。

3スンユン：来ましたよ。
ミノ：来ましたか？　スンユンさん、これちょっと見てください。

4ミノ：ここをちょっと一緒に整理してください。
スンユン：はい、ちょっと待ってください。全部整理しました。他に何をしましょうか？

2 例 エリックさん、55ページ、読んでください。

(1) 에릭 씨, 자리에 앉아 주세요.
エリックさん、席に座ってください。

(2) 에릭 씨, 떡볶이를 만들어 주세요.
エリックさん、トッポッキを作ってください。

(3) 에릭 씨, 피아노를 좀 쳐 주세요.
エリックさん、ピアノをちょっと弾いてください。

(4) 에릭 씨, 주스를 주문해 주세요.
エリックさん、ジュースを注文してください。

スピーキング練習 P. 196~197

1 ユラ：ミノさん、日本語の勉強はどうですか？
ミノ：日本語の勉強は面白いですが、ちょっと難しいです。
ユラ：私は日本語がうまくありませんが、私の弟（妹）のユノは上手です。
ミノ：そうですか？　それではユノさんを紹介してください。
ユラ：いいですよ。私も一緒に勉強します。

(1) 재미있지만 / 소개해 주세요

(2) ミノさんは日本語を勉強します。(○)
ユラさんはミノさんと一緒に日本語を勉強します。(○)

2 例 ジウン A 韓国語の勉強はどうですか？

アンナ B 面白いですが、難しいです。ジウンさん、この単語を韓国語で読んでください。

(1) A 날씨가 어때요? 天気はどうですか？
B 날씨가 맑지만 바람이 많이 불어요.
지은 씨, 문을 좀 닫아 주세요.
晴れていますが風がたくさん吹いています。ジウンさん、ドアをちょっと閉めてください。

(2) A 그 사람이 어때요? その人はどうですか？
B 조용하지만 잘 웃어요.
지은 씨, 그 사람 사진을 봐 주세요.
静かですがよく笑います。ジウンさん、その人の写真を見てください。

3 例 アンナさんとスオンさんは肉を食べますが、エリックさんは食べません。

<解答は省略>

やってみよう

P. 198~199

1 (1) ③ エリックさんの家へ行きます。
(2) ② 文法を教えます。

2 (1) 男性は一生懸命勉強しました。(○)
(2) 男性は試験がよくできなくて気分が良くありませんでした。(○)
(3) 男性はゲームをしたので気分が良いです。(×)

3 今日韓国語で発表をしました。韓国語は面白いですが難しいです。発表の準備が大変でした。私の発表のテーマは「韓国のキムチ」でした。キムチは辛いですがおいしいです。韓国の人たちはキムチをたくさん食べます。「キャサリンさん、本当に上手でした」。発表が終わって友人たちが言いました。気分が良かったです。

(1) 한국어로 발표를 했어요 韓国語で発表しました
(2) (김치는) 맵지만 맛있어요
(キムチは) 辛いですがおいしいです。
(3) (기분이) 좋았어요 (気分が) いいです

4 私は月曜日から金曜日まで授業があります。日本語と科学を学んでいます。日本語はよくできますが、科学はよくできません。科学は面白いですが難しいです。もっと一生懸命するつもりです。

(1) ① 저는 월요일부터 금요일까지 수업이 있어요.
한국어랑 수학을 배워요.
한국어는 재미있지만 수학은 어려워요.
수학을 많이 공부하지만 수학 시험은 잘 못 봐요.
더 열심히 할 거예요.
私は月曜日から金曜日まで授業があります。韓国語と数学を学んでいます。韓国語は面白いですが、数学は難しいです。数学をたくさん勉強しますが、数学の試験はよくできません。もっと一生懸命するつもりです。

② 저는 월요일부터 금요일까지 수업이 있어요.
음악이랑 영어를 배워요.
음악은 힘들지만 영어는 쉬워요.
노래는 좋아하지만 잘 못 불러요.
더 열심히 할 거예요.
私は月曜日から金曜日まで授業があります。音楽と英語を学んでいます。音楽は大変ですが、英語は簡単です。歌が好きですが、うまく歌えません。もっと一生懸命するつもりです。

(2) 例 私は月曜日と木曜日にテコンドーを習っています。テコンドーは大変で、難しいです。しかし、テコンドーをうまくやりたいです。だから授業時間に一生懸命先生のまねをしています。

<解答は省略>

理解度チェック

P. 200

2 A ジウンさんは英語がうまいですか？
B いいえ。日本語はうまいですが、英語はできません。
A 私は日本語を習いたいです。ちょっと教えてください。

잘하지만 / 가르쳐 주세요

18 만나서 선물을 줄 거예요 会ってプレゼントをあげるつもりです

語彙

P. 202~203

1 (1) ×(있어요) 約束があります。
(2) ○ 服を着ました。
(3) ○ 帽子を使いました。
(4) ×(사귀어요) 友達と付き合います。

2 (1) 화장을 하다(화장을 해요)
化粧をする (化粧をします)
(2) 안경을 끼다(안경을 껴요)
眼鏡をかける (眼鏡をかけます)
(3) 신발을 신다(신발을 신어요)
履き物をはく (履き物をはきます)

文法 P. 204~205

1ユラ：週末、何しましたか？
ミノ：友達に会って一緒にショッピングしました。
2ユラ：私は美容室に行ってパーマしました（かけました）。
ミノ：かわいいですね。
ユラ：ありがとうございます。
3ユラ：今日は家に帰って掃除しなければなりません。
ミノ：友達と一緒にごはんを食べに行くつもりです。ユラさんも一緒に行ってごはん食べていってください。
4ミノ：友達がまだ来ていません。ここに座って待ちましょうか？
ユラ：はい、友達はいつ来ますか？
ミノ：電話して聞いてみます。

1 例 A 何しましたか？
B 家に帰ってドラマを見ました。

(1) A 뭐 했어요? 何しました？
B 책을 사서 읽었어요. 本を買って読みました。
(2) A 뭐 했어요? 何しました？
B 공원에 가서 운동했어요.
公園に行って運動しました。
(3) A 뭐 했어요? 何しました？
B 일찍 일어나서 밥을 먹었어요.
早く起きてごはんを食べました。
(4) A 뭐 했어요? 何しました？
B 수업이 끝나고 집에 가서 숙제를 했어요.
授業が終わって家に帰って宿題をしました。

1ユラ：ジウンさん、通話大丈夫ですか？
ジウン：申し訳ないですが、今ちょっと忙しいです。私がまた電話します。
ユラ：はい、時間があるときに電話してください。
2ジウン：ユラさん、今、通話大丈夫ですか？
ユラ：はい。ちょっと会いましょうか？
ジウン：はい、いいですよ。出発するとき電話します。
3ユラ：ジウンさん、これプレゼントです。
ジウン：これなんですか？
ユラ：チョコレートです。疲れたときに食べてください。
4ユラ：私が大変なとき、ジウンさんがたくさん手伝ってくれました。だからとてもありがたかったです。
ジウン：ありがとうございます。いただきます。

2 例 A いつ一番気分がいいですか？
B 友達にあったとき、気分がいいです。

(1) A 언제 제일 기분이 좋아요?
いつ一番気分がいいですか？
B 청소할 때 기분이 좋아요.
掃除するとき気分がいいです。
(2) A 언제 제일 기분이 좋아요?
いつ一番気分がいいですか？
B 영화를 볼 때 기분이 좋아요.
映画を見るとき気分がいいです。
(3) A 언제 제일 기분이 좋아요?
いつ一番気分がいいですか？
B 노래를 부를 때 기분이 좋아요.
歌を歌うとき気分がいいです。
(4) A 언제 제일 기분이 좋아요?
いつ一番気分がいいですか？
B 친구를 도와줄 때 기분이 좋아요.
友達を手伝っているとき気分がいいです。

スピーキング練習 P. 206~207

1 スンユン：ジウンさん、明日学校に行くとき一緒に行きましょう。
ジウン：ええ、いいですよ。でも明日ちょっと早く行かなければなりません。
スンユン：なぜですか？
ジウン：早く行ってミノさんに会わなければなりません。会ってプレゼントをあげるつもりです。
スンユン：明日がミノさんの誕生日ですか？
ジウン：ええ、そうです。

(1) 갈 때 / 만나서
(2) スンユンさんとジウンさんは明日学校に一緒に行きます。(○)
明日がミノさんの誕生日なので、プレゼントをあげるつもりです。(○)

2 例 アンナA 昨日、家に帰ってすぐ寝ました。
ユラB 疲れていましたか？
アンナA 疲れていました。家に帰るとき、地下鉄でずっと寝ていました。

(1) A 어제 공원에 가서 농구를 했어요.
昨日、公園に行ってバスケットボールをしました。

B 안 힘들었어요?

大変ではなかったですか？

A 힘들었어요. 쉴 때 물을 많이 마셨어요.

大変でした。休むとき、水をたくさん飲みました。

(2) A 어제 친구를 만나서 콘서트에 갔어요.

昨日、友達に会ってコンサートに行きました。

B 재미있었어요?

面白かったですか？

A 재미있었어요. 가수가 노래할 때 너무 좋았어요.

面白かったです。歌手が歌うとき、すごくよかったです。

3 (例) 昨日、スンユンさんに会いました。→スンユンさんに会って一緒にお茶を飲みました。→お茶を飲んで一緒にカラオケに行きました。→カラオケに行って歌を歌いました。→歌が難しいですが、面白かったです。→歌を歌うとき、スンユンさんも一緒に歌いました。

やってみよう P. 208~209

1 (1) ユラさんは今日カラオケに行くつもりです。(○)
ユラさんは歌を歌うとき気分がいいです。(○)

(2) ミノさんは今日の集まりに行けません。(×)
ジウンさんは今日友達に会って電話するつもりです。(×)

2 ②、④

3 韓国では誕生日を家族と祝います。そして友達に会って一緒に遊びます。誕生日にケーキも食べますが、誕生日の朝には普通ワカメスープを食べます。ワカメスープは健康に良くおいしいです。だから必ず食べなければなりません。

(1) 미역국 ワカメスープ

(2) 건강에 좋고 맛있어요 健康に良くおいしいです

4 (例) 私は学校に行くとき、バスに乗ります。バスで携帯電話を見ます。携帯電話を見ると面白いです。

(1) 저는 피곤할 때 찜질방에 가요.
찜질방에서 식혜를 마셔요.
찜질방에 가면 기분이 좋아요.
私は疲れたとき、チムジルバンに行きます。チムジルバンでシッケを飲みます。チムジルバンに行くと気分がいいです。

(2) 저는 기분이 안 좋을 때 노래를 해요.
노래방에서 노래를 많이 해요.
노래를 하면 행복해요.
私は気分が良くないとき、歌を歌います。カラオケで歌をたくさん歌います。歌を歌うと幸せです。

5 <解答は省略>

理解度チェック P. 210

2 A アンナさんは韓国でいつ一番つらいですか？

B 具合が悪いとき、一番つらいです。昨日も具合が悪かったです。だから家に帰ってずっと寝ていました。

아플 때 / 가서

19 여기가 광화문역이지요? ここが光化門駅ですよね？

語彙 P. 212~213

1 (1) 지하철역 地下鉄の駅
(2) 버스 정류장 バスの停留所　(3) 공항 空港

2 (1) ×(막혔어요(○)) 道が混んでいました。
(2) ○ バスから降ります。
(3) ○ 飛行機に乗りました。
(4) ○ 地下鉄に乗り換えてください。

文法 P. 214~215

1 スンユン：ユラさん、早く来ましたね。
ユラ：いいえ。私も今来ました。
スンユン：バスに乗ってきましたか？
ユラ：いいえ。歩いてきました。

2 スンユン：どんな歌を聞いていますか？
ユラ：歌手のリリの歌を聞いています。歌がいいので毎日聞きます。

3 スンユン：ユラさんもその歌手を知っているんですね。私もその歌手の歌が好きです。
ユラ：そうですか？

4 ユラ：公園がちょっと遠いですね。
スンユン：ほとんど来ました（もうすぐです）。もう少し行けばいいです。

1 (1) ×(들어요(○)) 毎日歌を聞きます。
(2) ×(만드네요(○)) ピザを上手に作りますね。
(3) ○ 学校まで歩いていきました。

(4) ○ 今日からこの家に住んでください。

1ジウン：もしもし。ミノさんの携帯電話ですよね？
ミノ：はい、ジウンさん。私です。

2ジウン：明日学校に行きますよね？
ミノ：はい、でも、どうしてですか？
ジウン：授業が終わったら少し会いましょう。

3ジウン：ミノさん、明日誕生日ですよね？ 誕生日プレゼントです。誕生日おめでとうございます。
ミノ：どうやって分かったのですか（どうして知っているのですか）？ ありがとうございます。

4ジウン：服、どうですか？ かわいいでしょう？
ミノ：はい。ありがとうございます。よく着ます（ちゃんと着ます、大事に着ます）。

2 例 A 道がすごく混んでますよね？
B はい、すごく混んでいます。

(1) A 요즘 바쁘지요? 最近、忙しいでしょう？
B 네, 좀 바빠요. はい、ちょっと忙しいです。

(2) A 이 인형이 귀엽지요?
この人形、かわいいでしょう？
B 네, 정말 귀여워요.
はい、本当にかわいいです。

(3) A 유라 씨가 노래를 잘하지요?
ユラさんは歌が上手ですよね？
B 네, 잘해요. ええ、上手です。

(4) A 6월 10일은 수요일이지요?
6月10日は水曜日ですよね？
B 네, 수요일이에요. はい、水曜日です。

スピーキング練習 P. 216~217

ミノ：道がすごく混んでいますね。
スンユン：地下鉄に乗っていきましょうか？
ミノ：いいですよ。でも地下鉄に乗ると乗り換えなければなりません。
スンユン：ここが光化門駅ですよね？
ミノ：はい、そうです。
スンユン：バスから降りて少し歩くと清渓川です。私たち、歩いていきましょう。

1 (1) 광화문역이지요 / 걸어서
(2) 2人は清渓川へ行きます。（○）
2人は地下鉄とタクシーに乗っていくつもりです。（×）

2 例 スンユン A 私は勉強するとき、歌を聞きます。
歌を聞くと勉強がうまくいきます。
ユラさんも歌が好きですよね？
ユラ B はい、私も好きです。でも勉強するとき歌を聞きません。

(1) A 저는 시간이 있을 때 공원까지 걸어서 가요.
걸으면 기분이 좋아요.
유라 씨도 산책을 좋아하지요?
私は時間があるとき、公園まで歩いていきます。歩くと気分がいいです。ユラさんも散歩が好きですよね？
B 네, 저도 좋아해요.
하지만 다리가 아플 때 많이 안 걸어요.
はい、私も好きです。でも足が痛いときはたくさん歩きません。

(2) A 저는 힘들 때 춘천으로 여행을 가요.
여행을 가면 행복해요.
유라 씨도 여행을 좋아하지요?
私はつらいとき、春川へ旅行に行きます。旅行に行くと幸せです。ユラさんも旅行が好きですよね？
B 네, 저도 좋아해요.
하지만 시간이 없을 때 춘천은 너무 멀어요.
はい、私も好きです。でも時間がないとき春川は遠すぎます。

3 例 A アンナさん、テニスがすきですよね？
B はい、好きです。
A エリックさん、毎日韓国の歌を聞きますよね？
B はい、毎日聞きます。

<解答は省略>

やってみよう P. 218~219

1 (1) ① バスに乗っていきます。
(2) ② 列車に乗るつもりです。

2 (1) 男性は汝矣島にいます。（×）
(2) 女性は地下鉄に乗っていきます。（×）
(3) 男性は地下鉄の駅に到着しました。（○）

3 私は昨日、友達と汝矣島に行きました。汝矣島で桜祭りをしていました。バスに人がすごく多かったです。そして道もすごく混んでいました。桜は本当に美しかったです。人が多くて混雑していましたが、気分がよかったです。

(1) 여의도 汝矣島
(2) 지하철을 타고 갔어요
地下鉄に乗っていきました。
(3) (벚꽃은) 정말 아름다웠어요
（桜は）本当に美しかったです。

4 <解答は省略>

理解度チェック P. 220

2 A もしもし。エリックさんの携帯電話ですよね？
B はい。キャサリンさん？　どうしたのですか？
A 明日の宿題は何ですか？　授業時間に私が聞けなくて、電話しました。
휴대 전화지요 / 들어서

20 운전 면허증을 따려고요 運転免許証を取ろうと思います

語彙 P. 222~223

1 (1) ② 学校に入学する
(2) ③ 留学の準備をする
(3) ① 運転免許証を取得する。

2 (1) (학교를) 졸업하다 （学校を）卒業する
(2) 취직하다 就職する
(3) (학교에) 입학하다 （学校に）入学する

文法 P. 224~225

1ジウン：学校の休みに何する予定ですか？
スンユン：就職準備をしなければなりません。だからコンピューターをちょっと勉強します。
2ジウン：私は運動をするつもりです。
スンユン：どんな運動をするつもりですか？
ジウン：体調が悪いのでテニスを習おうと思います。
3ジウン：ミノさんは卒業したら何するつもりですか？
ミノ：私はドイツへ留学に行こうと思います。勉強をもうちょっとしたいです。
4スンユン：私も留学に行きたいですが、まず就職して仕事をしようと思います。
ミノ：どこへ留学に行きたいですか？

1 (例) A 歌を練習しましたか？
B はい、一週間練習しました。
(1) A 은행에 가요? 銀行に行きますか？
B 네, 가서 돈을 찾으려고요.
はい、行ってお金をおろそうと思います。
(2) A 꽃을 사요? 花を買いますか？
B 네, 사서 안나 씨 주려고요.
はい、買ってアンナさんにあげようと思います。
(3) A 공원에 가요? 公園に行きますか？
B 네, 가서 사진을 찍으려고요.
はい、行って写真を撮ろうと思います。
(4) A 김밥을 만들어요? キンパを作りますか？
B 네, 친구하고 같이 먹으려고요.
はい、友達と一緒に食べようと思います。

1ジウン：学校の休みの間、元気でしたか？
ミノ：はい。アルバイトもして勉強もしました。
2ジウン：私は１カ月間、旅行をしました。
ミノ：１カ月間ですか？　旅行はどうでしたか？
3ジウン：旅行は面白かったですが、大変でした。旅行して家に帰って、３日間具合が悪かったです。
ミノ：すごく大変でしたか？
ジウン：はい、でも楽しかったです。
4ミノ：ジウンさん、前学期の間、本当にありがとうございました。今学期もよろしくお願いします。
ジウン：私も（こちらこそ）よろしくお願いします。私たち、一緒に一生懸命勉強しましょう。

2 (例) A 歌を練習しましたか？
B はい、１週間練習しました。
(1) A 밥을 먹었어요? ごはんを食べましたか？
B 네, 삼십 분 동안 먹었어요.
はい、30分間食べました。
(2) A 책을 읽었어요? 本を読みましたか？
B 네, 삼 일 동안 읽었어요.
はい、３日間読みました。
(3) A 춤을 배웠어요? 踊りを習いましたか？
B 네, 한 달 동안 배웠어요.
はい、１カ月間習いました。
(4) A 에릭 씨를 못 봤어요?
エリックさんに会えませんでしたか？
B 네, 방학 동안 못 봤어요.
はい、学校の休みの間、会えませんでした。

スピーキング練習 P. 226~227

1 ユラ：学校の休みになったら何する予定ですか？
ミノ：運転免許証を取ろうと思います。
ユラ：私も運転免許証を取りたいです。一緒に準備しましょう。
ミノ：ええ、いいですよ。
ユラ：ほかに何したいですか？
ミノ：学校の休みの間、旅行にも行ってきて、外国語の勉強もするつもりです。

(1) 따려고요 / 방학 동안
(2) ユラさんは学校の休みの間、旅行をするつもりです。(×)
ミノさんは学校の休みに運転免許証を取るつもりです。(○)

2 例 A 明日から休暇です。何する予定ですか？
B 私は休暇の間、家で休もうと思います。すごく疲れています。

(1) A 내일부터 방학이에요. 뭐 할 거예요?
明日から学校の休みです。何する予定ですか？
B 저는 방학 동안 이사하려고요.
집이 너무 멀어요.
私は学校の休みの間、引っ越ししようと思います。家がとても遠いです。
(2) A 내일부터 연휴예요. 뭐 할 거예요?
明日から連休です。何する予定ですか？
B 저는 연휴 동안 일본에 여행 가려고요.
좀 쉬고 싶어요.
私は連休の間、日本に旅行に行こうと思います。ちょっと休みたいです。

3 例 学校の休みの間、暇でしょう？　ここに来て一緒に韓国語を勉強しましょうか？　韓国語の勉強は面白いし楽しいです！　私たちと一緒にやりましょう！

やってみよう P. 228~229

1 ②

2 (1) 男性は今日、何をしましたか？
운전 면허증을 땄어요 運転免許証を取得しました
(2) 男性は運転がどうですか？
어렵지만 재미있어요 難しいですが面白いです
(3) 男性は明日どこへ行くつもりですか？
바다로 갈 거예요 海へ行くつもりです。

3 例 今日は『ビサン韓国語初級１』が終わります。最後の日です。「韓国では本１冊の勉強が終わると "チェッコリ" をします」。先生が言いました。だからパーティーをしました。韓国語は難しいですが面白かったです。それで私は続けて（ずっと）勉強しようと思います。

(1) 책거리 チェッコリ
(2) 계속 한국어를 공부할 거예요
ずっと韓国語を勉強するつもりです。

4 例 私は４年間ドイツに住んでいました。大学を卒業してドイツへ留学に行きました。ドイツでさらに勉強して友達ともたくさん付き合いました。大変でしたが本当に面白かったです。これから韓国で就職したいです。それで今日から就職準備をしようと思います。

(1) ① 저는 이 년 동안 회사에서 일했어요.
대학교를 졸업하고 취직했어요.
회사에서 열심히 일하고 일도 많이 배웠어요.
힘들지만 정말 재미있었어요.
이제 한국에서 공부하고 싶어요.
그래서 오늘부터 유학 준비를 하려고요.
私は２年間会社で仕事しました。大学を卒業して就職しました。会社で一生懸命働いて仕事もたくさん学びました。大変でしたが本当に面白かったです。これから韓国で勉強したいです。それで今日から留学準備をしようと思います。
② 저는 일 년 동안 한국에서 살았어요.
대학교를 졸업하고 한국에 일하러 왔어요.
회사에서 일을 많이 배우고 한국어도 배웠어요.
힘들지만 정말 재미있었어요.
이제 고향에 돌아가서 취직하고 싶어요.
그래서 오늘부터 취직 준비를 하려고요.
私は１年間韓国に住んでいました。大学を卒業して韓国に仕事しに来ました。会社で仕事をたくさんして、韓国語も習いました。大変でしたが本当に面白かったです。これから故郷に帰って就職したいです。それで今日から就職準備をしようと思います。
(2) <解答は省略>

理解度チェック P. 230

2 A キャサリンさん、久しぶりです。元気でしたか？
B エリックさん、元気でしたか？　今、どこに行きますか？
A 私は図書館に行きます。本も借りようと思います。学校の休みの間、本をたくさん読めませんでした。

빌리려고요 / 방학 동안

復習 2 P. 232~234

ミノ：皆さん、こんにちは。私はイ・ミノです。私は学生です。朝７時に起きて朝食を食べました。そして、バスに乗って学校に行きました。でも、道がとても混んでいたので学校に遅れました。１時に授業が終わりました。授業が終わって友達と学生食堂でごはんを食べました。ごはんを食べて、今、休んでいます。皆さんは今何していますか？　話してください。私は今日、ジウンさんに会って一緒に東大門に行くつもりです。皆さん、ジウンさん知っていますよね？

ジウン：みなさん、こんにちは。今日はミノさんと一緒に遊ぼうと思います。天気が暖かくていいですね。では、私たちと一緒に東大門へ行きましょうか？

ミノ：道が混雑しているので地下鉄に乗って行くつもりです。地下鉄から降りて少し歩かなければなりません。

ジウン：遠いのでちょっと大変ですね。

ミノ：さあ、皆さん、ここがまさに東大門です。人も多くて混雑していますが、私は東大門が好きです。東大門でショッピングするつもりです。品物も安くていいです。服を買って夜市に行くつもりです。

ジウン：皆さん、ここちょっと見てください。清渓川です。本当にきれいでしょう？　私たちも写真を撮りましょうか？

ミノ：皆さん、ここが夜市です。夜市には食べ物も多くて品物も多いです。

ジウン：ここの食べ物ちょっと見てください。皆さん、食べたいでしょう？　ここに来るとたくさん食べなければなりません。とてもおいしいです。

ミノ：コーヒー１杯とジュース１杯下さい。

ジウン：ジュースがおいしいです！

ミノ：コーヒーもおいしいですね。おなかがいっぱいでもう食べられません。

ジウン：私もです。私は夜市に初めて来ました。面白いですね。夜市はいつまでやっていますか？

ミノ：普通、３月から 10 月まで、７カ月間やっています。

ジウン：そうですか？　時間があればまた来たいです。

ミノ：暇なとき、言ってください。一緒に来ましょう。皆さん、今日はジウンさんと一緒に東大門と清渓川に来ました。どうでしたか？　面白かったでしょう？　皆さんも時間があれば必ず来てください。

1 ミノさんは朝、なぜ学校に遅れましたか？
길이 너무 막혔어요.
道がとても混んでいました。

2 ミノさんは昼食にどこでごはんを食べましたか？
학생 식당에서 밥을 먹었어요.
学生食堂でごはんを食べました。

3 ミノさんとジウンさんはなぜ地下鉄に乗りましたか？　길이 복잡했어요 .
道が混雑していました。

4 ミノさんとジウンさんはどこに行きましたか？
동대문에 갔어요.
東大門に行きました。

5 ミノさんとジウンさんは何を飲みましたか？
커피하고 주스를 마셨어요.
コーヒーとジュースを飲みました。

6 夜市は普通、どのくらいの期間やりますか？
3월(삼월)부터 10월(시월)까지 7개월(칠 개월) 동안 해요.
３月から 10 月まで、７カ月間やっています。

韓国語の発音のしかたと発音変化

ここではハングルの子音について、発音の特徴を確認してください。また、韓国語では文字の表記と実際の発音が異なる場合がありますので、その代表的な発音変化のパターンを紹介します。

1. 平音

次の5つの子音は平音と呼ばれます。

ㄱ	ㄷ	ㅂ	ㅅ	ㅈ
[k/g]	[t/d]	[p/b]	[s]	[tʃ/dʒ]

ㄱ・ㄷ・ㅂ・ㅈは、それぞれ日本語のカ行・タ行・パ行・チャ行の音とだいたい同じ音ですが、あまり息を強く吐きすぎないよう注意してください。カ行とガ行の間、タ行とダ行の間、パ行とバ行の間、チャ行とヂャ行の間くらいの音を意識するとよいでしょう。また、語中では音が濁ってそれぞれガ行・ダ行・バ行・ヂャ行の音になります。**ㅅ**はサ行とほぼ同じ音です。➡「有声音化」参照

가구（家具）：発音は［カク］ではなく［カグ］
부부（夫婦）：発音は［ププ］ではなく［プブ］

2. 激音

息を強く吐き出して発音する子音です。

ㅋ	ㅌ	ㅍ	ㅎ	ㅊ
[kʰ]	[tʰ]	[pʰ]	[h]	[tʃʰ]

ㅋ・ㅌ・ㅍ・ㅊは、それぞれカ行・タ行・パ行・チャ行を、息を多めに強く発音するイメージで、語中でも音が濁ることはありません。**ㅎ**はハ行とほぼ同じですが、場合によっては音が弱くなることもあります。➡「ㅎの特別な変化」参照

3. 濃音

なるべく息を出さず、のどを詰まらせるようにして発音する子音です。

ㄲ	ㄸ	ㅃ	ㅆ	ㅉ
[k']	[t']	[p']	[s']	[tʃ']

最初に小さな「ッ」を入れて、息をもらさないようにして発音するイメージです。ㄲ・ㄸ・ㅃ・ㅆ・ㅉは語中でも音が濁ることはありません。

싸다（安い）：ッを入れて、できるだけ息を出さないことを意識して「ッサダ」
짜다（塩辛い）：ッを入れて、こととできるだけ息を出さないことを意識して「ッチャダ」

4. 鼻音と流音

ㄴ・ㅁ・ㅇは鼻音、ㄹは流音と呼ばれます。

鼻音

ㄴ	ㅁ	ㅇ
[n]	[m]	[-/ng]

流音

ㄹ
[r/l]

ㄹはラ行、ㅁはマ行とほぼ同じ音です。ㅇは、文字の左側にあるときは無音なので母音の音をそのまま読みますが、パッチムのときはン［ng］の音になります。
아이（子ども）：発音は［アイ］　중앙（中央）：発音は［チュンアン（チュ ngアng）］

▶パッチム

子音には「パッチム」としての役目もあります。パッチムにはいろいろな形がありますが、発音は7つの代表音（ㄱ・ㄴ・ㄷ・ㄹ・ㅁ・ㅂ・ㅇ）で発音されます。

いろいろな形のパッチム	代表音
ㄱ ㄲ ㅋ	ㄱ [k]
ㄴ	ㄴ [n]
ㄷ ㅌ ㅅ ㅆ ㅈ ㅊ ㅎ	ㄷ [t]
ㄹ	ㄹ [l]
ㅁ	ㅁ [m]
ㅂ , ㅍ	ㅂ [p]
ㅇ	ㅇ [ng]

例）약（薬）[약ヤク]　밖（外）[박パク]　부엌（台所）[부억プオク]
받침（支え）[받침パチム]　젓가락（箸）[젇까락チョッカラク]　꽃（花）[꼳コッ]
밥（ごはん）[밥パプ]　잎（葉）[입イプ]

▶文字通りに発音しないパターン

① 連音化

パッチムの後にㅇで始まる文字が来ると、そのパッチムはㅇのところに移って発音されます。

例）일본어（日本語）→発音は［일보너］。［イルボンオ］ではなく［イルボノ］。
ただし、ㅇのパッチムは、移らないでそのまま発音されます。
例）영어（英語）→発音は表記通り［영어］なので［ヨンオ］。

② 有声音化

a. ㄱ・ㄷ・ㅂ・ㅈは、語頭では濁らない音［k］［t］［p］［tʃ］で発音されますが、語中で母音の後に来ると、それぞれ濁った音［g］［d］［b］［dʒ］と発音されます。

例）구두（靴）：発音はクトゥ［kutu］ではなくクドゥ［kudu］
두부（豆腐）：発音はトゥプ［tupu］ではなくトゥブ［tubu］

b. ㄱ・ㄷ・ㅂ・ㅈは、パッチムㄴ・ㄹ・ㅁ・ㅇの後に来ると、それぞれ濁った音になります。

例）한강（漢川）：発音はハンカンではなくハンガン
명동（明洞）：発音はミョントンではなくミョンドン

③ ㅎの特別な変化

a. 弱音化

ㅎはㄴ・ㄹ・ㅁ・ㅇの音のパッチムの後に来ると弱くなりㅇと発音されます。そのㅇのところに前のパッチムが移って発音（連音化）されます。

例）은행→ㅎの音が弱くなって［은앵］→連音化して［으냉］

b. 激音化

ㅎパッチムの後にㄱ・ㄷ・ㅈが来ると、それぞれㅋ・ㅌ・ㅊと発音されます。またㄱ・ㄷ・ㅂ・ㅈの音のパッチムの後にㅎが来る場合も、それぞれㅋ・ㅌ・ㅍ・ㅊと発音されます。

例）어떻게［어떠케］ 축하［추카］

④ **濃音化**

ㄱ・ㄷ・ㅂの音のパッチムの後に**ㄱ・ㄷ・ㅂ・ㅅ・ㅈ**が来ると**ㄱ・ㄷ・ㅂ・ㅅ・ㅈ**はそれぞれ**ㄲ・ㄸ・ㅃ・ㅆ・ㅉ**と発音されます。

例）숙제（宿題）［숙쩨］ 숟가락（スプーン）：［숟까락］

また**ㄹ**パッチムの後に**ㄱ・ㄷ・ㅂ・ㅅ**が来ると、それぞれ**ㄲ・ㄸ・ㅃ・ㅆ**と発音される場合があります。

例）갈 거예요（行くつもりです）：［갈 꺼에요］
만날 사람（会う人）：［만날 싸람］

⑤ **鼻音化**

ㄱ・ㄷ・ㅂの音のパッチムの後に**ㄴ・ㅁ**が来ると**ㄱ**音のパッチムは**ㅇ**に**ㄷ**音のパッチムは**ㄴ**に、**ㅂ**音のパッチムは**ㅁ**に変わって発音されます。

例）작년（昨年）：［장년］ 받는다（もらう）：［반는다］
입니다（〜です）：［임니다］

また**ㅁ・ㅇ**の音のパッチムの後に**ㄹ**が来るとその**ㄹ**は**ㄴ**と発音されます。

例）심리（心理）：［심니］ 정류장（停留所）：［정뉴장］

さらに、**ㄱ・ㄷ・ㅂ**の音のパッチムの後に**ㄹ**が来るときは**ㄱ・ㄷ・ㅂ**の音のパッチムはそれぞれ**ㅇ・ㄴ・ㅁ**となり**ㄹ**は**ㄴ**に変わって発音されます。

例）독립（独立）：［독닙→동닙］ 협력（協力）：［협녁→혐녁］

⑥ **ㄴを加える発音**

合成語及び派生語で、パッチムの後に**이・야・여・요・유**が来ると**ㄴ**を加えて**니・냐・녀・뇨・뉴**と発音します。

例）한여름（真夏）：［한녀름］
담요（毛布）：［담뇨］
서울역（ソウル駅）：［서울녁→서울력］

また、二つの単語を繋げて発音するときもㄴを加えて発音します。

例）무슨 일（どんなこと）：[무슨 닐]
　　한국 요리（韓国料理）：[한국 뇨리→한궁 뇨리]

⑦ **流音化**

ㄴパッチムの後にㄹが、ㄹパッチムの後にㄴが来ると、ㄴはㄹと発音されます。

例）한류（韓流）：[할류]　설날（旧正月）：[설랄]

ただし、いくつかの単語はㄴパッチムの後にㄹが来ると、ㄹがㄴに変わって発音されます。

例）의견란（意見欄）：[의견난]　입원료（入院料）：[입원뇨→이뷘뇨]

⑧ **口蓋音化**

ㄷ・ㅌパッチムの後に이, 히が来ると、それぞれㅌ, ㅊと発音されます。

例）굳이（あえて）：[구지]　같이（一緒に）：[가치]
　　묻히다（付ける）：[무치다]　닫히다（閉まる）：[다치다]

⑨ **의の発音の変化**

의は語頭に来るときはそのまま発音されますが、語頭以外のときは이、助詞のときは에と発音されます。

例）의사（医者）：[의사]　편의점（コンビニ）：[편이점→펴니점]
　　나의 하루（私の一日）：[나에 하루]

文法の整理

1. 動詞・形容詞の活用

韓国語の動詞と形容詞は、가다（行く）、먹다（食べる）、비싸다（高い）、좋다（良い）など、最後に다が付いた形が「基本形」です。そして、この다を取った残りの部分を「**語幹**」といいます。「行きます」「行きました」「行くつもりです」など多様な表現をするためには、「**語幹**」にさまざまな語尾を続けて活用させます。このとき、「**語幹**」の中で一番最後の文字を「**語幹末**」といい、「**語幹末**」のパッチムの有無、「**語幹末の母音**」が陽性母音か陰性母音かにより、つながる語尾の形が変わります。

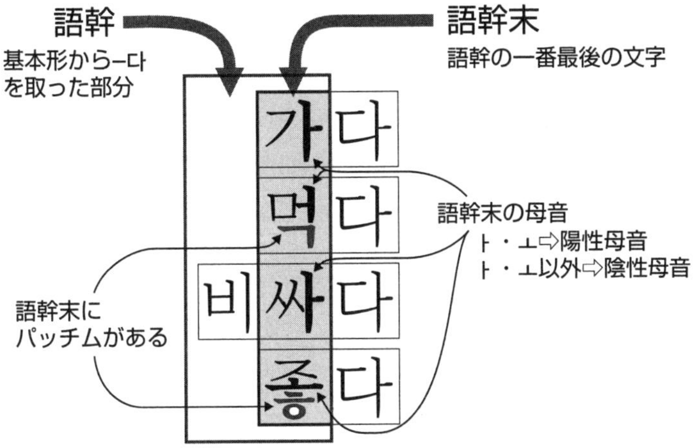

■基本的な活用

①語幹末の母音やパッチムの有無に関係なく、語幹にそのまま続く。

➡−고 싶다（〜したい）、−지만（〜するが）など

가고 싶다（行きたい）、먹고 싶다（食べたい）、비싸지만（〔価格が〕高いが）、좋지만（良いが）

②語幹末にパッチムがある場合は語幹に으が続き、パッチムがない場合は으が入らない。

➡-(으)면（〜たら、れば）、−(으)ㄹ까요?（〜しましょうか？）など

가면（行ったら）、먹을까요?（食べましょうか？）、비싸면（高ければ）、좋으면（良ければ）

③語幹末の母音がㅏ・ㅗの場合には아が、ㅏ・ㅗ以外の場合には어が続く。

➡−아요/어요（〜です、ます）、−았어요/었어요（でした、ました）など。

가요（行きます）、먹었어요（食べました）、비쌌어요（高かったです）、좋아요（良いです）

※가다は가아요→가요、비싸았어요→비쌌어요のように縮約されます。

공부하다など하다が付く動詞や形容詞は、語幹の하が해に変わります。

공부해요（勉強します）、공부했어요（勉強しました）

上記の形が当てはまらない活用をするものもあります（ㅂ変則、ㄷ変則、으変則その他）。

2. 助詞

日本語の「てにをは」にあたる助詞は、助詞の直前の文字にパッチムがあるかないかで形が変わるものがあります。また、用法が日本語とは違うものもあります。

<table>
<tr><th>助詞</th><th>パッチムなし</th><th>パッチムあり</th><th>用法</th></tr>
<tr><td>～は</td><td>～ 는</td><td>～ 은</td><td></td></tr>
<tr><td>～が</td><td>～ 가</td><td>～ 이</td><td></td></tr>
<tr><td>～を</td><td>～ 를</td><td>～ 을</td><td></td></tr>
<tr><td rowspan="3">～と</td><td>～ 와</td><td>～ 과</td><td>主に書き言葉で使う</td></tr>
<tr><td>～ 랑</td><td>～ 이랑</td><td rowspan="2">主に話し言葉で使う</td></tr>
<tr><td colspan="2">～ 하고</td></tr>
<tr><td>～も</td><td colspan="2">～ 도</td><td></td></tr>
<tr><td rowspan="3">～に</td><td colspan="2">～ 에</td><td>（場所・物・時間）に</td></tr>
<tr><td colspan="2">～ 에게</td><td rowspan="2">（人・動物）に
※한테は主に話し言葉で使う</td></tr>
<tr><td colspan="2">～ 한테</td></tr>
<tr><td>～へ</td><td>～ 로</td><td>～ 으로</td><td>（場所・方向）へ</td></tr>
<tr><td rowspan="2">～で</td><td>～ 로</td><td>～ 으로</td><td>（道具・手段）で</td></tr>
<tr><td colspan="2">～ 에서</td><td>（場所）で</td></tr>
<tr><td rowspan="4">～から</td><td colspan="2">～ 부터</td><td>（場所・時間・時期）から</td></tr>
<tr><td colspan="2">～ 에서</td><td>（場所）から</td></tr>
<tr><td colspan="2">～ 에게서</td><td rowspan="2">（人・動物）から
※한테서は主に話し言葉で使う</td></tr>
<tr><td colspan="2">～ 한테서</td></tr>
<tr><td>～まで</td><td colspan="2">～ 까지</td><td></td></tr>
<tr><td>～の</td><td colspan="2">～ 의</td><td>省略されることが多い</td></tr>
</table>

3. 疑問詞

疑問詞は場所や時間、手段や理由などさまざまな事柄を尋ねる疑問文で使われます。

意味	疑問詞
いつ	언제
どこ	어디
どこで	어디서
誰	누구
誰が	누가

意味	疑問詞
何	무엇/뭐
何を	무엇을/뭘
なぜ	왜
どんな、なんの	무슨
どうやって	어떻게

※뭐は무엇の、뭘は무엇을の縮約形です。

文法公式一覧

公式1 ～です（ですか？）
예요/이에요 ➡1課

名詞＋예요/이에요で「～です」の意味になる語尾です。名詞の最後の文字にパッチムがなければ예요が、パッチムがあれば이에요が付きます。文末に「？」を付けて예요/이에요?の形でイントネーションを上げて発音すると「～ですか？」の意味になります。

公式2 ～ではありません
이/가 아니에요 ➡1課

名詞＋이/가 아니에요で「～ではありません」の意味になります。名詞の最後の文字にパッチムがなければ가 아니에요が、パッチムがあれば이 아니에요が使われます。文末に「？」を付けて이/가 아니에요?の形でイントネーションを上げて発音すると「～ではありませんか？」の意味になります。

公式3 この、その、あの
이、그、저 ➡2課

「この」「その」「あの」を意味する指示代名詞で、이 사람（この人）、그 사람（その人）、저 사람（あの人）のように、名詞の前で使います。이は話し手に近いものを、그は聞き手に近いものを、저は話し手と聞き手のどちらからも遠くにあるものを指しますが、その場にいない第三者や、目に前に見えていないものを話題に出して「あの○○」という場合には、저ではなく그を使います。「これ」「それ」「あれ」はそれぞれ이것、그것、저것です。

公式4 ここ、そこ、あそこ
여기、거기、저기 ➡2課

場所を指す代名詞の「ここ」「そこ」「あそこ」です。여기は話し手に近い場所を、거기は聞き手に近い場所を、저기は話し手と聞き手のどちらからも遠い場所を指します。目に見えていない場所を「あそこ」という場合は저기ではなく거기を使います。

公式5 ～です（ですか？）
［形容詞］－아요/어요 ➡3課

形容詞の語幹に－아요または－어요がついて「～です」の意味になる語尾です。좋다（良い）や괜찮다（大丈夫だ）のように語幹末の母音がㅏ・ㅗの場合は、－아요が付いて좋아요（良いです）、괜찮아요（大丈夫です）となります。재미있다（面白い）や힘들다（大変だ）など、語幹末の母音がㅏ・ㅗ以外の場合は－어요が付いて재미있어요（面白いです）、힘들어요（大変です）のようになります。아프다（痛い）のように、語幹が母音のㅡで終わる場合はㅡがなくなります。そしてㅡのひとつ前の母音（아프다の場合はㅏ）がㅏ・ㅗのときは－아요が、ㅏ・ㅗ以外のときは－어요が付きます。크다（大きい）のように、語幹が１文字の場合も－아요が付きます（으変則）。아프다→아ㅍ＋아요→아파요（痛いです）、예쁘다（きれいだ）→예ㅃ＋어요→예뻐요（きれいです）、크다→ㅋ＋어요→커요（大きいです）。으変則は動詞でも同じです。

公式6 ～も　도 ➡3課

「～も」の意味の助詞です。直前の文字のパッチムの有無に関係なく도が付きます。

公式7 ～ます（ますか？）
[動詞] －아요/어요 ➡4課

動詞の語幹に－아요または－어요がついて「～ます」の意味になる語尾です。動詞の語幹末の母音がㅏ・ㅗの場合は－아요が、ㅏ・ㅗ 以外の場合は－어요が付きます。자다→자＋아요→자요（寝ます）や서다→서＋어요→서요（立ちます）、보다→보＋아요→봐요（見ます）、배우다→배우＋어요→배워요（学びます）のように縮約される場合もあり、마시다のように語幹末の母音がㅣの場合は마시다→마시＋어요→마셔요（飲みます）となります。하다は해요になります。このほか、変則的な活用をするものもあります。

公式8 ～に　에［1］➡4課

아침（朝）、오전（午前）、토요일（土曜日）、주말（週末）など時間や時間帯を表す名詞に付いて「～に」の意味を表す助詞です。어제（昨日）、오늘（今日）、내일（明日）などには付きません。直前の文字のパッチムの有無に関係なく에が付きます。

公式9 ～に　에［2］➡5課

場所を表す名詞に付いて、方向や目的地を表現する「～に」の意味を表す助詞です。直前の文字のパッチムの有無に関係なく에が付きます。

公式10 ㅂ変則 ➡5課

ㅂパッチムで終わる形容詞や動詞の一部は、－아요/어요や－으면など母音で始まる語尾が接続するとパッチムのㅂが우に変わります。従って－아요/어요の形にする場合は、덥다→더＋우＋어요→더워요（暑いです）になります（－우어요が縮約されて－워요に）。また、例外的に돕다と곱다は－와요が付き、それぞれ도와요、고와요となります。－으면など－으-が続く場合には、덥다→더＋우＋으면→더우면（暑ければ）となります（－으-は付かず－우면の形に）。

公式11 ～しましょうか？
[動詞] －(으)ㄹ까요？ ➡6課

動詞の語幹に付いて、「～しましょうか？」と相手に提案したり、誘ったり、意見を尋ねたりする語尾です。動詞の語幹末にパッチムがなければ－ㄹ까요?が、パッチムがあれば－을까요?が、語幹末のパッチムがㄹの場合は－까요?が付きます。

公式12 数字［1］漢数詞 ➡6課

「いち、に、さん…」にあたる漢数詞は、日にちや番号、分と秒、価格、階、ページなどに使われます。

公式13 ～でした(でしたか?)、～かったです(かったですか?)、～ました（ましたか?)
[動詞]［形容詞］－았어요/었어요 ➡7課

動詞と形容詞の語幹に付いて、「～でした」「～かったです」「～ました」のように過去を表す語尾です。動詞、形容詞の語幹末の母音がㅏ・ㅗの場合は－았어요が、ㅏ・ㅗ以外の場合は－었어요が付きます。－하다は－했어요になります。文末に「?」を付けてイントネーションを上げると「～でしたか？」「～かったですか？」「～ましたか？」の意味です。

公式14 ～で　에서 ➡7課

場所を表す「～で」の意味です。直前の文字のパッチムの有無に関係なく에서が付きます。

公式15 ～してください、～しないでください
[動詞] －(으)세요/［動詞］－지 마세요 ➡8課

－(으) 세요は「～してください」で丁寧な命令を、－지 마세요は「～しないでください」で丁寧な

禁止を表します。動詞の語幹末にパッチムがなければ－세요を、パッチムがあれば－으세요を付けます。語幹末のパッチムがㄹの場合は、パッチムㄹがなくなり－세요が付きます。－지 마세요は語幹末のパッチムの有無に関係なく付きます。

公式16 ～ではありません、～しません 안 ➡8課

안 가요（行きません）、안 비싸요（〔価格が〕高くありません）のように、動詞と形容詞の前に用いて否定を表します。공부하다（勉強する）のような「名詞＋하다」動詞の場合は、名詞と하다の間に안を入れ、공부 안 하다→공부 안 해요（勉強しません）となります。

公式17 ～しに ［動詞］－(으)러 ➡9課

動詞の語幹末にパッチムがあれば－으러が、パッチムがない場合と語幹末がㄹパッチムの場合は－러が付いて、밥을 먹으러（ごはんを食べに）、옷을 사러（服を買いに）、놀러 왔어요（遊びに来ました）のように動作、行動の目的「～しに」の意味を表します。

公式18 ～へ (으)로 ➡9課

場所を表す名詞に付いて、動作、行動の方向を表す「～へ」の意味の助詞です。名詞の最後の文字にパッチムがあれば－으로が、パッチムがない場合と最後の文字がㄹパッチムの場合は－로が付きます。道具や材料、手段を表す「～で」も同じく(으)로を使います。

公式19 下さい 주세요 ➡10課

名詞の後に続けて、「〇〇下さい」と丁寧にお願いする表現です。

公式20 数字［2］固有数詞 ➡10課

「ひとつ、ふたつ、みっつ…」にあたる固有数詞は、개（個）、장（枚）、권（冊）、마리（匹、頭）、그릇（皿）などに使います。また、分と秒は漢数詞ですが「～時」には固有数詞を使います。助数詞が付く場合は하나→한、둘→두、셋→세、넷→네、스물→스무の形になります。

公式21 ～と 하고 ➡11課

「～と」の意味の助詞です。直前の文字のパッチムの有無に関係なく하고が付きます。

公式22 ～する予定です、～するつもりです －(으)ㄹ 거예요 ➡11課

動詞の語幹に付いて、「～する予定です」「～するつもりです」など、今後の計画や、自分の意志を表す表現です。動詞の語幹末にパッチムがなければ－ㄹ 거예요が、パッチムがあれば－을 거예요が付きます。語幹末のパッチムがㄹの場合は거예요が付きます。他人の行動や状況を推測する意味にも使われます。

公式23 ～で、～くて、～して ［動詞］［形容詞］－고 ➡12課

싸고 맛있어요（安くておいしい）のように事柄を羅列したり、밥을 먹고 잤어요（ごはんを食べて〔から〕寝ました）のように1つの動作が終わった後に別の動作をすることを表現します。

公式24 ～から～まで ～부터 ～까지 ➡12課

時間や時間帯を表す名詞に付いて、「～から～まで」のように物事の始まりと終わりを表す表現です。

公式25 ～したい ［動詞］－고 싶다 ➡13課

먹고 싶다(食べたい)、가고 싶다(行きたい)など、動詞の語幹に付いて「〜したい」という願望を表す表現です。

公式26 〜なら、〜れば、〜たら
［動詞］［形容詞］-(으)면 ➡13課
「〜なら」「〜れば」「〜たら」のように仮定や条件を表す表現です。形容詞および動詞の語幹末にパッチムがあれば-으면が、パッチムがない場合と語幹末がㄹパッチムの場合は-면が付きます。語幹末がㅂパッチムの場合はㅂが-우に変わり、-우면の形になります。

公式27 〜できない　못 ➡14課
못 가요（行けません)、못 먹어요（食べられません）のように動詞の前に用いて、不可能なことや不得意なことを表現します。공부하다（勉強する）のような「名詞＋하다」動詞の場合は、名詞と하다の間に못を入れ、공부 못 해요（勉強できません）となります。

公式28 〜しなければならない
［動詞］［形容詞］-아야 / 어야 되다 ➡14課
動詞と形容詞の語幹に付いて、「〜しなくてはならない」「〜（でな）くてはならない」と、必要や義務があることを表す表現です。動詞および形容詞の語幹末の母音がㅏ・ㅗの場合は-아야 되다が、ㅏ・ㅗ以外の場合は-어야 되다が付き、-하다は해야 되다になります。

公式29 〜ですね、〜ますね
［動詞］［形容詞］-네요、［名詞］（이)네요 ➡15課
動詞と形容詞の語幹および名詞に付いて、話し手が新たに知った事実に対して、「〜ですね」「〜ますね」とやや驚いたり感嘆したりする表現です。만들다（作る)、힘들다（大変だ）のように動詞と形容詞の語幹末がㄹパッチムで終わる場合は、만드네요（作りますね)、힘드네요（大変ですね）のようにㄹパッチムがなくなります。친구（友達)、학생（学生）などの名詞は、친구네요（友達ですね)、학생이네요（学生ですね）のようになります。

公式30 〜と　(이)랑 ➡15課
「〜と」の意味を表す助詞です。直前の名詞の最後の文字にパッチムがなければ랑が、パッチムがあれば이랑が付きます。하고と同様の意味ですが、主に話し言葉で使われる形です。

公式31 〜から、〜ので
［動詞］［形容詞］-아서/어서［1］➡16課
動詞と形容詞の語幹に付いて、「〜から」「〜ので」のように理由や原因を表す表現です。語幹末の母音がㅏ・ㅗの場合は-아서が、ㅏ・ㅗ以外の場合は-어서が付きます。-하다は-해서になります。「〜したから」「〜したので」と過去のことを述べるときは、-아서/어서を過去形にするのではなく、일이 있어서 못 갔어요（仕事があったので行けませんでした）のように文末を過去形にします。

公式32 〜します、〜しますよ、〜しますね
［動詞］-(으)ㄹ게요 ➡16課
動詞の語幹に付いて、「〜します」「〜しますよ」「〜しますね」と話し手が自分の意志を話したり、相手と約束をしたりする表現です。제가 갈게요（私が行きます)、제가 먹을게요（私が食べます)、제가 만들게요（私が作ります）のように、動詞の語幹末にパッチムがなければ-ㄹ게요が、パッチムがあれば-을게요が付き、語幹末のパッチムがㄹの場合は-게요が付きます。

公式33 **～けど、～するが**

［動詞］［形容詞］－지만 ➡17課

「～けど」「～するが」のように逆説を表す表現です。語幹末のパッチムの有無に関係なく－지만が付きます。過去のことを述べるときは、먹었지만（食べたが）、괜찮았지만（大丈夫だったが）の形にします。

公式34 **～してください**

［動詞］－아/어 주세요 ➡17課

動詞の語幹に付いて、「～してください」と丁寧に依頼をする表現です。語幹末の母音がㅏ・ㅗの場合は－아 주세요が、ㅏ・ㅗ以外の場合は-어 주세요が付きます。－하다は－해 주세요になります。

公式35 **～して（から）**

［動詞］－아서/어서［2］➡18課

動詞の語幹に付いて、前の出来事が起きたあとに後ろの出来事が起きるとき、「～して～する」のように動作を時間の順につなぐ表現です。過去のことを述べるときは、－아서/어서を過去形に変えるのではなく、앉아서 기다렸어요（座って待ちました）のように文末を過去形にします。

公式36 **～のとき、～するとき**

［動詞］［形容詞］－(으)ㄹ 때 ➡18課

갈 때（行くとき）、먹을 때（食べるとき）、만들 때（作るとき）のように、動詞と形容詞の語幹末にパッチムがなければ－ㄹ 때が、パッチムがあれば－을 때が付きます。語幹末のパッチムがㄹの場合は때が付きます。語幹末がㅂの場合は、귀엽다→귀여울 때（かわいいとき）のようにㅂが우に変わり－울 때の形になります。

公式37 **ㄷ変則 ➡19課**

語幹末がㄷパッチムで終わる一部の動詞の後に母音（－아/어/－으）が来ると、ㄷがㄹに変わる不規則な活用をします。걷다→걸어요（歩きます）、듣다→들으면（聞けば）のようになります。

公式38 **ㄹ脱落（ㄹ語幹）➡19課**

語幹末がㄹパッチムで終わる動詞、形容詞の後に子音字ㄴ、ㅂ、ㅅが来ると、ㄹパッチムがなくなります。만들＋네요→만드네요（作りますね）、멀＋네요→머네요（遠いですね）のようになります。

公式39 **～ですよね?、～ますよね?、～でしょう?**

［動詞］［形容詞］－지요?／［名詞］(이)지요? ➡19課

「～ですよね？」「～ますよね？」「～でしょう？」のように、話し手がすでに知っている事実を確認しつつ尋ねるときに使います。動詞と形容詞の場合は語幹末のパッチムの有無に関係なく－지요?が付きます。친구（友達）、학생（学生）などの名詞は、친구지요?（友達ですよね？）、학생이지요?（学生ですよね？）のようになります。

公式40 **～しようと思います**

［動詞］－(으)려고요 ➡20課

動詞に付いて、「～しようと思います」のように、ある動作をしようとする話し手の意図や計画を表します。動詞の語幹末にパッチムがあれば－으려고요が、パッチムがない場合とㄹパッチムの場合は－려고요が付きます。

公式41 **～間、～の間　동안 ➡20課**

한 달 동안（ひと月の間）、3일 동안（3日間）、방학 동안（学校の休みの間）のように時間や期間に関連する名詞の後に使い、その名詞の間（期間）を表します。

語彙索引

「文法」「スピーキング練習」「やってみよう」のページに掲載されている［語彙］の索引です。　※数字はすべて課の番号。

基礎力アップ単語集

韓国語初級前半レベルの基本単語を約500語集めました。覚えた単語をチェックしながら、少しずつ語彙を増やしていきましょう。

家族・人

□わたくし	저
□わたくしの	제
□わたし	나
□わたしの	내
□わたしたち	우리
□父、お父さん	아버지
□パパ、お父さん	아빠
□母、お母さん	어머니
□ママ、お母さん	엄마
□両親、父母	부모님
□おばあさん	할머니
□おじいさん	할아버지
□(年下男性の立場から) 兄、兄さん	형
□(年下の女性の立場から) 兄、兄さん	오빠
□(年下の男性の立場から) 姉、姉さん	누나
□(年下の女性の立場から) 姉、姉さん	언니
□妹	여동생
□弟	남동생
□夫	남편
□妻	아내
□息子	아들
□娘	딸
□おじさん	아저씨
□おばさん	아주머니
□子ども	아이
□大人	어른
□男子、男、男性	남자
□女子、女、女性	여자
□友達、友人	친구
□先生	선생님
□先輩	선배
□後輩	후배
□お客様	손님
□家族	가족
□兄弟	형제
□姉妹	자매

職業・身分

□社長	사장
□会社員	회사원
□教師	교사
□医者	의사
□看護師	간호사
□小学生	초등학생
□中学生	중학생
□高校生	고등학생
□大学生	대학생
□大学院生	대학원생
□留学生	유학생

国・地名

□日本	일본
□日本人	일본 사람
□日本語	일본어
□韓国	한국
□韓国の方	한국 분
□中国	중국
□アメリカ	미국

□イギリス	영국
□オーストラリア	호주
□台湾	대만
□フランス	프랑스
□ドイツ	독일
□イタリア	이탈리아
□タイ	태국
□インド	인도
□ソウル	서울
□釜山	부산
□東京	도쿄
□大阪	오사카
□新宿	신주쿠

スポーツ・芸能

□俳優・女優	배우
□歌手	가수
□スポーツ選手	운동선수
□野球	야구
□バスケットボール	농구
□バレーボール	배구
□水泳	수영
□スキー	스키
□運動	운동
□サッカー	축구
□テニス	테니스

建物・施設

□建物	건물
□場所	장소
□学校	학교
□小学校	초등학교
□中学校	중학교
□高校	고등학교
□大学	대학
□図書館	도서관
□塾	학원
□病院	병원
□郵便局	우체국
□銀行	은행
□ホテル	호텔
□会社	회사
□店	가게
□コンビニ	편의점
□スーパー	슈퍼
□市場	시장
□デパート	백화점
□博物館	박물관
□美術館	미술관
□カフェ	카페
□食堂	식당
□トイレ	화장실
□美容室	미용실
□公園	공원
□映画館	영화관
□劇場、映画館	극장
□駅	역
□道	길
□家	집
□マンション、アパート	아파트
□部屋	방
□バス停	버스 정류장
□空港	공항

飲食

□食べ物	음식
□飲み物	음료수

□ごはん	밥
□パン	빵
□ビビンバ	비빔밥
□プルコギ、焼肉	불고기
□チャプチェ	잡채
□キムチ	김치
□水	물
□お酒	술
□ビール	맥주
□お茶	차
□コーヒー	커피
□野菜	야채
□お肉	고기
□果物	과일
□お菓子	과자
□ラーメン	라면
□食事	식사
□昼食、お昼	점심
□スプーン	숟가락
□箸	젓가락
□皿	접시
□グラス	글라스
□コップ、カップ	컵
□器、食器	그릇
□自動車	자동차
□バス	버스
□タクシー	택시
□電車	전철
□地下鉄	지하철
□自転車	자전거
□飛行機	비행기
□船	배
□出発	출발
□到着	도착

身の回りの物

□本	책
□机	책상
□いす	의자
□辞書	사전
□雑誌	잡지
□ノート	노트
□教科書	교과서
□鉛筆	연필
□ボールペン	볼펜
□時計	시계
□めがね	안경
□新聞	신문
□テレビ	텔레비전
□ラジオ	라디오
□傘	우산
□切手	우표
□電話	전화
□地図	지도
□手紙	편지
□財布	지갑
□お金	돈
□コンピューター	컴퓨터
□携帯電話	휴대폰
□シャンプー	샴푸
□石けん	비누
□写真	사진
□たばこ	담배

さまざまな生活語

□値段	값
□年齢	나이

□メール	메일
□誕生日	생일
□生活	생활
□プレゼント	선물
□お名前	성함
□洗濯	세탁
□買い物	쇼핑
□料理	요리
□名前	이름
□インターネット	인터넷
□電話番号	전화번호
□住所	주소
□掃除	청소
□夏休み	여름 방학

趣味

□音楽	음악
□映画	영화
□旅行	여행
□読書	독서
□小説	소설

仕事・勉強

□仕事	일
□会議	회의
□アルバイト	아르바이트
□留学	유학
□授業	수업
□宿題	숙제
□練習	연습
□試験	시험
□発音	발음
□文法	문법
□予習	예습
□復習	복습
□訳	역
□入学	입학
□卒業	졸업
□リスニング	듣기
□ライティング	쓰기
□リーディング	읽기
□スピーキング	말하기

衣類

□服	옷
□ズボン	바지
□スカート	치마
□靴下	양말
□帽子	모자
□カバン	가방
□靴、履き物	신발
□ハンカチ	손수건
□イヤリング	귀걸이
□指輪	반지

体

□体	몸
□頭	머리
□顔	얼굴
□目	눈
□鼻	코
□口	입
□歯	이
□耳	귀
□おなか	배
□腕	팔
□脚	다리
□手	손

□足	발

自然・動物

□山	산
□海	바다
□川	강
□雲	구름
□風	바람
□雪	눈
□雨	비
□天気	날씨
□木	나무
□犬	개
□子犬	강아지
□猫	고양이
□鳥	새
□豚	돼지
□牛	소
□鶏	닭

季節・年・月

□春	봄
□夏	여름
□秋	가을
□冬	겨울
□毎日	매일
□毎週	매주
□毎月	매달
□昨日	어제
□今日	오늘
□明日	내일
□あさって	모레
□おととい	그저께
□来週	다음 주
□先週	지난주
□来月	다음 달
□先月	지난달
□今年	올해
□来年	내년
□昨年	작년
□毎年	매년
□朝、朝食	아침
□昼	낮
□夕方、夜、夕食	저녁
□夜	밤
□午前	오전
□午後	오후
□時間	시간

指示詞（こそあ）

□この	이
□その	그
□あの	저
□これ	이거
□それ	그것
□あれ	저것
□ここ	여기
□そこ	거기
□あそこ	저기

位置・場所

□前	앞
□後ろ	뒤
□横、隣	옆
□右側	오른쪽
□左側	왼쪽
□上	위
□下	아래

□中	안
□外	밖
□近く	근처
□向かい側(道を渡ったところ)	건넌편
□東、東側	동쪽
□西、西側	서쪽
□南、南側	남쪽
□北、北川	북쪽

疑問詞

□何	뭐
□何~、いくつ~	몇
□何の	무슨
□どこ	어디
□だれ	누구
□いつ	언제
□いくら	얼마
□どのくらい	얼마나
□なぜ	왜
□どうやって	어떻게
□どの	어느
□どれ	어느 것

動詞

□行く	가다
□行ってくる	다녀오다
□教える	가르치다
□持つ	들다
□いらっしゃる	계시다
□終わる	끝나다
□待つ	기다리다
□出す	내다
□出る	나오다
□降る	내리다
□遊ぶ	놀다
□驚く	놀라다
□通う	다니다
□閉める	닫다
□去る	떠나다
□帰る	돌아가다
□なる	되다
□走る	달리다
□差し上げる	드리다
□聞く	듣다
□入る	들어가다
□聞こえる	들리다
□飲む	마시다
□会う	만나다
□作る	만들다
□食べる	먹다
□知らない	모르다
□尋ねる、問う	묻다
□変える、替える	바꾸다
□もらう	받다
□送る、過ごす	보내다
□見る	보다
□見える、見せる	보이다
□願う	바라다
□習う、学ぶ	배우다
□間違う、違っている	틀리다
□借りる	빌리다
□買う	사다
□愛する	사랑하다
□住む、暮らす	살다
□立つ	서다
□立てる、止める	세우다
□休む	쉬다

□書く、使う	쓰다
□始める	시작하다
□座る	앉다
□知る、わかる	알다
□開ける	열리다
□来る	오다
□泣く	울다
□笑う	웃다
□起きる	일어나다
□読む	읽다
□着る	입다
□ある、いる	있다
□寝る	자다
□上手だ、うまい、よくできる	잘하다
□好きだ	좋아하다
□あげる、くれる	주다
□下さる	주시다
□持ってくる	가져오다
□探す、訪ねる、(お金を）おろす	찾다
□くっ付ける、貼り付ける	붙이다
□撮る	찍다
□乗る	타다
□売る	팔다
□(たばこを）吸う	피우다
□する	하다
□言う	말하다
□結婚する	결혼하다
□案内する	안내하다
□勉強する	공부하다
□見物する、観光する、見て回る	구경하다
□説明する	설명하다
□運動する	운동하다
□連絡する	연락하다
□洗濯する	빨래하다
□働く	일하다
□注文する	주문하다
□運転する	운전하다
□電話する	전화하다
□遅れる	늦다
□(ピアノ、ギターなどを)弾く、（テニス、卓球などを）する	치다

形容詞

□近い	가깝다
□軽い	가볍다
□簡単だ	간단하다
□同じだ	같다
□異なる	다르다
□正しい	옳다
□大丈夫だ、構わない、OKだ	괜찮다
□うれしい	기쁘다
□良い、好ましい	좋다
□悪い	나쁘다
□うまくいかない	안되다
□低い	낮다
□高い（高さ）	높다
□遅い	늦다
□暖かい	따뜻하다
□すごい	대단하다
□暑い	덥다
□多い	많다
□おいしい	맛있다
□まずい	맛없다
□素敵だ、カッコいい	멋있다
□遠い	멀다
□重い	무겁다

□忙しい	바쁘다
□高い（価格）	비싸다
□安い	싸다
□易しい	쉽다
□すずしい	시원하다
□悲しい	슬프다
□痛い、具合が悪い	아프다
□難しい	어렵다
□きれいだ、かわいい	예쁘다
□有名だ	유명하다
□小さい	작다
□面白い	재미있다
□静かだ	조용하다
□短い	짧다
□少ない	적다
□冷たい	차갑다
□寒い	춥다
□大きい、（背が）高い	크다
□親切だ	친절하다
□便利だ	편리하다
□暇だ、退屈だ	심심하다

副詞・接続詞・その他

□他の	다른
□今	지금
□さっき	아까
□いつも	항상
□しょっちゅう、よく、頻繁に	자주
□時々、たまに	가끔
□あとで	나중에
□すぐに	바로
□あまり（～ない）	별로
□なんとなく、まあまあだ	그냥
□全部、すっかり	다
□ほとんど	거의
□もっと	더
□大変、非常に	대단히
□たくさん	많이
□みんな	모두
□早く	빨리
□もう、すでに	이미
□普通、たいてい、ふだん	보통
□たぶん	아마
□とても	아주
□まだ	아직
□まず	우선
□よく	잘
□まったく（～ない）	전혀
□本当に	정말로
□最も、いちばん	제일
□少し	조금
□ゆっくり	천천히
□約～	약
□もう一度	다시
□そして	그리고
□それで、だから	그래서
□でも、しかし	하지만
□ところで、でも	그런데
□では	그럼
□また	또

●日本語版監修者
佐々木 正徳（ささき まさのり）
北海道生まれ。立教大学外国語教育研究センター教授。同センター長。北海道大学文学部卒業、九州大学大学院人間環境学府博士後期課程修了。博士（教育学）。九州大学大学院人間環境学研究院助教、長崎外国語大学外国語学部教授を経て、2020年より現職。地域文化研究に長年携わってきた経験をもとに、複言語・複文化主義の観点から韓国語教育に取り組んでいる。

朴永奎（パク・ヨンキュウ）
韓国生まれ。長崎外国語大学外国語学部教授・副学長。九州大学大学院人間環境学府博士後期課程修了。博士（教育学）。熊本学園大学外国語学部特任教授を経て、2020年より現職。韓国を主な研究領域として1945年以前の植民地における教員養成や学校行事など、1945年以降の韓国の教育理念などの研究に取り組みながら、韓国語教育に携わっている。

〈日本語版制作〉
本文DTP　平田文普
カバーデザイン　花本浩一
編集協力　河井佳　宋貴淑

原著作　Learn and Use Immediately Visang Korean Beginner1（Visang Education Inc.）

ご意見・ご感想は下記のURLまでお寄せください。
https://www.jresearch.co.jp/contact/

STEP☆UP 韓国語初級1

令和5年（2023年）11月10日　初版第1刷発行
令和6年（2024年）6月10日　第2刷発行

原著者　キム・ミスク
日本語版監修者　佐々木正徳　朴永奎
発行人　福田富与
発行所　有限会社Ｊリサーチ出版
〒166-0002　東京都杉並区高円寺北2-29-14-705
電　話 03(6808)8801(代)　FAX 03(5364)5310
編集部 03(6808)8806
https://www.jresearch.co.jp
印刷所　株式会社シナノ パブリッシング プレス

ISBN 978-4-86392-602-8

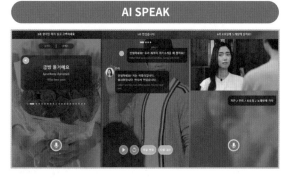

ビサン 韓国語!
master TOPIKで効率的に勉強しましょう

テキストと同じ内容を以下の手順で学習すれば、韓国語がどんどん話せるように!

01 基礎学習

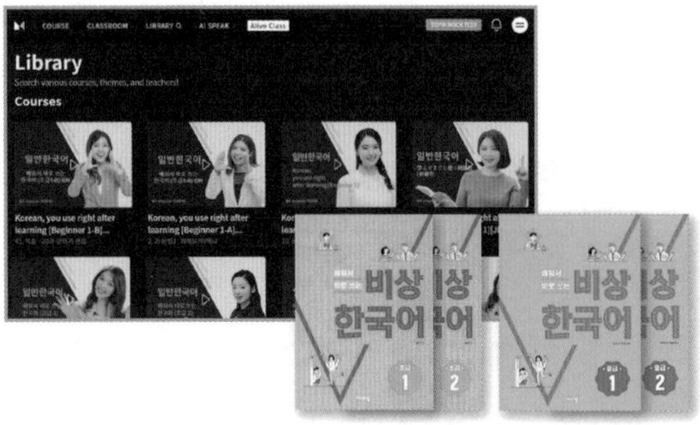

教材ベースの講座

・どのように勉強すればよいですか?

サイト内でコース名を検索してください。
“Korean, you use right after learning”
自分のレベルに合う講義をご覧ください。

・どんな勉強ができますか?

担当の講師がテキストに載っていないことについて詳しい説明をします。
講義ノートも無料でダウンロードできます。

02 追加学習

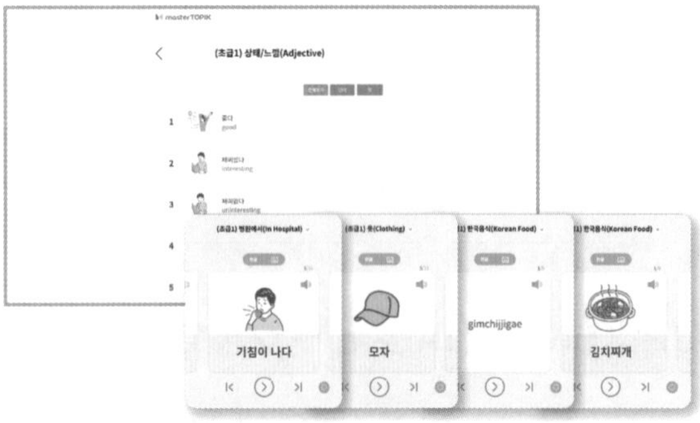

単語カード

・どのように勉強すればよいですか?

サイト内でVOCA CARDからカテゴリーを選んでください。

・どんな勉強ができますか?

実際によく使われる単語です。
カードにイラストがあり、付属の音声で発音も確認できるので、簡単に単語が覚えられます。

03 実践練習

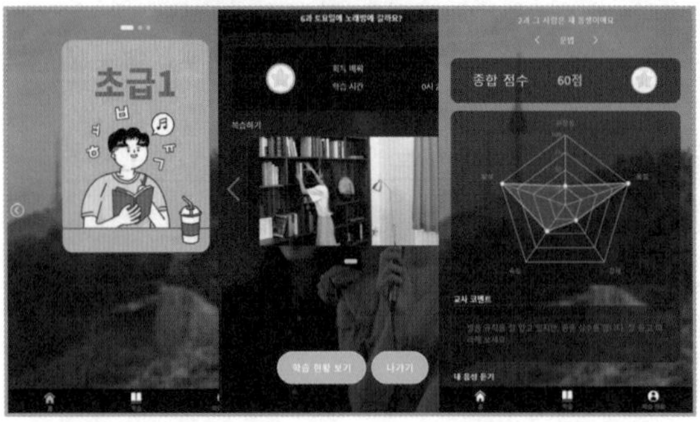

AI SPEAK

・どのように勉強すればよいですか?

サイト内のAI SPEAKから本のカテゴリーを選んでください。

・どんな勉強ができますか?

単語、文、会話と体系的なスピーキング練習ができます。
自分の発音についてネイティブスピーカーと比べてのフィードバックも受けられます。ブラッシュアップしながら、韓国語でどんどん会話をしてみましょう!

youtube @MasterTOPIK

より多くの学習方法や講座の最新情報を入手したい場合は、YouTubeチャンネルにアクセスしてください。

masterTOPIK